首都综治委预防青少年违法犯罪专项组办公室
首都师范大学少年司法社会工作研究与服务中心
少年司法社会工作理论与实务研究系列丛书之二

涉罪未成年人社会调查实务指南

主　编　席小华　张　洁
副主编　马宇飞　王　辉

中国人民公安大学出版社
·北　京·

图书在版编目（CIP）数据

涉罪未成年人社会调查实务指南／席小华，张洁主编．—北京：中国人民公安大学出版社，2012.12
ISBN 978－7－5653－1137－6

Ⅰ．①涉…　Ⅱ．①席…　②张…　Ⅲ．①未成年人犯罪—社会调查—研究—中国　Ⅳ．①D669.5

中国版本图书馆 CIP 数据核字（2012）第 292883 号

涉罪未成年人社会调查实务指南
主编　席小华　张　洁

出版发行：中国人民公安大学出版社
地　　址：北京市西城区木樨地南里
邮政编码：100038
经　　销：新华书店
印　　刷：北京泰锐印刷有限责任公司

版　　次：2012 年 12 月第 1 版
印　　次：2012 年 12 月第 1 次
印　　张：8.375
开　　本：880 毫米 × 1230 毫米　1/32
字　　数：216 千字

书　　号：ISBN 978－7－5653－1137－6
定　　价：26.00 元

网　　址：www.cppsup.com.cn　www.porclub.com.cn
电子邮箱：zbs@cppsup.com　zbs@cppsu.edu.cn

营销中心电话：010－83903254
读者服务部电话（门市）：010－83903257
警官读者俱乐部电话（网购、邮购）：010－83903253
公安业务分社电话：010－83905672

前 言

2012年3月，新修订的《中华人民共和国刑事诉讼法》增加了“未成年人刑事案件诉讼程序”专章，规定了公安机关、人民检察院、人民法院办理未成年人刑事案件，根据情况可以对未成年犯罪嫌疑人、被告人的成长经历、犯罪原因、监护教育等情况进行调查，明确了社会调查制度的法律地位。涉罪未成年人社会调查是一项专业性很强的社会工作，需要关注导致未成年人犯罪行为的个体因素、社会因素以及二者的互动过程，从而对其行为的社会危害性作出准确的评价，再犯可能性作出科学的预测，还涉及社会调查原则、方法、程序、内容、报告的撰写等诸多内容。

为全面、顺利地开展涉罪未成年人社会调查工作，2012年，首都综治委预防青少年违法犯罪专项组、北京市未成年人保护委员会、共青团北京市委员会联合首都师范大学少年司法社会工作研究与服务中心（以下简称“中心”），在北京市公、检、法等多家司法机构的配合下，开展了针对未成年人涉诉案件社会调查的试点工作，从市级、区级两个层面选取100名涉罪未成年人开展社会调查，探索社会调查工作的公、检、法多家司法机构的衔接机制，并通过试点工作总结和提炼社会调查工作的专业规范和实务经验。为更好地指导下一步社会调查工作，各相关部门联合“中心”共同编辑出版了这本《涉罪未成年人社会调查实务指南》，以期指导全市全面开展此项工作，并能够给其他从事社会调查的机构和人员提供参考和指引，不断推动预防青少年违法犯罪、未成年人保护和司法社会工作深入开展。

本书撰写和出版过程，得到了首都综治委预防青少年违法犯罪专项组、北京市未成年人保护委员会、共青团北京市委员会、北京市公安局、北京市人民检察院、北京市高级人民法院及其指定的试点司法机关的大力支持。同时，本书的撰写工作还得到了联合国儿童基金会的大力支持。更重要的是，本书凝练了“中心”社工们辛勤工作得来的宝贵知识和经验，以及相关专家的智慧，在此，一并表示诚挚感谢！

由于受涉罪未成年人社会调查工作经验和撰写时间所限，本书不可避免地存在瑕疵，请各位读者不吝赐教。

目　录

第一章 绪 论

一、社会调查的概念

（一）社会调查的概念

1. 什么是社会调查制度？

社会调查，是指具有专业资质的司法社会调查主体围绕涉嫌犯罪人的生活背景、成长经历、主观恶性程度、犯罪前后的表现、回归社会的社会支持条件等一系列要件展开的专业调查活动。[①] 目的在于对涉罪未成年人定罪、量刑、教育矫正提供参考或依据。

2. 目前社会调查制度称谓有哪些？

社会调查的称谓很多，学者对社会调查的称谓也不尽一致，如由于调查的内容涉及未成年人的性格特征等，社会调查制度又被称为品格证据调查；也有的地方按照调查所处的阶段，被称为判前调查制度[②]；也有的地方为了让人格调查的称谓更具有主题鲜明的特点，能够直接反映调查的目的与内容，由此称之为人格调查。[③]

---

① 席小华、杨新娥：《量刑规范化改革背景下关于司法社会调查主体的思考》，载《法学杂志》，2011 年第 4 期。

② 【日】菊田幸一：《犯罪学》，群众出版社 1989 年版，第 178 页，转引自陈兴良：《刑法的人性基础》，中国方正出版社 1996 年版，第 425 页。

③ 邹川宁：《少年刑事审判若干程序问题研究》，法律出版社 2007 年版，第 113 页。

3. 如何理解“品格证据调查”?

品格，就是在个体与外部世界发生相互作用时，对人的行为和态度起到稳定、持续支配作用的一种内在的精神或道德品行。[①] 在布莱克法律词典中，品格证据被定义为“关于某人一般的人格特质或倾向性以及在一定社区范围内公众对个人人品、道德方面评价的证据”。[②] 著名英国证据法学家 Murphy 认为，品格证据中的“品格”有三种含义：其一，某人在其所在社区环境中具有的名声、声誉；其二，某人以特定方式实施某种行为的倾向性；其三，某人过去曾经经历的特定事件，如曾被定罪等。[③] 因此，品格同样未能涵盖社会调查的全面性，没有对调查对象的犯罪原因进行分析，对社会环境风险因素关注不够，其结论不尽准确。

4. 如何理解“人格调查”?

从心理学角度，人格是个体在各种相互作用的过程中形成的内在动力组织和相应行为模式的统一体。心理学家柴尔德认为，人格使个体的行为在相似情境下区别于其他个体行为，并且在时间上保持一致性的比较稳定的内部因素。人格是由较为稳定的、内在的因素构成的，这些因素影响着个体的行为，使之在大致上保持始终如一，与个体的行为独特性、倾向性息息相关。[④] 可见，“人格”调查对人行为的解释仅限于个体心理层面，关注于内部因素的分析，不能涵盖对社会调查工作的全面性。

---

① 丁锦宏:《品格教育论》，人民教育出版社 2005 年版，第 47 ~ 48 页。

② Bryan A. Garner, Black's Law Dictionary, Eighth Edition, Thomson West, P. 595. 转引自宋洨沙《英美法系与大陆法系品格证据之比较研究》，载《政治与法律》，2012 年第五期，第 137 页。

③ Peter Murphy, Murphy On Evidence, Oxford University Press, 2003, P. 116. 转引自宋洨沙《英美法系与大陆法系品格证据之比较研究》，载《政治与法律》，2012 年第五期，第 137 页。

④ 宋洨沙《英美法系与大陆法系品格证据之比较研究》，载《政治与法律》，2012 年第五期，第 137 页。

5. 我国社会调查的主体是指哪些机构?

中央综治委预防青少年违法犯罪工作领导小组、最高人民法院、最高人民检察院、公安部、司法部、团中央颁布的《关于进一步建立和完善办理未成年人刑事案件配套工作体系的若干意见》(2010 年 8 月)指出,司法行政机关社区矫正工作部门、共青团组织或其他社会组织应当接受公安机关、人民检察院、人民法院的委托,开展社会调查工作。

新《刑事诉讼法》(2012 年 3 月)第二百六十八条又指出:"公安机关、人民检察院、人民法院办理未成年人刑事案件,根据情况可以对未成年犯罪嫌疑人、被告人的成长经历、犯罪原因、监护教育等情况开展社会调查。"从字面情况看,社会调查的主体为公安机关、人民检察院、人民法院。2012 年 3 月,最高人民法院、最高人民检察院、公安部、司法部联合制定的《社区矫正实施办法》第四条第一款规定:"人民法院、人民检察院、公安机关、监狱对拟适用社区矫正的被告人、罪犯,需要调查其对所居住社区影响的,可以委托县级司法行政机关进行调查评估。"

可以说,目前国家没有对社会调查的主体作出统一的明确规定。在实践探索中,主要由以下几类人群承担:社会志愿者、司法行政部门人员、专业社会工作者、法官检察官本人、辩护律师等。目前,专业社会工作者提供的社会调查工作因其科学、专业、中立等内在属性而具有其他社会调查主体不具备的优势,而逐渐得到司法机关的关注以及社会民众的认同。

6. 社会调查的对象包括哪些人?

在我国社会调查的对象中,主要是在刑事诉讼程序中的未成年犯罪嫌疑人和被告人。在社会调查过程中,围绕未成年犯罪嫌疑人、被告人开展的外围环境调查中被纳入信息收集范围的人员,也称社会调查员为社会调查对象,如案件的被告人、亲属、朋友、同学老师等与嫌疑人和被告人有关的人员。在涉罪未成年人社会调查制度中，调查对象特指涉罪未成年人，即未成年犯罪嫌疑人和被告人。

7. 社会调查的范围包括哪些方面?

社会调查的范围，主要涵盖了调查对象、所在家庭、社区、学校或工作单位、交往的人群等。针对调查对象个体的调查，主要包括被调查对象的成长经历、生理心理状况、行为习惯、认知思维模式等内容。对家庭的调查，涵盖家庭成员及其现状、家庭经济状况、家庭互动关系情况等；社区方面，主要包括社区的设施、文明程度、居民融入度等；学校或工作单位方面，主要调查人文环境、监管教育情况，成员融入度等；对调查对象交往人群的考察，主要关注朋辈群体和社会其他人员的现状、互动关系等。

8. 社会调查工作中的问题诊断是指什么?

问题诊断，原指从医学角度对人们的精神和体质状态作出的判断。在这里是指社会调查人员在收集未成年犯罪嫌疑人和被告人调查资料基础上，对他们当前存在的问题、犯罪原因进行的科学研究与判断的过程，是未来社会调查员制订帮教工作计划和实施干预帮教的基础，也称之为问题研判。不过，当前对案主问题研判突破了传统疾病医疗模式和心理疾病治疗模式，不再强调问题的个人归因，更多地将外在环境纳入问题研判的范围。

9. 社会调查工作中的帮教工作指的是什么?

帮教，即帮助与教育，在司法领域意指国家司法机关和工作人员通过各种措施和手段，使犯罪者或具有犯罪倾向的违法人员得到思想上、心理上和行为上的矫正治疗，在生活上得到支持和帮助，从而重新融入社会，成为其中正常成员的过程。

在社会调查中的帮教工作，是社会调查员运用矫正社会工作的理论与方法在帮教体系中的运用，它是指专业人员，在专业价值观指导下，运用专业理论和方法、技术，为罪犯（或具有犯罪危险性的人员）及其家人，在侦查、审查起诉、诉中考察、审判、监禁处遇等阶段中，提供思想教育、心理辅导、行为纠正、信息咨询、就业培训、生活照顾以及社会环境改善等，使涉罪未成年人消除犯罪心理结构，修正行为模式，适应社会生活的一种福利服务。

10. “北京模式”将帮教工作纳入社会调查工作中有什么意义?

对比国内外的社会调查制度，我们可以发现，“北京模式”利用审查批捕、诉中考察、庭前调查等展开社会调查的时间期限，融入了对涉罪未成年人的初期干预环节。初期干预的介入是基于帮助身心不成熟的涉罪未成年人及时得到帮扶，使其成为积极的社会人的人文主义理念。该模式不但给予涉罪未成年人因身心不成熟而得到特殊的谅解外，更为其有机会成为社会有用之才提供了机会。

可以说，这一环节的融入弥补了前期社会调查探索工作的不足，更加丰富和健全了未成年人社会调查制度，完善了中国少年司法改革的基本内涵，契合《刑事诉讼法》修改的初衷，是当下中国建设和谐社会、幸福国家所需要的制度创新。

（二）社会调查的相关法律概念

1. 什么是未成年犯罪嫌疑人?

犯罪嫌疑人，又称嫌犯，罪嫌，指侦查机关的侦查对象或者被侦查线索初步确定的怀疑对象。犯罪嫌疑人必须是特定的人，对尚未找到的和身份未确定的犯罪实施者，不能称其为犯罪嫌疑人。未成年犯罪嫌疑人，是指年龄尚未达到 18 周岁的犯罪嫌疑人。

2. 什么是未成年被告人?

在刑侦实践中，犯罪嫌疑人可能被不在场证据或其他科学证据排除嫌疑。刑事侦查终结后，受到刑事指控的犯罪嫌疑人，被称为刑事被告人。未成年被告人，是指受到刑事指控，未达到法定 18 周岁的刑事被告人。

3. 什么是刑事侦查？

侦查是刑事诉讼的一个基本的、独立的诉讼阶段，是公诉案件的必经程序。刑事侦查，指研究犯罪和抓捕罪犯的各种方法的总和。其目的是收集、调取犯罪嫌疑人有罪或者无罪、罪轻或者罪重的证据材料。

刑事侦查也是一种调查，但它既不同于行政调查和一般的社会调查，也不同于其他诉讼调查，如人民法院在办案过程中的调查等。它是刑事案件立案后，由侦查机关进行的旨在查明案情、查获犯罪嫌疑人并收集各种证据，确定对犯罪嫌疑人是否起诉的准备活动。

4. 什么是诉中考察？

诉中考察，是指对于犯罪情节较轻，人身危险性较小，符合相对不起诉条件的未成年人，将其安置于相关的社区机构或团体中并责令其为社区服务或通过其他方式对其悔罪表现、人身危险性及社会融入性进行考量，如表现良好且确有悔改表现，则作出相对不起诉处理，不再追究其刑事责任。

5. 什么是相对不起诉？

《刑事诉讼法》第一百七十三条第二款规定，相对不起诉，是指人民检察院对侦查机关侦查终结移送审查起诉的案件，经过审查后，认为犯罪嫌疑人的犯罪行为情节轻微，依照刑法规定不需要判处刑罚或者免除刑罚时，依法作出不起诉的决定。在相对不起诉的条件下，人民检察院既可以作出不起诉决定，也可以作出起诉决定。此时，需要向上一级检察院报送不起诉意见书。

6. 社会调查与刑事侦查、诉中考察的异同是什么？

社会调查与刑事侦查、诉中考察都是未成年人刑事诉讼过程中针对不同的未成年犯罪嫌疑人进行法定的程序。

社会调查，主要从专业角度关注未成年人的犯罪原因、个体存在的再犯因素，并对未成年犯罪嫌疑人和被告人实施及时的帮教工作，并不关注案情本身的法律问题。刑事侦查，主要是对刑事案件立案后，由侦查机关进行旨在查明案情、查获犯罪嫌疑人的各种证据收集活动，是针对案件本身进行的法定程序。诉中考察，是对处于审查起诉阶段对未成年犯罪嫌疑人开展的考察活动，是社会调查因介入阶段不同的一种法定称谓，在实践中，二者具有统一性。但诉中考察的主体是承办案件的主审检察官，社会调查活动主体是专业的社会调查员。

7. 社会调查中未成年人的“成长经历”的含义是什么？

社会调查中，未成年人的“成长经历”，指的是他的生命历程。生命历程理论将个体的生命历程理解为一个由多个生命事件构成的序列，同样一组生命事件，若排序不同，对一个人人生的影响也会截然不同。在社会调查过程中，社会调查员主要是追溯个体的历史生活轨迹，探求未成年人生命历程中，可能诱发当前犯罪行为的因素，即对历史性风险因素的考察。

8. 社会调查中的“犯罪原因”指的是什么？

犯罪原因，是引起、促成和影响犯罪现象及其过程的各种犯罪因素。社会调查中对未成年犯罪嫌疑人和被告人的“犯罪原因”调查，主要是对引起、促成和影响未成年人犯罪行为和过程的个人风险因素、社会风险因素和历史性风险因素开展的调查和分析活动。因此，社会调查中的“犯罪原因”包括个人风险因素、社会风险因素和历史性风险因素三个维度。

9. 什么是社会调查中的“监护教育”条件？

监护教育，一般理解为对未成年人的监管、看护与教育。社会调查中的“监管教育”，既包括未成年犯罪嫌疑人、被告人的家庭功能发挥的情况，如经济情况、互动情况、家庭结构的完整情况以及他们对家庭的依恋情况等，同时还包括对未成年犯罪嫌疑人、被告人拥有的支持性的社会资源情况，如社区、学校、工作单位、所在地亲属或能对其产生监管、教育引导的社会性资源。这在社会调查报告中体现为对其家庭、社会资源等支持系统的考察。

（三）社会调查中的权利问题

1. 涉罪未成年人在刑事诉讼中享有哪些基本权利?

联合国《儿童权利公约》、《少年司法最低限度标准规则》、《保护被剥夺自由少年规则》等，均对未成年人享有的诉讼权利作了规定。联合国《儿童权利公约》第四十条明确规定，被指控刑事犯罪的儿童享有以下诉讼权利：无罪推定、被告知指控罪名、获得独立公正的主管当局或司法机关的迅速审理权、要求父母或者法定监护人在场、不得被迫作口供或认罪、要求高一级主管当局或司法机构复查判决、获得免费翻译、尊重隐私权。

《联合国少年司法最低限度标准规则》7.1 条规定了少年犯罪嫌疑人、被告人在刑事诉讼中享有的基本权利，“在诉讼的各个阶段，应保证基本程序方面的保障措施，诸如假定无罪指控罪状通知本人的权利、保持沉默的权利、请律师的权利、要求父亲或母亲或监护人在场的权利、与证人对质的权利和向上级机关上诉的权利”。8.1 条规定：“应在各个阶段尊重少年犯享有隐私的权利，以避免由于不适当的宣传或加以点名而对其造成伤害。”8.2 条规定：“原则上不应公布可能会导致使人认出某一少年犯的资料。”

《保护被剥夺自由少年规则》也规定了被逮捕或待审讯的少年应当享有的权利，主要包括假定为无罪、尽可能避免拘留、尽量缩短拘留时间、获得法律顾问并申请法律援助、获得一定的拘留待遇等。

2. 在我国，未成年犯罪嫌疑人、被告人除了享有法律规定的一般性诉讼权利外，还享有哪些特殊的诉讼权利?

享有接受司法机关开展司法社会调查的权利。该权利在新《刑事诉讼法》中进行了规定。该程序正是基于儿童福利理念的要求，体现了儿童利益最大化和获得特别关照之要求。据此，公安机关、司法机关在办理未成年人刑事案件的过程中，不仅要调查案件事实，而且还要对未成年人的生理、心理特征、性格特点及其生活环境也进行调查。必要时，还要进行医疗检查和心理学、精神病学的调查分析。这是公安、司法机关对涉罪未成年人采取合适处置措施的重要基础。

3. 在社会调查过程中，未成年犯罪嫌疑人、被告人有什么样的权利和义务？

未成年犯罪嫌疑人、被告人在社会调查中，除享有联合国《儿童权利公约》、《少年司法最低限度标准规则》、《保护被剥夺自由少年规则》中规定的基本权益外，还享有独立自决、提前得知接受社会调查、参与自身问题研判、了解帮教计划、要求更换社会调查员等权利。他们的义务主要包括配合社会调查员，遵从调查协议、提供真实个人与家庭信息，维护社会调查员合法权益等。

4. 社会调查员在开展社会调查中具有什么样的权利与义务？

社会调查员有获取公安机关、人民检察院、人民法院、司法行政机关等提供社会调查便利条件的权利，有维护个人人身安全、个人隐私、个人尊严与调查独立的权利，如北京市人民检察院第二分院、北京市第二中级人民法院拟出台的《社会调查员出庭工作暂行规定》中的第十九条指出，社会调查员及其近亲属的人身和财产安全受法律保护。人民法院应当对社会调查员的住址和联系方式予以保密。第二十条特别明确指出，任何单位和个人均不得以任何方式阻止、干扰社会调查员出庭。诉讼参与人或其他人对社会调查员进行侮辱、诽谤、诬陷、殴打或打击报复的，人民法院可以根据情节轻重予以训诫、罚款、拘留；构成犯罪的，依法追究刑事责任。这些规定在一定层面上都保障了社会调查员的基本权利。

社会调查员的义务包括坚守社会调查基本职业伦理，及时、客观、科学地完成社会调查工作，尊重委托机关的委托协议，维护未成年犯罪嫌疑人、被告人基本权利等方面的义务，在法庭上如实回答调查内容，接受法庭质询的责任。

二、社会调查的法律依据

1. 我国少年司法开展社会调查的法律背景是什么？

为了规范刑事诉讼过程中的科学化量刑问题，在2010年，最高人民法院、最高人民检察院、公安部、国家安全部、司法部的《关于规范量刑程序若干问题的意见（试行）》中的第十一条规定："人民法院、人民检察院、侦查机关或者辩护人委托有关方面制作涉及未成年人的社会调查报告的，调查报告应当在法庭上宣读，并接受质证。"

2. 新修订的《刑事诉讼法》对社会调查制度作出了怎样的规定？

2012年3月，新修订的《刑事诉讼法》第二百六十八条规定："公安机关、人民检察院、人民法院办理未成年人刑事案件，根据情况可以对未成年犯罪嫌疑人、被告人的成长经历、犯罪原因、监护教育等情况进行调查。"

3. 中央六部委的《若干意见》对社会调查制度进行了怎样的规范？

2010年，中央综治委预防青少年违法犯罪工作领导小组、最高人民法院、最高人民检察院、公安部、司法部、共青团中央颁布的《关于进一步建立和完善办理未成年人刑事案件配套工作体系的若干意见》（以下简称《若干意见》）中指出，公安机关、人民检察院、人民法院、司法行政机关在办理未成年人刑事案件和执行刑罚时，应当综合考虑案件事实和社会调查报告的内容。社会调查机关应当对未成年犯罪嫌疑人的性格特点、家庭情况、社会交往、成长经历、是否具备有效监护条件或者社会帮教措施，以及涉嫌犯罪前后表现等情况进行调查，并作出书面报告。社会调查过程中，公安机关、人民检察院、人民法院应为社会调查员提供必要的便利条件。

4. 最高人民法院《关于审理未成年人刑事案件的若干规定》对社会调查作出了怎样规定?

2000 年，最高人民法院出台的《关于审理未成年人刑事案件的若干规定》(以下简称《若干规定》) 第二十一条规定："开庭审理前，控辩双方可以分别就未成年被告人性格特点、家庭情况、社会交往、成长经历以及实施被指控的犯罪前后的表现等情况进行调查，并制作书面材料提交合议庭。必要时，人民法院也可以委托有关社会团体组织就上述情况进行调查或者自行进行调查。"

5. 最高人民法院《关于审理未成年人刑事案件具体应用法律若干问题的解释》中，对庭审前的未成年被告人的社会调查作了何种解释?

2006 年，最高人民法院《关于审理未成年人刑事案件具体应用法律若干问题的解释》第十一条规定，对未成年罪犯适用刑罚，应当充分考虑是否有利于未成年罪犯的教育和矫正。对未成年罪犯量刑应当依照刑法第六十一条的规定，并充分考虑未成年人实施犯罪行为的动机和目的、犯罪时的年龄、是否初次犯罪、犯罪后的悔罪表现、个人成长经历和一贯表现等因素。

6.《人民检察院办理未成年人刑事案件的规定》中对社会调查工作进行了怎样的说明?

最高人民检察院颁布的《人民检察院办理未成年人刑事案件的规定》(2006) 第十六条规定，审查起诉未成年犯罪嫌疑人，应当听取其父母或者其他法定代理人、辩护人、未成年被害人及其法定代理人的意见。可以结合社会调查，通过学校、社区、家庭等有关组织和人员，了解未成年犯罪嫌疑人的成长经历、家庭环境、个性特点、社会活动等情况，为办案提供参考。

7.《北京市未成年人保护条例》对北京市人民法院的未成年被告人的权益作出了怎样的规定?

《北京市未成年人保护条例》(2003 年修订) 第六十条规定，

在审理未成年人刑事案件的过程中，各级人民法院可以委托各级未成年人保护委员会或者其他组织聘请社会调查员。社会调查员对未成年被告人性格特点、家庭情况、社会交往、成长经历以及实施被指控的犯罪前后的表现等情况进行调查，并制作书面材料提交司法机关。

三、社会调查的目的与原则

1. 社会调查的目的是什么?

社会调查的目的：一是在收集资料的基础上，对涉嫌犯罪人行为的社会危害性及再犯可能性作出专业评估，以服务于司法人员的量刑过程。二是在收集资料的过程中，找出帮教涉嫌犯罪人的内容和线索，以指导相关帮教矫正工作更具针对性，帮助犯罪嫌疑人更加顺利地回归社会。①

2. 社会调查员应遵循哪些基本工作原则?

为了更好地进行社会调查，社会调查员在调查的过程中，需坚持符合法律原则、全面性原则、社会性原则、科学性原则、专业性原则、个别化原则和保密原则。

3. 什么是“符合法律原则”?

社会调查的各个流程与环节必须要按照法律规定的要求，遵循相应的法律程序。在法律的基础上，细化社会调查的内容，规范社会调查的工作流程。社会调查需要和现存的司法制度相契合，与刑事诉讼的程序相契合，不得违反或超越相关法律的规定。

4. 什么是“全面性原则”?

社会调查员在接受委托后，应对涉罪未成年人的性格特点、

---

① 席小华、杨新娥：《量刑规范化改革背景下关于司法社会调查主体的思考》，载《法学杂志》，2011 年第 4 期。

成长经历、家庭情况、社会交往、犯罪原因、监护教育条件进行全面的社会调查。必要时，还应进行医疗检查和心理、精神鉴定。全面调查的对象不能仅限犯罪嫌疑人个体，应更多地关注个体环境中亲人、朋辈、受害人提供的信息。

5. 什么是“社会性原则”?

个人和他所处的环境处在多重的互动中，个人问题的产生是由于个人和环境之间的失衡所造成的，强调当事人所处社会环境是个体问题产生的缘由。诊断一个人的问题，必须将其放到其所处的环境中进行，即他的家庭、学校、工作场所等，并考察他与其他个体之间的互动情况。

6. 什么是“科学性原则”

社会调查是一项细致而复杂的工作，为有效地开展工作，社会调查员必须具备社会学、心理学、个体生物学、犯罪学、社会工作学等学科的知识。社会调查员还应经过社会调查的专业伦理与技能培训，掌握基本的问题诊断与帮教方法，确保社会调查工作的科学性。

7. 什么是“专业性原则”?

社会调查为一项具有高度专业化的职业。社会调查的专业化主要包含五个方面，社会调查机构的专业化、社会调查员的专业化、社会调查的工作专业化、社会调查方法的专业化以及社会调查评估的专业化。

8. 什么是“中立性原则”?

为避免司法机关多重职能之间的冲突，合理配置司法资源，提高司法工作效率，公安、人民检察院、人民法院从直接的社会调查执行主体中脱离出来，专职于自身职责，将社会调查委托给第三方。社会调查员在社会调查过程中，应保持客观、中立，其调查工作不应受被调查对象和委托社会调查的司法机关的影响。

9. 什么是“个别化原则”?

每一个个体都是独特的，其成长经历、生活环境、受教育状况、生理特点、心理情况等不同，其行为方式、认知方式、价值观自然不同。社会调查员应以个别化的态度对待被调查对象，在社会调查中，社会调查员要承认每个人的独特性，尊重每个人的想法和观点，采取个别化的方式与调查对象建立关系。

10. 什么是“保密原则”？

社会调查员要尊重他人隐私，未经他人的允许，不能泄密。在社会调查过程中，社会调查员收集到的各种信息，凡不涉及调查对象案件和问题的，不会对调查对象自身或他人造成负面影响的信息，均应遵循保密原则，不得向他人透露。调查对象的犯罪信息也不得在社会调查过程中泄露给无关人员。

四、社会调查的内容与工作方法

（一）社会调查的内容

1. 社会调查的内容有哪些？

在社会调查工作中，对涉罪未成年人的犯罪因素调查应包含引发犯罪的风险因素，也应关注涉罪未成年人犯罪的保护性因素。涉罪未成年人犯罪的风险因素，应包括个体因素、环境因素和历史性因素。涉罪未成年人犯罪的保护性因素，包括内在保护性因素与外在保护性因素。

调查内容具体包括未成人的年龄、性别、身体状况、心理状况、兴趣爱好、性格特征、犯罪原因、犯罪中的角色、悔罪态度、学习情况、同伴交往状况、未成人生活的家庭状况、社区环境等情况。

2. 个体风险因素包括哪些内容？

个体风险因素，包括生理因素和心理因素。在考察个体因素时，社会调查员应从涉罪未成年人外显的性别、体型、神经气质类型特征、异常生物学因素的形成等诸因素，对涉罪未成年人进行初步判断。在心理因素方面，社会调查员可着重从态度特征、行为特征、认知思维模式三个方面进行考察。

3. 环境风险因素包括哪些内容？

环境风险因素在涉罪未成年人成长和犯罪过程中发挥着重要作用。社会调查员在对涉罪未成年人所处环境调查时，应关注家庭环境、学校环境、社区环境、同辈群体、社会文化环境等。对已经处于羁押状态的涉罪未成年人，还应关注他所处的监禁环境可能产生的影响。

4. 历史性风险因素包括哪些？

历史性风险因素，是指从未成年人成长历程中发现可能导致其犯罪的诱因。历史性因素可以从幼年至事发前的生命事件和事发后涉罪未成年人前后的态度和行为变化两个方面考察。生命事件，是指发生在涉罪未成年人成长过程中，对涉罪未成年人自身影响较大，有着重要意义的事件。生命事件一般易被他人忽视，但对涉罪未成年人的心理和行为方式会产生较大的影响。事发前后涉罪未成年人的态度和行为变化是案件本身对其影响的直接表现，可以直接反映出涉罪未成年人的悔罪情况。

5. 什么是涉罪未成年人的内在保护性因素？

内在保护性因素，是指涉罪未成年人在成长过程中通过家庭、学校教育等方式获得的一种内在控制因素。积极看待干预与权威、了解自己的问题并愿意改正以及内在的积极性的个性特质。

6. 什么是涉罪未成年人的外在保护性因素？

外在保护性因素，是指涉罪未成年人与其所处的外在环境的互动关系情况。主要体现在正面的人际交往、稳固的社会联系、对家庭父母、对学校存在必要的依恋性。这些因素既是对涉罪未成年人犯罪行为再犯可能性的考察，也能为涉罪未成年人的帮教和回归工作提供支持。

（二）社会调查的工作方法

1. 社会调查工作的基本方法包括哪些？

根据各阶段工作要点的不同，社会调查的基本方法包括：（1）访谈观察结合，建立专业关系。（2）多种方法并用，全面收集资料。（3）资料整理分析，制订帮教计划。（4）紧扣帮教计划，全面介入帮教。（5）自评、他评并重，评估帮教效果。（6）综合全面考量，再犯风险评定。

2. 什么是“访谈观察结合，建立专业关系”？

建立专业关系，是社会调查员接案后与案主开展工作的第一步，也是接下来各阶段工作的基础。建立关系阶段的访谈，一般采用无结构式的直接访谈，推荐采用客观陈述法结合对案主的个案研究展开。使用访谈法时，一般结合观察方法的使用，社会调查员通过观察，判断涉罪未成年人的精神状态、专注度、回应方式等其他基本信息，随时调整与涉罪未成年人的会谈策略。随着经验的积累，观察往往可以获得访谈达不到的效果。

3. 什么是“多种方法并用，全面收集资料”？

资料收集越详细，越有利于后期对案主所存在的问题的解决。社会调查收集资料，可分为案主个体、外界环境及生命历程三个大的维度。资料收集的方法，一般包括文本查阅、深度访谈、心理习作、评估量表、家访或环境调查等方法。一般情况下，这些方法应整合使用。

4. 什么是“资料整理分析，制订帮教计划”？

对收集到资料要经过审查、分类与整合三个阶段进行。在此阶段，要去除与个体问题诊断无关的因素以及虚假的信息，确保信息准确、可用。涉罪未成年人应参与对自身问题分析的过程，其帮教目标与计划应根据涉罪未成年人特点设定，但应由社会调查员与案主共同探讨制订。

5. 什么是“紧扣帮教计划，全面介入帮教”？

依照社会调查中设定的帮教计划，依照案主个体及外界环境两个维度开展帮教工作。在个体层面，依据涉罪未成年人特点，可采用叙事疗法、认知行为疗法、理性情绪疗法等；在环境干预层面，依据涉罪未成年人自身拥有的社会资源，可以采用家庭治疗、小组工作、社区工作等方法开展。

6. 什么是“自评他评并重，评估帮教效果”？

效果评估是评价项目结果是否达到预期目的的评定。帮教效果评估是针对案主的评估，无论采用何种评估方式，都应坚持实证主义，以案主实际情况为基础，结合案主自身与其环境因素在帮教过程中的变化展开。评估一般通过调查员对案主的自评和督导、专家、机构等进行他评相结合的方法进行。

7. 什么是“综合全面考量，再犯风险评定”？

根据涉罪未成年人个体与环境系统资料分析，帮教效果以及专业评估量表等参考，结合社会调查员经验综合后，作出再犯风险评定。这一阶段评估，可以结合量化评估和质性评估方法共同开展。

五、社会调查制度的历史与现状

（一）国外社会调查制度的基本概况

1. 国外社会调查制度经历了什么样的发展？

十九世纪后半期，伴随着刑罚个别化思潮的发展，教育刑逐渐替代了以惩罚和威慑为主的报应刑，西方社会逐渐接受了教育刑的思想。教育刑所主张的“因材施教”的刑罚个别化思想也顺势登上历史舞台，人们逐渐认识到，要真正矫正好每个犯罪人，帮助他们重新再社会化，必须认清每个犯罪人的具体情况。意大利学者格拉马蒂卡是最早积极倡导社会调查制度的学者，并以此作为反社会制度的衡量标准。[1] 法国学者安塞尔在此基础上进一

① 刘立霞、路海霞、尹璐：《品格证据在刑事案件中的运用》，中国检察出版社2008年版，第26页。

步主张，人格调查不同于十九世纪为刑罚个别化而进行的司法评价，前者调查的范围广于后者；采纳英美法系先定罪后量刑的两阶段制，人格调查就在两阶段之间进行；人格调查还应进一步与行刑阶段联系。①

随着刑罚个别化观念的深入人心，社会调查制度日益受到各国重视。美国、德国、日本等国均已实行这一制度，尤其在未成年人刑事司法中，往往以对犯罪人进行社会调查作为审判的基础。西方国家的少年司法制度经过多年的发展，发育比较成熟。未成年人社会调查制度作为贯彻国家亲权原则的重要制度，已经形成了专业的调查机构和稳定的调查群体，科学的调查方法、全面的调查内容，对于未成年人权益保护发挥了重要的价值和作用。

2. 国外的社会调查主体主要有哪些？

在欧洲的少年司法实践中，为了保障未成年人的权益，贯彻国家亲权原则，加上未成年人刑事案件本身的专业性，未成年人刑事案件的社会调查大多由专门机构或者专门人员实施，这些机构主要是受法院委托的独立于审判组织之外的专门机构或社会团体。例如，美国的缓刑官、日本家庭法院的调查官等。

3. 国外社会调查制度主要适用哪些人群？

从适用对象来看，国外社会调查制度一般也称为人格调查制度，其适用范围虽然以少年案件为重点，但是已经推广适用于成年人案件之中。② 但从各国立法和实践来看，社会调查制度主要适用于未成年人犯罪的刑事案件。其次，社会调查制度仅适用未成年犯罪嫌疑人、被告人，而不是其他诉讼参与人。

---

① 转引自刘立霞、路海霞、尹璐：《品格证据在刑事案件中的运用》，中国检察出版社 2008 年版，第 26 页。马克昌：《近代西方刑法学史略》，中国检察出版社 1996 年版，第 323 页。

② 姚建龙：《少年刑法与刑法变革》，中国人民公安大学出版社 2005 年版，第 264 页。

4. 国外社会调查的内容主要包括哪些方面?

从国外各国的调查内容来看，社会调查是对未成年犯罪嫌疑人的个人情况进行全面调查。调查的内容是与未成年犯罪嫌疑人、被告人的生活经历、平时表现等情况有关，如未成年人本人基本信息、家庭环境、教育背景、社区状况、同伴交往状况等。通过综合把握未成年人的时空存在，分析未成年人的犯罪原因，找到矫正对策。

为了帮助法官对少年犯罪者正确处理，美国负责社会调查的缓刑官须就犯罪少年的生活环境、学习经历等进行查访，撰写的报告中需包括少年被告人的逮捕记录、最新的犯罪事实、对少年被告人的心理评估、社会机构所提供的信息等。①《德意志联邦共和国青少年刑法》第四十三条规定，在审理开始之前，应当尽快地对有助于判断被告人道德、思想和个性特点的被告人的生活和家庭情况、成长过程，迄今为止的行为以及所有其他情况进行调查。日本《少年法》第九条规定，家庭裁判所考虑对该少年应当审判时，应对案件进行调查，在调查时，务必调查少年、监护人或者有关人员的人格、经历、素质、环境。英国《治安法院（少年儿童）规则》（1970 年）第十条规定，法院必须考虑有关儿童或者少年的平常行为、家庭环境、学校档案和病史的资料，以便对案件作出最符合其利益的处理。

5. 社会调查在国外的少年司法制度中处于什么样的地位?

社会调查是为法官对未成年被告人定罪量刑时考虑从轻、减轻处罚提供法律依据。社会调查反映了未成年犯罪嫌疑人、被告人的人身危险性和责任程度，社会调查结束后，相关人员制作社会调查报告提交法院，法官可以根据社会调查报告反映的情况，选择对其最适当合理的处理方式，如决定对其是否能够适用非监

---

① 王运生、严军兴:《英国刑事司法与替刑制度》，中国法制出版社 1999 年版，第 86 页。

禁刑，适用哪种非监禁刑罚，是否考虑从轻或者减轻处罚。

在少年司法制度较为发达的国家，社会调查除了可以帮助法官公正、合理地量刑，还为假释、缓刑、服刑管理、跟踪帮助等提供参考依据。例如，在美国的成年人刑事诉讼程序中，社会调查报告只在量刑阶段发挥作用。而在未成年人刑事案件中，一些成文法和判例认为，在案件的裁决阶段也依赖社会调查报告。[①]在德国的少年法院，“刑事诉讼程序启动之后，侦查人员收集与嫌疑人个人及其相关社会因素的信息来评估未成年犯罪嫌疑人的性格并选取相应的处理措施。在程序启动后，必须及时通知少年法院的助手、社会工作者调查未成年犯罪嫌疑人的性格及其社会状况的信息，以便让法庭在此基础上适当处置”。[②]

（二）我国社会调查制度的基本概况

1. 我国社会调查制度经历了怎样的发展？

最早，我国未成年人社会调查可以追溯到民国时期。1935 年 7 月 1 日所颁行的《审理少年案件应行注意事项》已经作出了有关社会调查的两项规定：“一、审理少年案件，应考察其事件之关系，少年之生活状况与社会环境，遇必要时，得延聘心理学或教育学专家为辅助，于特别情形，应使医师祥为检查。二、审理少年案件，应斟酌情形，委托当地感化机关，为必要之调查及辅助。”

新中国成立之后，1985 年 11 月，联合国第 96 次会议在北京通过了《联合国少年司法最低限度标准规则》（又称《北京规

① Employment of Social Investigation Reports in Criminal and Juvenile Proceedings, Columbia Law Review, Vol. 58, No. 5. (1958), P. 716, 722, 723. 转引自杨雄：《论未成年人刑事案件中社会调查制度的运用》，载《法学论坛》2008 年第 1 期。

② Hans - Jorg Albrecht, Youth Justice in Germany, 31 The University of Chicago Crime and Justice, (2004), P. 453, 471. 转引自杨雄：《论未成年人刑事案件中社会调查制度的运用》，载《法学论坛》2008 年第 1 期。

则》)，专门规定了“社会调查报告”，该规则第 16.1 条规定：“所有案件除涉及轻微违法行为的案件外，在作出判决前，应对少年生活的背景和环境或犯罪的条件进行适当的调查，以便对案件作出明智的判决。”

社会调查制度与我国第一个少年法庭的诞生同步，并成为少年审判区别于普通刑事审判的特征之一。1988 年 10 月，上海市长宁区人民法院的《未成年人刑事审判工作细则》提出，调查不应以查明事实、核对证据等审理刑事案件的一般要求为限，还应注重查明犯罪成因、把握悔罪关键。并将社会调查的内容归纳为九项：个人概况、犯罪事实、不良经历、家庭情形、社区环境、教育状况、职业状况、身心状况、兴趣能力。

1991 年，最高人民法院《关于办理少年刑事案件的若干规定(试行)》正式将社会调查制度确定下来，该规定第十二条明确规定：“开庭审判前，审判人员应当认真阅卷，进行必要的调查和家访，了解少年被告人的出生日期、生活环境、成长过程、社会交往以及被指控犯罪前后的表现等情况，审查被指控的犯罪事实的动机。”1991 年 6 月，最高人民法院、最高人民检察院、公安部、司法部联合发出《关于办理少年刑事案件建立互相配套工作体系的通知》，将公、检、法、司四个机关办理少年刑事案件的一些创新做法从程序上衔接起来，形成司法规范。

1997 年，上海市长宁区人民检察院正式建立了“对未成年犯罪嫌疑人社会调查”制度，该院与长宁区青少年保护办公室联合制定了《未成年人刑事案件特邀社会调查员工作规范（试行)》。2001 年，最高人民法院《关于审理未成年人刑事案件的若干规定》第二十一条为我国社会调查制度开启了法律依据，确定在少年法庭的庭审阶段引入社会调查制度。

随后，2006 年最高人民检察院《人民检察院办理未成年人刑事案件的规定》、2006 年最高人民法院《关于审理未成年人刑事案件具体应用法律若干问题的解释》、2010 年中央六部委《若干意见》均对社会调查进行了相应规定。2012 年 3 月，《刑事诉讼法》更是在新增订的“未成年人刑事案件诉讼程序”中规定，“公安机关、人民检察院、人民法院办理未成年人刑事案件，根据情况可以对未成年犯罪嫌疑人、被告人的成长经历、犯罪原因、监护教育等情况进行调查”，全面提升了社会调查的法律位阶，确立了社会调查的法律地位。

2. 什么是社会调查的“北京模式”？

社会调查的“北京模式”是自下而上由基层司法机关推动而逐渐建立的。多年来，北京市各区级人民检察院、人民法院、司法矫正机关都对涉罪未成年人的社会调查工作进行了卓有成效的探索，积累了丰富的实践经验。不过，在社会调查工作的流程、基本的调查方法、社会调查报告的内容与性质等方面，前期的探索尚未形成统一的标准与规范。社会调查工作的专业化发展发源自北京市海淀区人民检察院。2009 年，在进入办理未成年人案件专门化的第十个年头，北京市海淀区人民检察院开始寻求联合社会专业力量共同对涉罪未成年人进行教育矫治。当年 6 月，该院尝试和首都师范大学社会工作系合作，启动了“与法同行——社会工作专业介入未成年人检察工作综合研究项目”，选择部分需要诉中考察的案件，委托具备国家社工师资格的专职社工，对考察人员进行社会调查和帮教。2010 年 9 月和 10 月，北京市海淀区人民检察院少年检察处、首都师范大学少年司法社会工作研究与服务中心两个机构相继成立。少年检察处创立了“4 + 1 + N”工作模式。“1”，即依靠中心的司法社工队伍对少年犯罪案件开展社会调查和帮教考察，社会调查成为少年检察工作的一项制度全面铺开。社会调查范围扩展到所有未成年人和有需求的未满 25 周岁的在校学生，社会调查阶段提前至审查批捕阶段。①

---

① 路琦、席小华：《未成年人刑事案件社会调查理论与实务》，中国人民公安大学出版社 2012 年 12 月版。

机制运行两年多来，已对近 700 人开展了社会调查和帮教。北京市海淀区人民检察院的此项工作机制得到北京市人民检察院、北京市市委、北京市人大常委和海淀区区委领导的高度肯定。“海淀社会调查模式”也得到了诸多北京市司法机关的认同，同时吸引了诸多北京市司法机关加入此模式：北京市门头沟区人民法院、北京市人民检察院第二分院、北京市第二中级人民法院相继与首都师范大学少年司法社会工作研究与服务中心启动合作。另外，在新《刑事诉讼法》出台之际，首都综治委预防青少年违法犯罪专项组推动了公安、人民检察院、人民法院社会调查“一条龙”的工作模式探索——“百例社会调查试点”工作。至此，社会调查“北京模式”逐渐走向成熟。

3. 在社会调查领域，上海市进行了哪些探索？

上海市是全国最早开展社会调查制度探索的地方，1988 年年底，上海市长宁区人民法院制定了全国第一个较为完整的《未成年人刑事案件审理工作细则》，该细则对未成年人刑事案件的收案范围、开庭前调查内容、庭审程序和方法、如何处罚、回访考察等作了具体的规定。1997 年，上海市长宁区人民检察院正式建立了“对未成年犯罪嫌疑人社会调查”制度，该院与长宁区青少年保护办公室联合制定了《未成年人刑事案件特邀社会调查员工作规范（试行）》。随着上海社会工作专业的发展，司法社会工作者已经开始全面介入上海市未成年人犯罪嫌疑人的司法社会调查工作。

“上海模式”可以用三句话、十八字概括，即“政府主导推动，社团自主运作，社会多方参与”。上海市成立了三个专门针对违法犯罪高危群体的事务办公室，即禁毒委员会办公室、社区矫正办公室、社区青少年事务办公室。这三个办公室的主要任务是相互配合在全市范围内预防违法犯罪，并代表政府购买社团服务，指导和管理社团，促进社工队伍的建设与发展。上海市阳光社区青少年事务中心，经上海市社团管理局批准注册，于 2004

年2月18日正式挂牌成立，中心为民办非企业社团，主管单位为共青团上海市委员会，主要承担政府委托的社区青少年的教育管理和服务工作。中心的成立，推动了“办案专业化、维权全面化、帮教社会化”上海少年司法工作模式的建立，为司法机关更加合理、有效地管理社会搭建了平台。①

4. 云南省的“盘龙模式”的主要概况是什么样的?

昆明市盘龙区政府与英国救助儿童会合作的“未成年人司法试点项目”，以引进英国“合适成年人”参与制度为切入点，进行“司法分流”和未成年人的社区帮教和矫正工作的机制探索。在英国救助儿童会组织的帮助下，云南盘龙的少年司法形成特色的合适成年人制度。② 在云南盘龙，“合适成年人”不仅参与对公安侦查期间对涉罪未成年人的讯问和询问，实时保护涉罪未成年人合法权益，还负责对未成年人的社会调查。

“盘龙模式”的合适成年人，主要从盘龙区内青少年专干、司法所司法助理员、社区居委会成员、办事处综治专干及其他退休人员、社会工作者、志愿者，以有利工作、就近参与工作为标准进行选择。“合适成年人”需要经“项目办”专业培训考核，具有责任心，有一定社会阅历及工作经验，有教育学、心理学、法律知识。③

合适成年人主要在“司法分流”方面产生作用。例如，参加侦查对未成年违法犯罪嫌疑人的讯问、与未成年人家属沟通，了解犯罪动机、目的；及时告知涉罪未成年人享有的合法权利，及

① 路琦、席小华：《未成年人刑事案件社会调查理论与实务》，中国人民公安大学出版社2012年12月版。

② 合适成年人参与制度，是指在未成年人刑事案件中，在未成年人法定代理人等不能到场情况下，由合适成年人参与到诉讼中来，帮助维护未成年人的权益，起到沟通、抚慰、教育、监督等功能的制度。参见姚建龙：《权利的细微关怀——“合适成年人”参与未成年人刑事诉讼制度的移植与本土化》，北京大学出版社2010年版。

③ 祈涛：《引进“合适成年人”制度初探》，载《云南大学学报》（法学版），2005年第18卷第2期，第100页。

时制止警方的不当行为，对未成年人进行背景调查，包括对受害人的了解、走访；向侦查机关提交“关于对触法未成年人背景情况的调查报告”提出有关处理建议等。如果案件在公安阶段不能办结，被移送至人民检察院和人民法院阶段，“合适成年人”要继续对涉嫌违法的未成年人进行社会背景调查，并据此向人民检察院和人民法院提出对未成年人处理的意见和建议，参与回归社区的帮教和矫正等。

六、当前社会调查制度存在的问题

1. 当前，我国社会调查主体方面存在什么问题？

社会调查的主体尚未统一，最高人民法院 2001 年实施的《若干规定》对社会调查的规定比较笼统，在这个规定里，社会调查的主体包括控辩双方、人民法院以及人民法院委托的有关社会团体。新的《刑事诉讼法》也并未对社会调查的主体进行明确的规定。在实践中，有的地方由检察官、法官开展调查并制作报告，有的地方由共青团组织承担，有的地方由专门的社工、合适成年人承担，等等；而且，社会调查员是否参与庭审质证各地做法也不尽一致；调查主体的人员素质也参差不齐。这需要国家立法层面上对此进行统一规范。

2. 我国社会调查报告存在哪些问题？

社会调查报告的内容不同，样式不一。从调查内容上看，一般是围绕未成年人的性格特点、文化程度、家庭环境、成长经历、社会交往及实施被指控犯罪前后表现等情况展开，也有的还纳入了心理评估、非羁押措施风险评估等内容，包含了帮教的具体建议和帮教效果、再犯风险评估等。但各地的侧重点不同，另外，加上社会调查员的关注点和未成年人的信息不同，社会调查报告就形成了较大差别。从调查报告样式上看，有采用日常公文报告样式的，有采用调查表格或调查笔录样式的。

3. 社会调查报告的法律性质存在哪些问题?

社会调查报告是否具有证据的效力，目前没有定论。尽管多数学者认为不具有证据效力，但也有相反的观点。例如，有些观点认为，社会调查报告对未成年犯罪嫌疑人具有重要的参考意义，但不具有证据效力；也有观点认为，社会调查报告符合证据的相关性,[①] 由此对未成年犯罪嫌疑人具有证据价值。就社会调查报告使用的实际效果来说，多数委托机关都肯定了报告在采取司法措施时的重要参考作用。

目前，在多数地方，社会调查只在检察机关审查起诉和人民法院判决阶段开展，在公安侦查阶段的调查延伸不足，这在一定程度上限制了社会调查制度的价值和效能。“北京模式”已经在公安机关、人民检察院、人民法院的社会调查工作衔接方面进行着探索，但社会调查报告的使用性质尚未达成统一。在未成年被告人的庭审过程中，北京市人民检察院第二分院、北京市第二中级人民法院将社会调查报告视为准证据使用，其内容接受主审法官的当庭质询，但在法律层面尚未对社会调查报告作出定性。

4. 社会调查的适用对象方面存在哪些问题?

目前，我国涉罪未成年人的社会调查未能推广至所有未成年犯罪嫌疑人和被告人。从实践中看，有些人民法院开展社会调查在适用对象上有一定的选择性，不是对所有涉罪未成年人都进行社会调查，开展社会调查的对象主要限于本地户籍的未成年人，对外地户籍的未成年人则较少适用；有些地方只针对处于诉中考察阶段的未成年人开展，排斥处于监禁状态的未成年人；还有的地方针对一些处于看守所内罪行较轻的涉罪未成年人，司法机关改变其羁押状态，让其取保候审之后再进行社会调查工作。这些选择性的措施，无形中使得社会调查制度成为部分非监禁刑未成

---

① 吴燕、吴翎翎:《未成年人品格证据若干问题探析》，载《青少年犯罪问题》2008 年第 5 期。

年犯的特殊福利，而不是所有涉罪未成年人应得到的公平待遇。

5. 社会调查的程序方面存在什么问题？

社会调查的程序未规范统一。虽然大多数人民法院在审理未成年人刑事案件时，实行了社会调查制度，但社会调查的工作程序没有统一规定，如何委托、如何展开调查、如何和调查对象建立关系、如何处理意外情况、结案后如何进行等，这些应当规范的程序至今尚未统一。比如，委托社会调查机构时，部分对社会调查对象进行了提前告知，有些直接交给社会调查员开展调查工作，缺乏一个规范性的流程。另外，缺乏规范的程序导致各地在社会调查的时限和方式方面存在较大差异，最终导致调查结果的差异。

6. 社会调查员在法庭中的地位和性质方面存在什么问题？

社会调查员在法庭中的地位和性质也没有明确的法律确定。因为缺乏法律的规范，所以在实践中，有的人民法院在辩护人坐席后面设立社会调查员的席位，有的在公诉人和辩护人中间设置席位。参加诉讼的社会调查人员在诉讼中不属于控辩双方任何一方，亦不同于普通证人和鉴定人，但可以参加庭审全过程，不必退庭。在法庭调查结束时，由社会调查员宣读社会调查报告，由控辩双方进行质证后，法庭决定是否采纳。在法庭教育阶段，司法社会调查员可以参与对被告人的法庭教育工作。

7. 我国社会调查制度的立法工作还存在哪些问题？

涉罪未成年人社会调查制度是一项法律性、专业性很强的社会工作，需要有完备的法律、法规作为后盾。在法律层次上，国家虽然对未成年人开展社会调查进行了一些必要的法律规定，但是仍然比较笼统，缺乏操作性的指导意见。目前，全国没有一部完整的法律对涉罪未成年人社会调查的组织机构、权限、运行等情况作出规定，也未对涉罪未成年人在其中的权利与义务、社会调查员的权利保障进行规范。全国各地对社会调查制度仍处于探索阶段，社会调查主体、内容、工作规范都有着较大差异。我国出台的中央六部委的《若干意见》与新修订的《刑事诉讼法》虽对涉嫌刑事犯罪的未成年人、被告人开展社会调查进行了规定，但规定仍不是全面与强制性的，而是“可以”有选择性的。

作为一项保障未成年人权益的法律，应上升到国家立法的高度。全国人大应专门对未成年人社会调查制度进行规范。具体说来，应包含社会调查的工作原则、社会调查的机构设置、社会调查员的编制、经费保障以及社会专业机构在其中的法律地位、权利与义务、介入的方式与途径等。国家有关部门还应对社会调查主体的资质进行规范，如专业学习与技能培训等进行规范。只有通过法律、法规的形式，才能从制度层面推动社会调查员队伍的建设，才能提升我国未成年人司法社会调查员队伍质量，切实发挥社会调查制度在未成年人权益保护和青少年预防犯罪方面的作用。

第二章 涉罪未成年人社会调查的理论基础

一、社会调查的生物学理论依据

1. 实证犯罪学派的基本理论观点是什么?

实证主义犯罪学派是在十九世纪中期以前的生物科学、实证主义哲学、进化论学说和精神病学迅速发展的基础上，于1876年诞生的。诞生的标志是意大利著名的精神病学家切萨雷·龙勃罗梭在这一年正式出版的经典著作《犯罪人论》一书，他是这个学派的创始人和最重要的代表人物。[①] 龙勃罗梭通过对士兵、精神病人、犯罪人等的观相术和颅相学观察、身体测量、尸体解剖等方法，发现善良的人和不良的人不仅在性情方面，而且在身体解剖特征等方面都有明显的差异。

龙勃罗梭认为，犯罪人是出生在文明时代的野蛮人，他们的生物特征决定了他们的心理和行为特征，这种行为必然不符合文明社会中传统、习惯和社会规范，必定构成犯罪。他们的犯罪性是与生俱来的，是由他们异常的生物特征决定的，而这种异常的生物特征则是通过隔代遗传而来的。[②]

2. 犯罪实证学派理论对社会调查工作有什么启发?

一是在社会调查工作中应首先倡导对生物学因素的关注。

二是龙勃罗梭所使用的归纳、解剖、人体测量、实验、观察

---

① 吴宗宪:《西方犯罪学》(第二版)，法律出版社2006年9月版，第96页。

② 吴宗宪:《西方犯罪学》(第二版)，法律出版社2006年9月版，第103页。

等逻辑的、客观的、“实证的”方法，在社会调查中具有重要指导意义。

3. 遗传生物学的基本观点是什么？

遗传生物学的研究认为，犯罪人的犯罪与其人格等个人素质密切相关，而他们的人格等个人素质又深受直接或间接的遗传因素的影响，一些遗传负因，如父母、祖父母的精神病、智力低下、性格异常、酒精中毒、异常的性染色体等，对犯罪人的人格的等个人素质的形成起着巨大的作用，这些遗传负因是导致孩子实施犯罪行为的重要原因。

当时的犯罪生物学家认为，心理退化是一种遗传因素，是人类向低于人类的生物类型的一种倒退，心理退化的人被认为具有潜在的犯罪可能性。① 孪生子与犯罪关系的研究，也是探讨遗传性与犯罪关系的重要方法之一。

除了以上列举的心理退化与犯罪、孪生子与犯罪关系等相关的研究外，还包括养子女与犯罪、性染色体异常与犯罪的关系研究等。这些研究，都在试图解释遗传与犯罪之间的内在联系，并主张应该关注遗传因素对人类犯罪行为的负面影响。

4. 遗传生物学研究对社会调查工作有什么启发？

在社会调查实践过程中，遗传负因素也是社会调查员面对一些智商和精神存在问题的调查对象时应该加以关注的。社会调查员时常会遇到一些智力迟滞的涉嫌犯罪人，与他们的沟通会遇到较大困难，要想做好社会调查会很困难。遗传生物学研究结论是，社会调查员开展社会调查工作之前必须要掌握的知识，有了这样的知识积累，社会调查员才能对他们的犯罪行为作出准确的评价。

需要注意的是，虽然遗传负因是孩子实施犯罪行为的重要风险因素之一，但孩子先天的遗传缺陷并非没有改善的可能，这在

---

① 吴宗宪：《西方犯罪学》（第二版），法律出版社2006年9月版，第188页。

许多的案件中得到了很好的验证。

5. **体质生物学研究的基本观点是什么？**

犯罪的体质生物学研究从犯罪人的身体素质方面探讨生物、生理因素与犯罪的关系。这里所说的身体素质，既包括身体的生理结构方面的特征，如大脑结构、体型等，也包括特殊的生理功能或生理状态，如腺体分泌，等等。①

二十世纪中期以后的研究，主要从两个方面展开，一是研究月经与犯罪的关系，一是研究睾酮与犯罪的关系。相关研究认为，在经前及月经期间，由于妇女激素的分泌失去平衡，往往会引起情绪波动，使妇女容易激动，容易嫉妒等，这些因素与其他因素相结合，就可能引起犯罪和不良行为。② 在性激素与犯罪关系的研究中，普遍认为睾酮的分泌情况与人的敌意、攻击行为和暴力犯罪密切相关。某些暴力行为，如强奸、杀人等历史的研究对象表现出较高的睾酮水平，这些人往往具有长时间的、明显的暴力行为历史。③

6. **体质生物学研究对社会调查工作有什么启发？**

首先，目前已有的医学和生理学的研究已经表明，青少年实施暴力犯罪行为可能与其生理缺陷间存在关系，尤其是脑前额叶受损，颞叶中部受损与攻击性有明确的内在关系。④ 因此，在开展社会调查工作中，需要对这点因素给予密切关注。

---

① 吴宗宪：《西方犯罪学》（第二版），法律出版社 2006 年 9 月版，第 204 页。

② 吴宗宪：《西方犯罪学》（第二版），法律出版社 2006 年 9 月版，第 207 页。

③ 吴宗宪：《西方犯罪学》（第二版），法律出版社 2006 年 9 月版，第 207 页

④ 2002 年，美国帕勒莫（G. B. Palermo）教授应邀来中国访问，帕勒莫教授是美国威斯康星大学医学院精神病与神经病理临床教授，也是美国权威犯罪学杂志《国际罪犯矫治与比较犯罪学杂志》的主编。在访问与交流期间，在谈到青少年犯罪原因时，帕勒莫教授一方面强调了社群因素对青少年犯罪的影响，同时也着重强调了生理因素对犯罪的影响，他出示了脑部结构图、脑电显示图等，明确解释了青少年暴力犯罪与生理缺陷间的内在关系。同时，他也谈到内分泌异常、遗传基因、药物、酒精等因素，对犯罪的重要影响。

其次，不能忽视的是，未成年人的大脑尚处于成长之中，各项生理功能尚不健全，了解青少年大脑结构的发育状况，对社会调查员更加清晰地理解其实施犯罪行为的原因是非常重要的，同时，也可以让司法工作者和社会调查员更加深刻地理解现代少年司法制度的基本理念。

7. 生物化学研究的基本观点是什么？

关于未成年人的生物化学解释，近年来特别流行。它的主要观点是，人体内的化学因素缺乏会影响整个神经系统，可以直接或间接地减轻青少年以社会可接受方式的行事能力，缺少维生素或某些食物，或沉溺于某些食物也会导致具有攻击性或失控的行为。①

日本心理学家研究认为，过量地摄取甜食会提高孩子的血糖水平，引起血糖水平大起大落，使孩子疲劳易怒，容易做出过激反应，甚至暴力犯罪行为。还有研究发现，糖过量会导致“嗜糖烦躁综合征”，如多动不安、情绪波动、爱发脾气、打人毁物。②台湾学者也得出类似的结论，过多糖分的摄入导致孩子们脑白质和脑灰质结构发生变化，进而最终对孩子行为产生影响。③

美国学者 Schoenthaler 一直在加州研究维生素对罪犯的影响。他的一项研究表明，具有作恶行为的孩子们，在接受维生素补充之后，不再那么富有侵略性、破坏性，对他们的老师也更加尊敬，变得愿意合作和更能集中精力。

南加州大学的研究报告也表明，在头三年，锌、铁、维生素 B 和葡萄糖的缺乏将导致日后的不良行为。据 Schauss 教授与日本

---

① Peter C . Kratcosli and Lucille Dunn Kratcoski 著：《青少年犯罪行为分析及矫治》（第五版），中国轻工业出版社，第 31 页。

② 刘炯：《论饮食对青少年犯罪的潜在影响》，载《青少年犯罪问题》2010 年第 2 期。

③ 2009 年，我国台湾犯罪学者林瑞钦教授在首都师范大学讲学中发布的研究成果，并展示了一系列实验光片。

岩手大学教授大泽博的研究均发现，暴力犯罪者的毛发检测结果中，其铅、镉等重金属含量多于非暴力犯罪者，钾、镁等营养矿物质少。[①] 2001 年，美国国家健康学院的临床研究专家约瑟夫·黑比伦博士公布了一项名为“吃海鲜和杀人案”的研究，结果表明，多吃 Ω－3 脂肪酸（主要富含于鱼肉中）会降低谋杀行为发生的频率。

8. 生物化学研究结论对社会调查工作有什么启发?

饮食到底对犯罪行为的产生有无影响? 如果有，这些影响有多大? 该问题在西方国家同样是学者们争论不休的一个问题。我们只能说，饮食结构以及饮食习惯是我们不能忽视的生物化学因素，这些影响对于犯罪而言，也许只是潜在的，但它依然是我们在开展社会调查工作中不能忽视的重要因素。以上研究结论至少告诉我们：要对包括饮食习惯在内的涉嫌犯罪未成年人的生活习惯进行细微的关照，只有这样，我们才能更加准确和科学地评估出孩子走上犯罪道路的真实原因。

二、社会调查的心理学理论依据

1. 差异交往理论的基本观点是什么?

心理学的学习理论强调了家庭和同伴群体作为犯罪行为的根源（sources）之重要作用，也强调了强化与惩罚在一个人是否将从事犯罪事业抉择中所起决定性作用。来自这一观点的一个特别重要的理论，是 Sutherland（1939）提出的犯罪差异交往理论。[②]

---

① 刘炯：《论饮食对青少年犯罪的潜在影响》，载《青少年犯罪问题》2010 年第 2 期。

② Sutherland, E. H. (1939) *Principles of Criminology*. Philadelphia: Lippincott. (1951) Critique of Sheldon's varieties of delinquent youth'*American Sociological Review*, 16, 10－13. See Putwain, D. & A. Sammons. (2002). *Psychology and Crime*. New York: Routlrdge. 46.

Sutherland 认为，行为的获得是社会学习的过程，社会学习过程影响了价值观念、行为模式，个体的价值观念和行为模式是通过与文化群体中的成员接触而学会的。① 他提出了差异交往理论的基本假设：犯罪行为是通过暴露在犯罪行为标准中习得的。这些学习，发生在家庭和同辈群体中。犯罪行为的发起来自两个因素：一是习得的态度，另一个是特殊行为的模仿。

在 Sutherland 看来，犯罪行为是行为人对需要和价值观的一种表达，如对金钱的需要。然而，对金钱的这种需要通常并不用于解释犯罪行为：这些是学来的。当一个人在一个群体（如一个家庭或各种同辈群体）中的社会化，将融于这一群体所遵循的价值观和态度规则（law）中。这些价值观和态度中，一些是喜欢的，一些是不喜欢的。如果一个人获得对犯罪的喜欢态度比不喜欢的态度多，那么他们可能会犯罪。他们也可能从他们的社会群体中获得违反法律的专业技能。在 Sutherland 的观点中，意识到这一点很重要，一个人不必从其他犯罪人那里学习越轨的态度。例如，守法的父母完全有可能对刑法典和警察表现出不赞成态度。另外，一个人不必表现出对各种犯罪形式的喜欢态度：一个认为入室盗窃是错误的人，也可能对强奸犯罪表现出极为厌恶的态度等。②

2. 社会学习理论的基本观点是什么？

社会学习理论，是由美国心理学家班杜拉发展起来的一种学习理论。这种理论认为，社会行为是通过观察和模仿他人的行为而形成的；人们更有可能模仿别人的那些受到鼓励或者奖赏的行为。这种理论，强调行为与环境的交互作用，强调认知过程的重要性，强调观察学习和自我调节过程。基于重要的实验研究，班

---

① Sutherland, E. H. （1947）. *Principles of Criminology*. Philadelphia: J. B. Lippincott Company. 5 – 9.

② 路琦、席小华：《未成年人刑事案件社会调查理论与实务》，中国人民公安大学出版社 2012 年 12 月版。

杜拉用社会学习理论解释了攻击行为的社会学习过程。

1962 年，英国心理学家戈登·特拉斯勒（G. Trasler）在其《对犯罪性的解释》（The Explanation of Criminality）一书中，提出了犯罪行为是通过条件反射作用学会的。美国犯罪学家西格尔（L. J. Siegel）认为，社会学习理论家发现了四种易于导致暴力行为的因素：（1）增强情绪唤醒的事件，如人身攻击和言语侮辱；（2）攻击技能，即通过观察别人学会的习得性攻击反应；（3）预期的结果，即认为攻击行为会受到奖赏的信念，这种奖赏包括减轻紧张或愤怒，获得一定的物质利益，建立起自尊，获得别人的赞许等；（4）行为与价值观的一致性，即认为攻击行为在当时的情境中是正当的、合适的信念。这些因素的发现，为采取相应的矫治措施提供了重要理论依据。

3. 犯罪的理性选择理论的基本观点是什么？

刑事古典学派认为，犯罪是人自由意志的产物。① 其立论基础是：人是理性的动物，在意志上是自由的，犯罪人是在意志自由情况下选择了犯罪，选择了恶；人具有权衡利弊得失的理性能力，对做或不做有害于他人的行为具有自己的判断能力和自由选择能力。在刑事古典学派中，存在功利主义和报应主义两种理性选择观。

以 Beccaria 和 Bentham 等为代表的功利主义的选择观认为，趋乐避苦是人的本能，犯罪人之所以选择犯罪，一是犯罪结果对他来说是快乐的，如占有不义之财；二是犯罪过程对他而言是快乐的。② 按照 Freud 的观点，每个人身上都有“里比多”（libi-

---

① 李富成：《论刑事古典学派的刑罚根据观》，载 http://www.dffy.com，2003 年 11 月 19 日，第 1～5 页。

② 康树华著：《犯罪学——历史·现状·未来》，群众出版社 1998 年版，第 225 页。

do)，在释放“里比多”的过程中，人们就获得一种满足的快感。[①]

以 Kant 和 Hegel 为代表的报应主义选择观认为，每个人都应对自己的行为负责，犯罪人在明辨是非的基础上，选择一种恶、选择一种犯罪行为，而犯罪行为是被主流社会所谴责、否定的行为，并且他这种选择已对社会和他人构成了危害，因而犯罪人必须对自己的选择和所选择的行为负责。犯罪人明知国家通过刑事法律规范界定犯罪和规定刑罚、对犯罪持否定态度，犯罪人仍然藐视法律而实施犯罪，是挑战国家法律、挑战社会秩序的行为；国家为了维护法律的权威性，为了整合社会秩序，就必须对犯罪人采取报复的行为，即刑罚惩罚。黑格尔认为，“刑罚包含着犯罪人自己的法，所以处罚他，正是尊敬他理性的存在”。[②]

认知心理学家 Simon 提出的有限理性概念，激发行为决策理论家们进行了一系列研究。结果显示，人们的实际行为与标准理性理论的预测不符，人们在决策时往往使用各种启发式，尽管这不能保证产生最佳的结果。犯罪学的实证研究也支持有限理性的观点。Carroll 的一项研究表明，人在选择犯罪机会时存在很强的“维度偏好”，很少能在整合多种相关信息的基础上作判断。[③]

4. 理性选择理论对社会调查有什么样的启示？

从人是理性的这个前提出发，犯罪人在选择犯罪与不犯罪之间是理性的，他之所以犯罪，是因为犯罪之乐，大于不犯罪之乐。按照功利主义理论，通过刑罚的手段使犯罪人形成一种正确的苦乐观，校正犯罪人不正确的苦乐观，可以使犯罪人因畏惧犯

---

① 弗洛伊德：《精神分析的方法与技术》，参见高觉敷主编：《西方近代心理学史》，人民教育出版社 1982 年版，第 368 ~ 382 页。

② 黑格尔著，范扬、张重泰译：《法哲学原理》，商务印书馆 1996 年版，第 103 页。

③ 路琦、席小华：《未成年人刑事案件社会调查理论与实务》，中国人民公安大学出版社 2012 年 12 月版。

罪之苦而不敢轻易犯罪，达到预防犯罪，保护社会的目的。①

阿德勒认为，“犯罪人有他们自己的逻辑和自己的智慧。他们遭受着一种错误的世界观，错误估计着他们自己的重要性和他人的重要性”，并“用他们自己的观点赋予了生活的一般概念”。② 也就是说，选择犯罪的人们，他们事实上是一个不同的类别。

5. 犯罪的社会认知理论基本观点是什么？

按照费斯廷格（L. Feisinger）的认知失调理论，认知失调是一个人的态度和行为中的认知成分的相互矛盾，从一个认知推断出另一个认知时产生的不舒适、不愉快的情绪。费斯廷格认为，人们通常采用三种途径来减少不协调：（1）改变行为，使主体对行为的认知符合态度的认知。（2）改变态度，使主体的态度符合他的行为。（3）引进新的认知元素，使之与原有的认知成分协调一致。这一理论的犯罪观认为，有些犯罪者对认知失调的忍耐性低，在认知事物的过程中不能保持“折中”反应，往往简单地作出片面、极端的结论。有些犯罪人对自己行为的认知绝不改变，且不允许引进新的认知因素，对环境的认知则是忽左忽右地改变。③

社会认知理论则认为，处理人际冲突的图式和脚本少，容易引发暴力侵犯行为。当一个新的事件发生时，先前获得的脚本在指导当前的行为反应时起着重要的作用。脚本的含义，是当环境中的事件发生时，个体对这些事件如何作出行为反应，这些行为会产生什么后果的模式。一个人备份的脚本越多，在解决问题时就会有更多的策略可供选择。

---

① 宋浩波：《试论犯罪经济学原理》，载《福建公安高等专科学校学报》2003年第（1）期，第3～7页。

② Alfred Adler, “Individual psychology and Crime,” *Police Journal* 17, 1930, reprinted in *Quarterly Journal of Corrections*, 1977, P. 7–13.

③ 朱智贤主编：《心理学大词典》，北京师范大学出版社1988年版，第538页。

6. 犯罪的社会认知理论对社会调查有什么启示?

社会认知能力缺乏，可预测青少年的犯罪与暴力。有研究结论认为，认知能力缺失与反社会行为和侵犯行为存在较高的相关性。在儿童生活早期的适当时候进行认知技能训练，有助于预防犯罪行为的发生，即使后来把儿童暴露在犯罪风险因素影响的环境中。有证据表明，许多违法者存在基本的社会适应方面的认知技能缺失，也有相当多的经验研究支持认知能力匮乏和犯罪之间的相关关系；从另一方面看，儿童的社会称许信息加工技能的发展是重要的保护因素，可减少几种类型的问题行为，包括药物滥用、青少年团伙犯罪和暴力行为。①

7. 犯罪的人格理论基本观点是什么?

英国心理学家艾森克，根据巴甫洛夫的古典条件反射学说，认为“良心”的培养是通过从小形成的条件反射；“社会化”，即“朝向正确方向”的条件反射的形成，它乃是学习社会规范、对道德性和社会性行为的条件反射，没有完成这个过程的人就容易成为犯罪者。

他认为，越是内向性的人越有困难，原因在于内向性的人易受良心约束而遵守道德。外向性的人不为规范所约束，是积极而执拗的，易发生反社会行为。有神经质倾向的人因情绪过分激动，易采取激烈行动而引起犯罪。他还认为，实际犯罪的时间和社会处罚该犯罪人的间隔时间过长，就不能建立条件反射，因此许多惯犯尽管多次入狱，但仍然会继续犯罪。

艾森克（1977 年）提出，犯罪行为是特定的环境条件与个体的神经系统特征交互作用的结果。与大多数的当代犯罪学理论不同，艾森克的理论特别强调了反社会行为和犯罪行为的遗传素

---

① Bennett, S. , Farrington, D. P. , &Huesmann, L. R. (2005). Explaining gender differences in crime and violence: The importance of social cognitive skills. *Aggression and Violent Behavior*. (10): P. 263 – 288.

质。艾森克（1996 年）声称，“基因原因在反社会行为和犯罪行为中扮演了重要角色，这个简单的事实不再令人怀疑”。这里所谓扮演了重要角色，并不是说这些人是天生的反社会人群或犯罪人群，而是说他们的神经系统特征与一般人群有显著不同，这些神经系统特征影响着他们遵从社会期望和遵守社会规则的能力。①

三、社会调查的社会学基础

1. 从犯罪人类学到犯罪社会学，经历了什么样的转变？

在犯罪学理论中，为人们所熟悉的意大利犯罪学家龙勃罗梭为代表的刑事人类学派提出的犯罪人类学理论，将犯罪对象的个体性因素作为最重要的犯罪原因。这一派理论，后来受到其他很多理论的反对，比较有代表性的有二元犯罪原因论、三元犯罪原因论及社会原因论。二元犯罪原因论、三元犯罪原因论及社会原因论与犯罪的个体论有一个最鲜明的特点是，前三者虽然也关注个体原因，但似乎更强调犯罪的非个体原因，即外在的社会环境因素是促成犯罪的重要或者首要原因。迪尔凯姆也研究犯罪问题，透过他经典的社会事实的研究范式，认为犯罪是正常的、必然的现象，不是社会的病理现象，原因是社会自身失去了控制力。当社会的尊严、权威、神圣逐渐削弱或丧失时，社会的连带性、结合性也随之崩溃，这种社会状况就是产生犯罪的母体。到社会学大师迪尔凯姆对犯罪问题加以关注和研究之后，犯罪社会学开始显露出更深远的影响，犯罪人类学也随之过渡到犯罪社会学。也就是说，早期犯罪社会学的研究从人类学逐步过渡到了一般社会学研究，逐渐重视外在于人的社会因素对犯罪问题的影响。

---

① Bartol, C. R. (2004). Criminal Behavior: A Psychosocial Approach. Pearson Pretice Hall. 99.

2. 社会学中社会系统理论的主要思想是什么?

美国社会学家帕森斯认为，社会系统是行动系统的四个子系统之一，其他三个是行为有机体系统、人格系统和文化系统。在社会系统中，行动者之间的关系结构形成了社会系统的基本结构。社会角色，作为角色系统的集体，以及由价值观和规范构成的社会制度，是社会的一些结构单位。社会系统为了保证自身的维持和存在，必须满足四种功能条件：（1）适应。（2）目标达成。（3）整合。（4）文化模式维系。在社会系统中，执行这四种功能的子系统分别为经济系统、政治系统、社会共同体系统和文化系统。这些功能在社会系统中相互联系。[①]

帕森斯认为，社会系统是趋于均衡的，四种必要功能条件的满足可使系统保持稳定性。帕森斯的理论在二十世纪六十年代以后受到很多批评。为回应对他理论的质疑批评，帕森斯也对社会发展变迁展开研究。他强调，社会进步的重要衡量标志是社会适应能力增强，良好社会应该具有普遍的社会共同价值观，并使其在系统内保持制度化。

3. 社会系统理论中的文化维系模式对社会调查工作有什么启示?

帕森斯的经典理论认为，社会系统具备四大功能，即前述适应、目标达成、整合、文化模式维系功能。文化模式维系功能具有重要意义。很多学者研究发现，大量的社会冲突，或者违法犯罪行为的背后，往往可见价值观缺失或者混乱不清的问题。对这个问题的讨论显得很大，因为当代中国社会价值观的构建事关重大，关乎社会的方方面面，甚至国家民族未来发展都与此相关。价值观混乱带来社会道德滑坡、拜金主义、消费主义等很多问题，并且这些因素很容易对青少年产生消极影响。在开展社会调

---

① 贾春增：《外国社会学史》，中国人民大学出版社2000年10月版，第224～225页。

查工作中，应该对青少年的价值观给予重点关注，如果发现其价值观存在不当认识，应对其原因进行了解分析，为下一步对其矫正帮教提供依据。①

4. 社会系统变迁对当前我国社会调查工作有什么借鉴？

帕森斯的经典理论中的社会系统变迁，对我们当前关注留守儿童犯罪，单亲家庭未成年人犯罪的犯罪因素探究与防治提供了宽阔的思维空间。目前，我国正处在一个社会大发展大变革的时期，表现为城市化的快速发展，人口城乡结构属性的大调整，因为种种原因，在这个过程中，我国出现了大量的留守儿童，据民政部门估算超过 5000 万人。另外，我国的收入分配存在很大不均衡，表现为城乡收入不均衡、东西部收入不均衡、体制内外收入不均衡，等等。这些社会结构性因素，也必然作用于微观的家庭和个人，增大人口的流动，导致犯罪行为的发生。

我国目前的家庭结构趋向于不稳定，尤其是近十年来，离婚率持续上升，目前这几年，我国平均每年的离婚数量都在 300 万对左右，家庭的不稳定与冲突必然影响青少年健康成长。此外，与家庭因素相关的青少年犯罪十分多见，甚至体现为青少年犯罪的主要原因。②

5. 失范理论的基本思想是什么？

结构功能主义理论流派中，最有代表性的涉及犯罪研究的理论是失范理论。结构功能主义的代表人物墨顿认为，社会一方面强调普遍意义上的成功，但另一方面却没有提供获得成功的足够的正当手段，或是本身限制了一部分人取得成功的可能性（不可能人人都达到普遍成功状态），于是，那些想要获得成功的人不得不采取最有效的、尽管是非法的手段去寻求成功，从而产生越

---

① 路琦、席小华：《未成年人刑事案件社会调查理论与实务》，中国人民公安大学出版社 2012 年 12 月版。

② 路琦、席小华：《未成年人刑事案件社会调查理论与实务》，中国人民公安大学出版社 2012 年 12 月版。

轨乃至违法犯罪。

墨顿认为，社会价值观确定了社会追求的目标，从而也框定了社会成员对成功的界定，社会规范则界定了为达到目标可采用的手段。如果目标与手段之间发生脱节，为寻求成功，一部分人就会采取非制度性手段（合法手段），就会出现社会失范状态，导致越轨行为。这里，墨顿还特别强调了情境性因素，越轨或者犯罪的发生具有一定的偶然性，如恰当时机或者缺乏有效监管等，这主要受情境性因素影响。

6. 失范理论对社会调查工作有怎样的启发？

从失范理论的角度看，越轨行为在一定程度上是可以理解的，对违法青少年的矫治应该建立在清楚认识和理解的基础之上，这是司法社会调查的目的，以此为基础，明确违法青少年是追求的价值目标出了问题，还是手段方法出了问题。如果目标出了问题，矫正其目标；如果手段出了问题，则帮助他们寻找建立正确手段的途径。同时，也要关注其行为发生的情境性因素。这些，其实也是司法社会调查员日常矫正帮扶犯罪青少年的主要工作，即帮助他们正确认识自己，形成正确正面自我评价认知，矫正不良行为与生活方式，获得进取的能力。

墨顿的功能分析理论在青少年司法社会工作中也应加以重视，即很多青少年违法犯罪背后有一定功能因素，即他们的行为能够给他们带来一些正面功能，满足其某些需要。比如，我们常常发现一些青少年结交不良群体，共同从事违法行为，但这些交往可能带给他们归属感、信任感、甚至荣誉感，这些功能是他们的家庭、学校正常活动所不能给予的。考虑到功能替代的概念，社会调查员应该寻求帮助他们以其他健康途径达到相应功能体现。[①]

---

① 路琦、席小华：《未成年人刑事案件社会调查理论与实务》，中国人民公安大学出版社2012年12月版。

7. 符号互动理论的主要内容是什么？

符号互动论的代表人物米德认为，心灵、自我和社会不是分离的结构，而是人际符号互动的过程。在关于自我认知方面，米德认为，自我是对社会客观现实的内化和主观解释，自我的观念是在社会互动中产生的。它实质是一种社会结构，它产生于人的社会经历。自我存在于自我观察、反省的活动之中。自我是一个过程或者在一个过程中逐渐形成的。人类个体正是不断进行自我反省、反思、自我控制，从他人立场看自己才有了自我意识，人们运用他们学得的符号来选择某种行为，从而控制自己的活动。①

布鲁默为符号互动论提出了一些基本假定：人对事物所采取的行动是以这些事物对人的意义为基础的；这些事物的意义来源于个体与其同伴的互动，而不存于这些事物本身之中；当个体在应付他所遇到的事物时，他通过自己的解释去运用和修改这些意义。②

8. 符合互动论对社会调查工作有什么启示？

不管是米德，还是布鲁默，都认为自我的观念是一个过程，是在互动中形成的，并且个体总是不断通过自我对话来进行自我反省、反思和自我控制。因此，在我们今天的社会工作中，应该怎样对待犯错的人，他们还有没有可能改过自新，在符号互动论这里我们可以得到清楚明确的答案：可以。并且，司法工作者、社会调查员的工作方式，与调查对象的交流方式对之有很大影响。

布鲁默确定的符号互动论的方法论原则，对今天我们进行社会调查的实务与研究具有特别重要的价值。符号互动论者倾向于自然主义的、描述性的和解释性的方法论，偏爱参与观察、生活

---

① 贾春增：《外国社会学史》，中国人民大学出版社 2000 年 10 月版，第 325 ~ 326 页。

② 贾春增：《外国社会学史》，中国人民大学出版社 2000 年 10 月版，第 330 页。

史研究。布鲁默批评社会科学研究中过于重视预先的理论模式和过于讲究调查技术的倾向，特别反对定量化研究方法用于对人的行为的研究。他主张回到经验世界中去，以第一手的直接考察为基础，反对程序、数字、统计学方案和技巧。直接考察的方法有两种，探索和检查。探索是尽量以开放的方式观察、访问、倾听、查阅文献等。①

这种倾向于自然主义的研究方法对于社会调查工作给予了很大启发。作为专业的社会调查员，尤其应该反对静止的和结构性的预判，如我们绝不能因为一个孩子经济困难而倾向于判断其有侵财类犯罪倾向，而是必须研究真实的情境。我们也反对将社会调查报告定量化、数据化。另外，我们特别要求对被调查对象采取尊重的态度等。

9. 标签理论的基本理论观点是什么?

标签理论，是犯罪社会学的重要理论。标签理论认为，越轨者在很大程度上归因于特定的身份，一旦人们被贴上不良标签，这种负面认识会强化其不良表现。施拉格将标签理论的基本观点归纳为九个基本假设：（1）任何行为从固有性质来看都不是犯罪，行为的犯罪性质是由法律规定的。（2）犯罪的定义是由有权势的群体的代表，包括警察、法庭、矫正机构和其他管理部门为了他们的利益而强制使用的。（3）一个人并不会仅仅由于违反法律而成为犯罪人的。相反，他是因为官方当局的反应才被称为犯罪人的。（4）把人们分为犯罪人和非犯罪人的做法，是与常识和经验性证据相矛盾的。（5）尽管许多人都同样地违反了法律，但是只有少数一些人因此而被逮捕；逮捕的行动引起了贴标签的过程。（6）由于法律实施中使用的制裁是针对整个人的，而不仅仅是针对犯罪行为的，所以刑罚因犯罪人特征的不同而有区别。

① 贾春增：《外国社会学史》，中国人民大学出版社 2000 年 10 月版，第 331 ~ 333 页。

(7) 制裁形式也因犯罪人的其他特征的不同而有区别，年龄、所属的社会经济阶层和种族，是影响刑事司法判决的主要的个人特征。(8) 刑事司法活动是以这样一种刻板观念为基础的，即犯罪人是一种被社会遗弃者——一种道德品质恶劣、应受社会谴责的故意作恶者。(9) 面对公众谴责和坏人的标签，犯罪人很难保持一种积极的自我形象。他们会对公众的谴责和坏人的标签产生消极认同，产生更加严重的犯罪行为。[①]

10. 标签理论对社会调查工作有什么样的启示?

标签理论对当代青少年司法体系无疑具有重大的影响。比如，美国在二十世纪六十年代经过霍姆斯案、肯特诉美国联邦政府案、高尔特案等案件后，少年矫正机构的实际情况被揭示和公开了出来。社会公众认为，少年矫正机构成为了罪错少年再度犯罪的温床。标签理论更为这种非议从另一个角度提供了强大的理论支持——机构内处遇反而会使罪错少年更为堕落，而不是被矫正好。[②] 现在，非监禁的矫正成为各国少年不良行为改善的首选措施。

今天，关于少年司法的这种转变在我国逐步启动。参考标签理论的观点，加之受到国内外大量经验启发，今天我国推广社会调查制度，要力求避免将这一工作变成一个“贴标签”的过程，这是与社会调查工作的初衷相违背的。这需要在工作中充分考虑各种因素，保护未成年人隐私，并动员调查对象身边的社会关系立即非“标签化”的重要性。这也是社会调查工作者特别强调对待涉罪未成年人要体现平等、尊重、专业的主要原因。

---

① 吴宗宪:《西方犯罪学》，法律出版社 1999 年 2 月版，第 527 ~ 529 页。转引自姚建龙:《标签理论及其对美国少年司法改革之影响》，载《犯罪研究》2007 年第 4 期。

② 姚建龙:《标签理论及其对美国少年司法改革之影响》，载《犯罪研究》2007 年第 4 期。

11. 情感理论的基本观点是什么？

美国社会学家哈蒙德在二十世纪九十年代提出了一种人类情感的进化理论，这一理论也运用了交换理论的一些要素。在哈蒙德看来，人类生来在生理上是寻求积极情感唤起和避免消极情感发生。这种理论，倾向于把人的行为动机基本归因于情感追求。①

此外，意大利社会学家肯珀提出了地位——权力模式理论用于对情感的研究。他的基本观点为，个体在社会关系中的相应权力和地位以及它们的改变，对于他们的情感状态有着极其重要的影响。情感动力取决于个体所实际掌握的地位和权力，在互动中失去的地位和权力。如果人们坚信他们的地位的丧失是源于他们的自身过错时，他们会感到羞耻和尴尬；而如果他们坚信这种丧失是因为别人的不公平和不恰当的行为，他们就会感到愤怒，并趋于对他人进行侵犯。当他们的愤怒升腾的时候，他们就会进行权力模式的互动——寻求他人承认他们的地位。这一理论，阐明了人们在互动中由于权力的变化而带来相应行为的原因。②

12. 情感理论对社会调查工作有什么启示？

我们发现，情感理论对未成年人犯罪问题的理论解释具有相当令人信服的解释力，这是应该加以重视的。事实证明，大量违法犯罪青少年往往在幼小时情感需求得不到满足，缺乏父母关爱，或者欠缺其他情感满足。对于青少年法律工作者和社会调查员而言，更多关注调查对象的情感情绪变化，关注调查对象行为背后的情感原因，会十分有利于清楚地了解其状态，有助于针对性开展工作。

13. 社会化理论的基本思想是什么？

社会化理论在社会学理论体系中具有基础性地位。迪尔凯姆

---

① 乔纳森·特纳：《社会学理论的结构》，华夏出版社 2001 年 1 月版，第 115 页。

② 乔纳森·特纳：《社会学理论的结构》，华夏出版社 2001 年 1 月版，第 108 ~ 109 页。

认为，初级群体与次级群体共同构筑了人的社会化环境，他极为强调社会次级群体对于人的社会化以及社会团结的关键性作用。韦伯阐述了现代性的总体文化趋势以及社会与个人不断增长的工具理性和技术理性，如何将现代人变为了理性化铁笼的囚徒；库利经典的“镜中我”概念，对个人的早期社会化以及初级群体的特殊作用进行了奠基性的研究。米德在关于人的自我和角色的论述中，极为强调社会共同体、共享价值观对行动过程的普遍支配作用，认为社会有组织的协调能力所产生的“选择压力”，促使个体使自己适应于社会环境和组织模式。他认为，个人由感知他人对自己的评价而形成自我，并进行选择的权衡，这些人际实践使社会组织得以建立和维持，并使社会结构得到复制。米德分析了自我观念在社会互动中的发生和形成过程，强调了符号互动能力在人的自我发展和角色社会化中的不可或缺的作用，等等。正是在这些努力所建构的基础之上，逐渐汇聚成了社会化理论。①

关于社会化理论的较为不同的观点从哈贝马斯开始。他特别强调个人能力的提高对于社会进化的重大意义。他的基本观点是，社会本身不能单独实现进化，只有与行为主体结合在一起才能构成有进化能力的系统；只有吸取了社会化行为主体的学习能力，社会才能通过新的结构使自己的控制能力和调节能力达到新的水平；只有把人们世界观中的认识潜力用于人行为系统的重新组织，社会才能得以进步和发展。

14. 社会化理论对社会调查工作有什么样的启发?

吉登斯提出了对传统社会化理论的批评：传统社会化理论将人的发展描述为固定的顺序、不可逆转的模式，这一历程被当作“线性的生命计划”，从儿童走向老年的道路只有一个方向，“不能犹豫、迂回、实验，没有第二次机会”；个人的积极而能动的

① 路琦、席小华：《未成年人刑事案件社会调查理论与实务》，中国人民公安大学出版社 2012 年 12 月版。

人生体验以及尝试和选择的机会均被排斥了，人的社会化是强制实行的、单调的、盲目的和被动的。吉登斯的批评意见确实发人深省，传统社会化理论固然有其合理性，但今天确实应该有所改变了，人的主体性地位应该在社会学理论中得到更多强化。

青少年的社会化过程，在一定程度上必然是被动接受的，但时代发展要求我们必须对此进行反思，应该更多考虑青少年的真正需求，考虑他们今天获取各类资讯的能力与过去比有了显著提升，他们的个体自我意识显然也与过去不同。传统的灌输式的、说教式的教育方式，或者循规蹈矩、按部就班的教育模式在今天已经越来越不能吸引青少年的兴趣，并且制约他们个性与能力的发展。这样的教育与社会化过程是到了需要认真加以反思的时候了。否则，很多的青少年会被这个体系所排斥和淘汰，或者他们主动寻求越轨方式等其他途径来进行一种“反抗”。真正的以人为本，关注人作为个体的独特性和不可替代性，本着尊重、理解的态度开展社会调查工作是今天我们讨论社会化与青少年成长的必须态度，社会化体系、教育机构需要有真正的反思，教育的目的到底是灌输、管束、训诫，还是应该尊重生命个体的发展和需要，并且相信孩子们可以自我完善和修正，这也是少年司法领域改革发展可以从社会学的理论发展中得到的启发。①

15. 社会交换理论的基本观点是什么？

霍曼斯的社会交换理论主要由六大命题组成。

成功命题，人的行动遵循报酬原则，如果个体的某个行动越是经常受到报酬和奖励，那么他就越有可能有进行类似的行动。

刺激命题，在过去的某个时间里．如果某一特定的刺激或者一组刺激的出现会给某人的行动带来某种报酬或奖励，那么现在的刺激与过去的刺激越相似，个体就越有可能进行类似的行动。

① 路琦、席小华：《未成年人刑事案件社会调查理论与实务》，中国人民公安大学出版社 2012 年 12 月版。

价值命题，如果某种行动所产生的结果对一个人来说越有价值，那么他就越有可能采取同样的行动，如果某种行动产生的结果使得此人受到惩罚，那么他就有可能采取措施避免类似行动的发生，人们遵循趋利避害原则，选择能够获得更有价值的社会交往行动，逃避惩罚的行动。

剥夺——满足命题，也就是获得的报酬和奖励遵循经济学上的边际效用递减规律。这就是说，一个人在一段时间内越是经常地得到某种报酬，那么随着报酬的增加此人所获得的满足感和价值感就会减少。剥夺，是指某人在两次得到某一报酬之间所经历的时间长度。满足，是指一个人在刚刚过去时间里得到的报酬使他不再马上需要更多的酬赏。

攻击——赞同命题。这个命题包括两个方面意思：其一，当某人的行动没有得到他期望的报酬或者他得到了料想不及的惩罚时，他将被激怒并越有可能采取攻击性行为，而这种行为可以发泄他的不满情绪，因而对他来说有价值。其二，当某人的行动获得了他所期望的报酬，特别是报酬比预期的还要大，或者他的错误行动没有受到预想中的惩罚，他都会非常高兴，继续做得到报酬的行动或者避免错误行为的再度发生。

理性命题。一个人在选择采取何种行动时，不仅会考虑到价值的大小，还考虑行动成功的可能性。也就是说，人们在进行选择时，总会选择那些随着获利可能性增大其总价值也能够增大的行为。霍曼斯坚信，他的六个命题不仅可以解释动物和个人的行动，而且也可以解释整个人类的行动。①

16. 交换理论对社会调查工作有什么启示？

交换理论对青少年犯罪问题的研究有很多启示。比如，价值命题显示价值观对人的行为选择意义重大，而理性命题使我们可

---

① 贾春增：《外国社会学史》，中国人民大学出版社 2000 年 10 月版，第 294 ~ 297 页。

以更加清楚地衡量个体在特殊情境下的行为选择，并为社会调查报告提供依据。交换理论认为，报酬是人们行为的目的，这清晰提示青少年越轨行为背后的深层原因是需要，“问题的背后其实是需要”，很多青少年工作者都得出了类似结论。与赢得报酬相并列的人们的另一行为原因是逃避惩罚。由于人类理性对行为选择的重要影响，在青少年司法领域也提示我们，对犯错误的青少年一方面要体现出基于平等、尊重的关怀、帮助与挽救，另一方面也应有基于法律框架内的教育、惩罚。过度宽宥越轨行为一定程度上确实可能强化再犯风险，这也是可以从交换理论的刺激命题中推论而来的。但如何与互动理论相结合，尤其是避免对违法犯罪青少年贴上罪犯的“标签化”过程，是值得青少年司法工作者认真思考，并在行动中把握好工作方法和度的问题。

此外，剥夺——满足命题，和攻击——赞同命题，对少年司法工作也有很多启发。比如，很多青少年长期缺乏家庭温暖或者与家长难以交流，就很容易在群体交往中获得满足感。而有的青少年在学校学习生活中长期得不到任何肯定，不能得到成就感和归属感，使其逐渐对学习彻底丧失信心与兴趣。

实务工作中曾遇到一个犯罪的女孩，在社会调查员仔细工作了解之后可以确定，她在初中时被教师粗暴、错误地认定要对一次偷盗事件负责。这一事件，是她后来从一个上进阳光的孩子走向厌学，甚至最后犯罪的最主要原因。这个案例，可以为攻击——赞同命题所解释，她受到了不曾预料到的惩罚和污名，她的失望和愤怒无从排解，导致一系列对教师和同学的不友善行为，最终使得她在学校成了反面典型。从这个案例看，我们也能体会面对青少年的工作，应该要多么慎重，应该要有一颗“柔软的心”。

四、社会调查的社会工作理论依据

1. 为什么精神分析理论是社会调查的理论依据之一?

精神分析理论（有学者将其归为心理动力理论），由奥地利学者弗洛伊德提出。该理论开启了人类对心灵运作的探索之旅，以求揭示人类的心灵和精神对人的行为影响。精神分析理论认为，个人的经验、思想、幻想、梦境都存在着影响因素，不是偶发的结果。其影响根源，便是人的潜意识的作用。潜意识来自于人类的童年经验，特别是五六岁之前的生活经历。成年人的病态行为和问题，是存留在个体大脑潜意识创伤的一种表现。因此，该理论强调，人类所遭受的精神事件或行为问题来源于之前事件的影响，而非没有缘由。该理论对调查对象前置事件的影响，对当代社会工作研判和分析调查对象的行为、认知形成的原因提供了重要的切入视角。

2. 认知行为理论的基本内容是什么?

认知行为理论是心理学领域行为主义与心理分析两个不同流派发展的折中结果，深受学习理论和心理学的感知和信息加工理论的影响。认知行为理论将认知理论应用在行为修正方面，强调内在认知对调查对象当前行为和未来行为修正的影响。

该理论认为，调查对象问题的产生乃是自我效能不足或原来自动化思考形成的错误思想和错误假定，均可能对外在环境事件的认知和解读产生曲解和误判，故无法发展出正向的因应行为和正常运作功能的情绪。[①] 除个体生理、认知、行为和情绪因素是调查对象问题产生的重要影响因子外，家庭、社区、工作单位等也被纳入了问题影响因素的考虑范围。确认个体、环境因素以及

---

① 宋丽玉、曾华源、施教裕、郑丽珍合著：《社会工作理论—处遇模式与案例分析》，洪叶文化事业有限公司 2002 年版，第 83 页。

二者之间的互动和循环影响关系成为了实践治疗中诊断的重要内容。

3. 危机介入理论的基本内容是什么?

危机是对一个事件或者一个情境的一种感知或体验,感觉该事件是一个不堪承受的困难,超出了人们现有资源和应对机制的范围。[①] 危机具有意外性、聚焦性、破坏性、紧迫性的特点。危机可分为:发展性危机,意外性危机、存在性危机。我国台湾学者曾华源综合了各专家的意见,将调查对象危机状态的判断要素归纳如下:[②]

(1)影响个人突发的事件或情景,使个人认为生活重要目标的达成上受到严重阻碍。

(2)有明显的严重懊恼情绪。

(3)此时,个人不能系统地解决问题,心理上高度脆弱,防卫性降低,或者可能有日常生活功能,但无能力处理问题和因应事情。

(4)在这一时间内,个人一定要选择和设法取得平衡。

在此情况下,调查对象内在求助的动机性增强,学习新的处遇方法或改变行为习惯的可能性增加。如果在有限时间内,工作者在准确诊断调查对象问题后,及时提供支持性的协助,便可使调查对象恢复原有平衡状态,甚至可以长期改善调查对象处置问题的能力。危机介入理论指出,[③] 危机治疗的重点包括表达感受、对事件和对人的意义进行反映性的讨论,维持个人在危机环境情况下的基本生活需要,使人的行为和人际关系适应当前的情

---

① James, R. k. and Gilliand, B. E (2001).: Crisis Intervention Strategies, 4th ed (Bemont, Ca: Wadsworth).

② 宋丽玉、曾华源、施教裕、郑丽珍合著:《社会工作理论—处遇模式与案例分析》,洪叶文化事业有限公司2002年版,第157~158页。

③ 宋丽玉、曾华源、施教裕、郑丽珍合著:《社会工作理论—处遇模式与案例分析》,洪叶文化事业有限公司2002年版,第168~169页。

景等。

4. 危机介入理论对社会调查工作有什么启示?

危机介入理论正好为初次涉嫌犯罪的未成年人的社会调查与干预工作提供了直接的建议和参考。初次犯罪的未成年人多数因身心不成熟无法处理危机而导致自身行为的失控，进而致使自己陷入更加严重的危机之中，即被羁押，甚至面临判刑的危险。这是涉罪未成年人在人生成长中面临的重大危机，如果在有限时间内进行恰当的处置，涉罪未成年人就会从危机处理中汲取经验，修正自身行为和事务处置方面的不足，积极成长。否则，个人、家庭和社会将会为此付出更大的代价。

5. 任务中心理论的工作模式是什么?

任务中心取向的工作模式，主要在于工作者对调查对象问题意义的确认，要解决问题的确认，并将其转化为调查对象可以了解和采取行动的任务。在干预问题方面，任务中心导向的社会工作目的在于为调查对象提供短期有效的社会工作服务。该模式重要的目的是通过有系统的、有明确实现的计划和短期的处遇方式取代长期的治疗。任务中心取向的基本理论假设:①

（1）人之所以有问题，是能力暂时受到限制，而非病理因素所致。

（2）解决问题之障碍来源于环境或资源不足。

（3）人陷入问题困境时，就产生改变动力，但是人有适应问题的本能。

（4）人有改变的动力，但只想减轻困难到可忍受为止，而非根本改变。

（5）个人了解到有问题，而且处遇一种平衡的状态下，会使个人采取行动解决。

---

① 宋丽玉、曾华源、施教裕、郑丽珍合著:《社会工作理论—处遇模式与案例分析》，洪叶文化事业有限公司2002年版，第191～192页。

任务中心取向的基本前提为，针对调查对象的心理问题，探究可能的阻碍因素以及可以催化改变的部分，协助调查对象界定当前的想要的和可以解决的问题是什么，并专注于解决问题，而非探究问题的历史之根源，或是在改变调查对象人格的特征、态度与行为。

6. 任务中心理论为社会调查工作带来什么启示?

任务中心理论强调工作者要做的重点，是界定问题和理出调查对象所要想处理的问题，以及如何去做，并且能够使调查对象愿意接纳。这对于开展社会调查工作来说，更加明确了社会调查工作不是单一的问题的分析与收集，而是与调查对象一道进行问题的探讨，并让调查对象清晰地认知自身的问题所在和未来需要努力的方向。另外，问题明确具体的界定也使得我们能够准确把握调查对象的问题核心，寻求到解决问题的途径，奠定好未来实施干预的基础。

7. 优势视角理论基本内容是什么?

优势视角，是一种新的视角和范式，它是从批评现存的、主流的病态或缺陷模式开始的，并立足于积极心理学、抗逆力研究、社会建构、叙事治疗和寻解治疗。优势视角打破了原来将调查对象病态化的认定和思考，不再以调查对象个体或环境的缺陷为关注的重点，而是围绕调查对象优势和资源展开对调查对象问题的积极性诊断和干预。

8. 优势视角理论为社会调查工作带来什么启示?

优势、赋权、成员资格、悬置怀疑和抗逆力，是优势视角的重要概念。优势视角理论观点认为，工作者要优先考虑调查对象所理解的事实，要对调查对象和环境中存在的优势进行详细的分析与挖掘，以协助调查对象更积极地理解和认知所处的环境和行为，即动员和引导他们建构积极的意义，正确看待自身和所在环境中的优势。在工作者的协助下，个体和环境优势的挖掘有助于调查对象树立信心，主动寻求自身问题的解决方式和努力。

9. 心理暨社会理论的发展与含义是什么?

心理暨社会学派是从社会工作实践中发展出来的三大专业理论之一。在早期，该理论以心理动力为主要技巧，强调对调查对象问题的诊断在于对他过去生活经验及早年创伤的深入了解，运用潜意识、抗拒、精神决定论等概念和观点，诠释调查对象的问题，又被学界称之为“诊断学派”或“心理分析学派”。随着学派不断发展，该学派表现高度的兼容性、弹性和普遍性。随着对现实需要的呼应，该理论不仅注重修正个体的失能行为，了解调查对象所需的资源，并且重视了解调查对象环境压力的来源。

10. 心理暨社会理论为社会调查工作带来什么启示?

心理暨社会学派强调，人类的个人内在心理与社会生活并重，而不偏向一方，强调人的成长与发展受到生物、心理和社会三个方面的影响。个人生活的问题是内在压力和外在环境压力互动影响下产生的。在二者的互动中，人会受到环境的影响得到改变，而环境因人的能动也产生相应的连锁反应。因此，解决问题必须纳入“人在情景中”才能得到解决。采取治疗措施时，必须兼顾一个人成长过程中的生理、心理和社会等方面的因素。只有这样，才能从根本上解决调查对象的问题，促进调查对象健康成长。

11. 一般系统理论的基本内容是什么?

社会工作系统理论关注作为其他系统的组成部分并对其进行整合，对问题的分析结合了心理因素和社会因素的考量。系统理论认为，系统是具有边界的实体，物质和精神的能量子在其内部进行交换，而不超越边界。① 系统在运行中以稳定、自我平衡为保持系统的特性，但是随着时间和能量输入与输出的变化，系统的构成将更加复杂化，并表现出一些交互性和分化的特点。

---

① 马尔科姆·派恩，冯亚丽、叶鹏飞翻译:《现代社会工作理论》(第三版)，中国人民大学出版社2008年版，第152页。

系统理论中的概念符合社会工作强调的“人在情境中”的观念，特别重视情景的存在和评估。情景乃是个人可以随时随地可以认知到其所处环境状况的重要部分，其意涵个人所实际面对和认知的世界，并发展独特的因应行为，故情景包括生理、心理、社会、文化和政治环境等层面。但情景就静态结构而言，可以分为微观、中观、宏观三个层次的社会环境。①

平卡斯和米纳汉指出有三种帮助系统：非正式系统或原生系统（如家庭、朋友、同事）、正式系统（如社区群体和商会）和社会系统（如医院、学校）。他们的系统分析被社会调查员在实务中转化为改变主体系统、调查对象系统、目标系统和行动系统加以应用。②

12. 一般系统理论为社会调查带来什么启示？

一般系统理论关注个体与周围系统的关系，整体与部分的关系，这为我们思考调查对象问题的根源和解决问题的策略提供了一个较为宏观的视角，这与以个体为考察对象的诊断和治疗对象的理念有着较大差异。这也使得社会调查工作者在探究涉罪调查对象个体的行为原因时，需要将其纳入更为广泛的社会环境中进行考虑，从个体、家庭、社区、学校、社会等多层次和多角度进行分析。另外，系统理论认为，造成调查对象问题的原因是复杂的，多变的，随着时间的推移和外界的影响，个体系统所表现的问题会呈现出新的特征，这需要工作者在调查和拟定服务策略时，也应保持持续动态、多角度、多层次的整体性视角。

13. 社会生态系统理论如何看待调查对象存在的问题？

社会生态理论是少数具有融合性和折中式的理论观点。该观点是引用生物与环境关系这一理念，认为调查对象所遭遇的困境

---

① Magnusson, D, Allen, V. L. (1983): In B Compton and B Galaway, (eds.) Sosial Work Process. Belment, CA: westworth Publishing.

② 马尔科姆·派恩，冯亚丽、叶鹏飞翻译：《现代社会工作理论》（第三版），中国人民大学出版社 2008 年版，第 152 ~ 153 页。

为“生活中的问题”，不是个人病态或性格的缺陷所致，在问题诊断与干预时，强调多元面向、多元系统的理念。

社会生态系统理论认为，人的成长是个人环境常年交流的结果，不是单一的个体因素可以主导的，受到各种因素的影响。其核心的概念有以下几项：[①] 生命周期、人际关联、胜任力、角色、地位与栖息地，以及适应力。除以上核心概念外，该理论也强调对调查对象所在生活文化环境的考量，这是众多工作者易于忽视的问题。因此，个人的行为是源于家庭、团体、组织与社区之间的互动形成的，其中包含着这些系统内含的文化因素，即使是调查对象个人的问题，干预其所在的宏观环境也是重要的，特别是与被调查对象社会支持网络的建构。

14. 社会生态系统理论对社会调查工作带来什么启示？

生态系统理论更多地强调环境的因素，强调人与他人的互动、人与环境的互动，避免了一般分析理论中，对个体行为和现象进行线性的、确定性的因果解释，形成了一个多元、多层面的解释。同时，生态系统理论认为，个人或家庭的问题发生是来自环境资源的不足与障碍，是多项因素互动而成的，非单一因素所致。采用全人、整合以及一同的思考架构来理解人的行为和问题，亦即从个人的生理、心理、社会、政治、文化等各个生态系统间的互动，说明影响人类的行为动力因素，比较完整而不会有失偏颇，也为社会调查员的未来干预提供了更多的方法选择。

15. 社会支持网络理论的基本内容是什么？

社会支持网络理论基于生态系统理论产生。生态系统认为，个体的生存与心理调适有赖于与外界之间的交流状况。社会工作自“人在环境中”关照个体的问题来源于解决途径，更应重视在问题中的个体与社会网络获得支持的程度，协助个人发展或维持

---

① Greene, R. R. and Ephress, P. H. (1991): Human behavior theory and social work practice , New York, NY: aidine de Gruyter.

社会支持网络，以提升调查对象应对生活压力事件的资源。[①]

社会支持网络认为，个人社会关系网络反映了个人与其环境中其他系统之间的关系状态，社会支持的多寡呈现个体与他人之间的交流状况。[②] 该理论也强调对调查对象的社会关系网络和社会支持程度。一般采用社会网络图进行评量调查对象的支持网络状况。

16. 社会支持网络理论为社会调查工作带来了哪些启示?

基于对调查对象的社会网络支持评量结果，在干预中，工作者除了为调查对象协调正式系统提供支持外，还要协助调查对象重建过去关系的连接，或是建立新的连接，并使人际网络中的人发挥支持性的功能。这是社会调查员在协助涉罪未成年人回归社会时，实施社会支持网络干预的工作目标与努力方向。

---

① 宋丽玉、曾华源、施教裕、郑丽珍合著：《社会工作理论—处遇模式与案例分析》，洪叶文化事业有限公司2002年版，第285页。

② 宋丽玉、曾华源、施教裕、郑丽珍合著：《社会工作理论—处遇模式与案例分析》，洪叶文化事业有限公司2002年版，第306~309页。

第三章　涉罪未成年人社会调查的主体

一、社会调查主体概述

1. 我国法律对社会调查的主体作了哪些规定?

最高人民法院2001年实施的《若干规定》对社会调查主体的规定比较笼统，在这个规定里，社会调查的主体包括控辩双方、人民法院以及人民法院委托的有关社会团体。2010年8月，中央六部委出台的《关于进一步建立和完善办理未成年人刑事案件配套工作体系的若干意见》（以下简称《若干意见》），将社会调查主体确定为未成年犯罪嫌疑人、被告人户籍所在地或居住地的司法行政机关社区矫正机构。2012年修改后的《刑事诉讼法》明确规定，对未成年犯罪嫌疑人、被告人进行社会调查的主体只能是公安机关、人民检察院和人民法院。新的《刑事诉讼法》规定，公、检、法机关办理未成年人刑事案件，根据情况可以对未成年犯罪嫌疑人、被告人的成长经历、犯罪原因、监护教育等情况进行调查。从字面意思看，是公、检、法机关自行调查，没有对司法社会调查的主体作出明确的指导和规范。国家需要立法对此进行明确的指导和规范。

2. 在实践中，社会调查的主体有哪些?

一是由社会志愿者担任司法社会调查员。即，法庭招募具有爱心同时又具有相关专业技能的人士担任司法社会调查工作。这种模式不乏成功的个案，如北京市丰台区人民法院少年庭就使用了这种模式，也获得了较好的社会评价。

二是由法庭的法官亲自参与司法社会调查。在无法找到可借助的专业力量支持的背景下，有些法庭的法官出于对涉嫌犯罪人的关爱与保护，同时为了实现量刑的科学化，亲自担任审前司法社会调查工作。

三是由司法行政部门的司法助理员担任司法社会调查员。法庭审判后，一部分犯罪人将进入社区接受矫正，根据我国相关部门的规定，司法行政部门是社区矫正工作的主体。

四是律师承担社会调查员的角色。重庆市沙坪坝区人民法院的做法则是由担任援助工作的援助律师或者未成年被告人的辩护律师承担社会调查工作。目前，在重庆，这种模式主要用于外区域的未成年被告人。

五是由专业的社会工作者担任社会调查员。社会工作者担任涉嫌犯罪人的社会调查工作是西方发达国家的普遍做法，在我国的北京市、上海市也有一些人民检察院、人民法院使用这种模式。社会工作者担任司法社会调查工作具有明显的专业优势，司法社会工作者的参与也是完善司法社会调查制度的必要途径。

3. 在实践中，社会调查的委托主体有哪些?

为了推进量刑化改革，提升国家公安机关、人民检察院、人民法院处置涉嫌刑事犯罪未成年人工作的科学化与专业化，越来越多的社会专业机构开始介入社会调查工作。相应的，公安机关、人民检察院、人民法院成为涉罪未成年人社会调查的委托机关，向社会专业机构购买服务，同时指导和监督社会专业机构开展社会调查工作。

4. 社会调查主体为什么要统一?

社会调查的主体应当要统一，不能由不同的部门或者组织来承担，因为不同部门所处的位置和职业要求不同，其出具的社会调查报告在调查的内容、倾向、主观判断、客观描述等方面均会有不同。例如，公安机关出具的社会调查报告与未成人保护组织出具的社会调查报告肯定是不同的。因为，两部门的侧重点不同，公安机关侧重于保护社会，而未成人保护组织侧重于保护未成年人。另外，调查主体的不统一会出现三个方面的问题：一是在案多人少的情况下，可以调查的可能会变成不调查。二是可能会出现各自调查和重复调查。三是人民法院调查可能涉嫌违法。

二、当前社会调查主体存在的问题

1. 志愿者承担社会调查工作存在什么样的问题？

志愿者作为推动社会发展的重要力量，具有热情、爱心和强烈的社会责任感不容置疑，同时，志愿者中也有一部分人士具有较高的专业技能，这些都是社会志愿者参与社会调查工作的优势。但是，在充分挖掘志愿者参与司法社会调查工作优势的同时，我们也必须承认社会志愿者参与这项工作存在的缺陷。社会志愿者大多还有自己的本职工作，难以持续不断地对司法社会调查工作投入精力和热情，同时人民法院对案件审理的时间限制非常严格，志愿者能否在人民法院审限内完成社会调查任务，也是一个很大的挑战。另外，志愿者的专业背景和专业素质能否完全满足社会调查工作的需要，也是一个不容忽视的重要问题。

2. 法官承担社会调查工作存在什么样的问题？

对于法官亲自开展社会调查的这种做法，我们在肯定法官的爱心和社会责任感的同时，必须承认其存在的两个主要问题：一是难以保障司法社会调查工作的中立性。社会调查工作服务于法官的审判工作，社会调查的结论是法官量刑的酌定情节，因此社会调查员应该是独立于法官的第三人，从中立的视角提供相关资料，帮助法官作出更加公正、客观的审判。如果法官亲自担任司法社会调查员，其既是社会调查资料的收集者，同时也是社会调查资料的使用者，这其中就缺少了一个中立的判断过程，将难以保障法律适用的客观与准确。二是随着社会的转型与发展，我国各级人民法院需要审理的案件数量猛增，法官不堪重负，如果再参与社会调查，显然也会力不从心，其调查就会形成走过场、轻效果。

3. 司法助理员承担社会调查工作存在什么样的问题？

按照2010年8月中央六部委出台的《若干意见》，将社会调查主体确定为未成年犯罪嫌疑人、被告人户籍所在地或居住地的司法行政机关社区矫正机构。可以说，司法矫正机构承担社会调查工作具有合理性和合法性。但是，随着社区矫正试点的逐步推进，从实际执行情况看，社区矫正机构并没有真正担负起社会调查的工作职责，存在较多问题。一是大多数未成年人刑事案件未在审查起诉阶段介入，集中在庭审前开展，错过了矫正未成年人问题的最佳时机。二是即使在庭审阶段，由于司法行政部门工作人员编制普遍较少，而包括社区矫正、帮教安置等工作任务在内的司法行政工作非常繁重，未成年被告人的社会调查工作基本上是由人民法院来做。三是在实际社会调查工作中，多数人员缺乏专业知识、技能的训练，调查的结果具有较大的主观性，不能达到量刑化改革的要求。其中原因，既有对上述规定贯彻落实不到位的问题，也有社区矫正机构不健全、专业培训不完善、客观上难以实施的问题。

4. 辩护律师承担社会调查工作存在什么样的问题？

辩护律师，是指刑事案件犯罪嫌疑人、被告人及其近亲属，根据《刑事诉讼法》第三十二条第一项规定委托的持有律师执业证的律师辩护人。辩护律师根据具体案件案情提出证明犯罪嫌疑人、被告人无罪、罪轻或者减轻、免除其刑事责任的材料和意见，维护犯罪嫌疑人、被告人的合法权益。可以说，从辩护律师的职责方面，他本身就具有为涉罪未成年人辩护的义务与责任，因此，律师进行社会调查时可能更关注有利于未成年被告人的材料收集，而容易忽略对其不利的因素，甚至可能会出现隐瞒对未成年被告人不利的材料，影响法官对未成年被告人的正确判断。

5. 如何理解新修订的《刑事诉讼法》对社会调查主体的规定？

2012 年修订的《刑事诉讼法》明确规定，对未成年犯罪嫌疑人、被告人进行社会调查的主体只能是公安机关、人民检察院和人民法院。公、检、法机关办理未成年人刑事案件，根据情况可以对未成年犯罪嫌疑人、被告人的成长经历、犯罪原因、监护教育等情况进行调查。

最高人民法院少年法庭工作办公室主任蒋明，曾参与对《刑事诉讼法》修改的立法建议工作，对新修订的《刑事诉讼法》的上述规定，进行了以下几点解读：

一是公安机关、人民检察院和人民法院均有社会调查的法定职责。

二是《刑事诉讼法》虽然规定的是“可以”调查，但人民法院在审判实践中应当努力做到展开全面的调查。

三是《刑事诉讼法》虽然规定的社会调查主体为公安机关、人民检察院和人民法院，但没有规定必须由三个部门自行调查。因为，作为审判机关的人民法院，除特殊情况外，不具有刑事案件的侦查权或调查权。

四是要避免各自调查和重复调查。人民法院在办理未成年人刑事案件时，应当全面审查人民检察院移送的社会调查报告等材料，对人民检察院没有随案移送社会调查材料的，人民法院可以要求人民检察院提供，人民检察院不能提供的，人民法院可以自行委托调查。

从以上看出，新修订的《刑事诉讼法》并未排斥其他社会调查主体的存在。社会专业机构介入社会调查程序符合中央六部委《若干意见》中“司法行政机关社区矫正工作部门可联合相关部门开展社会调查，或委托共青团组织以及其他社会组织协助调查”的规定，不与新法规定相悖。

三、社会调查工作主体应具备的专业资质

（一）社会调查机构应具备的专业资质

针对涉嫌犯罪人社会危害性及人身危险性的司法社会调查是一项非常艰难、复杂，同时也是专业性极强的社会工作，为保障司法社会调查结论的公正性、客观性，承担社会调查任务的机构应具备社会调查的专业服务背景，承担具体工作的人员应经过专业知识、专业方法和专业伦理的训练。

1. 承担社会调查工作的机构应具备什么样的资质?

承担社会调查工作的机构应属于非营利性组织，应独立于公安机关、人民检察院、人民法院等内部的办案部门，具备现代的科学管理机制。其成立与运行，应符合国家法律的规定。机构的管理人员应具备相应的法律和专业背景，确保组织运行方向和宗旨。

作为承担社会调查工作的机构，应专注对涉罪未成年人社会调查工作的研究与服务工作。机构的专业资质应取得国家相关部门、专业协会、国内外专家的认证，并定期接受资质的核验。承担社会调查工作机构的社会调查员应专职社会调查工作，保持专业和身份的独立性，且均应接受过相关专业培训，并取得相关专业资格认证。

2. 承担社会调查工作的机构应具备什么样的专业制度?

社会调查机构应遵循三大专业制度：督导制度、培训制度、专业评估制度。督导制度，应具有相应的督导体系、专业督导部门和专职的督导人员。督导制度应为定期督导，且专业督导工作至少每周一次。督导部门涉及的督导工作应包含机构的业务发展、社会调查员的专业素质、一线社会调查员的工作疑问、对社会调查报告进行督导和审核等方面。督导人员应具备相应的专业

背景和工作经历。督导资料均应备档。

社会调查机构应具社会调查员的培训体系。社会调查工作作为一个具有高度专业性的职业领域，其工作人员应不断进修，保持对新理论、新方法、新技能、新理念的掌握，提升专业素质。社会调查机构应建立相应的专业培训机制，可通过工作访问、上课、外出交流、参加学术会议、聘请专家讲座等方式为社会调查员提供专业提升机会。培训资料均应备档。

专业评估是社会调查工作质量的重要保障。社会调查机构应具有自身的专业评估制度、评估部门和人员。机构应对自身业务展开自我评估与他人评估。评估工作方法可借助量性评估和质性评估方法展开。其评估的范围，应包括社会调查工作效果、社会调查员工作规范性、社会调查报告结论的科学性等方面。特别是社会调查报告的审核应设立二级复核体制，由专人复核。评估资料均应备档。

（二）社会调查员的资质要求

1. 社会调查员应具备什么样的能力？

社会调查员应具备三个方面的能力：

一是掌握科学知识的状况。收集资料的过程不是盲目的，而是要清晰地把握需要收集信息的种类和范围，这点考查的是社会调查员的专业基础知识是否完备。因此，科学知识是社会调查员承担此项工作的第一项能力。

二是社会调查员收集资料的能力。收集各种资料，需要专业技能和方法，这需要经过严格的专业方法训练。

三是干预问题的能力，即对涉罪未成年人不良问题帮教的能力。这一方面强调专业矫正知识在实践中的应用，需要大量实践培训与锻炼。

2. 社会调查员为什么要经历一系列科学知识的训练？

社会调查员必须经过一系列科学知识的训练。社会调查工作的基础是收集资料，然后在分析已有资料的基础上，分析其犯罪行为的社会危害性、导致其犯罪的风险因素及其控制状态，并评估其再犯可能性，从而给涉嫌未成年人一个合适的判决。

评估的过程是主体认识客体的过程，即社会调查员认识涉嫌犯罪人及其社会环境的过程。众所周知，人及其所处的社会关系时刻处于运动变化之中，同时认识主体与认识客体之间本身又存在着难以逾越的时空差距，因此这项工作异常艰难。要想保障评估结果的客观性和准确性，就必须尊重目前已有的关于人及人类社会发展变化规律的研究成果，掌握科学知识。

3. 社会调查员要经过哪些科学知识的训练？

需要掌握的科学知识，如社会学、心理学、犯罪学、教育学、社会工作学等。只有对已有学术成果给予充分的尊重，并自觉地运用相关研究成果指导评估过程，才能使评估的结论更趋于客观，也才能够使评估过程中提出的教育矫正建议更具针对性。因此，科学知识的训练是司法社会调查员开展工作的前提条件。

4. 社会调查员应接受什么样的专业方法训练？

社会调查员应接受一系列专业方法的训练。科学知识是基础，然而收集资料与犯罪评估的方法同样需要严格的专业训练。比如，司法社会调查人员首先需要设计司法社会调查问卷，问卷的设计需要严格遵循社会调查的基本方法。接下来，在依据调查问卷收集信息的过程中，司法社会调查员如何与访谈人建立关系、如何提问、如何回应、如何整理资料、如何进行深入的分析，这些环节的把握必须经过专业的训练。

5. 社会调查员的专业方法训练应包括哪些阶段？

这个专业训练的过程包括两个阶段，一是集中学习阶段，如学校的专业训练；二是在服务机构的大量实务训练。从职业伦理来讲，只有经过了必要的职业训练的人士，才能从事某种工作。司法社会调查关涉一个人的切身利益与未来，因此尤其需要强调司法社会调查员的专业素质和能力。如果从事这项工作的人员没有经过以上的理论及实务两个层面的训练，其调查的可信度将会受到很大质疑，同时也难以实现量刑的公正化。

6. 为什么社会调查员在开展社会调查过程中应具备广阔的社会视角？

社会调查员在开展调查工作过程中应具有广阔的社会视角。人的犯罪行为既与其个体因素有关，也与其所处的社会环境密切相关，是个体与社会环境互动的结果。因此，对犯罪行为的司法社会调查需要关注导致其犯罪行为发生的所有社会系统，既包括涉及其生理、心理因素的微观系统，也包括涉及其家庭、学校、朋辈群体、社区在内的中观系统、还包括社会的政治、文化、环境在内的宏观系统。

司法社会调查工作尤其需要强调“人在环境中”的基本观点，应该运用开阔的社会视角观察人的犯罪行为及其发生的原因。因此，司法社会调查工作具有明显的社会性，需要具有宏观的社会视角，需要深入犯罪人所生活的社会环境中进行细致的调查，同时也需要社会力量的参与和介入。

7. 如果社会调查员为司法社会工作者，应具备什么资质？

社会工作者在专业知识学习、专业技巧训练和价值伦理培养等方面已经得到了比较完整和系统的训练，但是作为专门承担涉罪未成年人的司法社会工作者，除了具有以上的专业背景外，还应通过我国的社会工作师专业资格考试，获得国家民政部门颁发的资格证书。

四、社会调查员应坚持的价值观

1. 遵循社会调查职业价值有什么必要性？

在哲学领域中，价值是道德行为的特征，是涉及非经验的、与人类道德行为有关领域中的概念。在社会调查中，价值概念属于哲学范畴。它是以人为本位的哲学理念，包含着人与社会相互关系的规定。它是对社会中的是非、善恶和美丑的一种判断或评价。①

遵循社会调查价值观是关注犯罪嫌疑人权益的需要。一个刑事案件的发生不仅侵害了被害人的合法权益、破坏了正常的社会公共秩序，而且也会给犯罪嫌疑人及其家庭带来深远的影响。法律面前，人人平等。我们不仅应该关注被害人的权益，在对犯罪行为进行必要的、有力的打击，对犯罪嫌疑人进行惩罚的同时，也应该关注犯罪嫌疑人的权益，特别是涉嫌犯罪的未成年人。

遵循社会调查价值有利于社会调查员与调查对象专业关系的建立。对社会调查员来说，专业关系的建立对开展调查工作而言至关重要，只有调查对象能够接纳和信任社会调查员，他们才有可能配合完成社会调查的工作。

遵循社会调查价值观是社会调查员在司法社会调查过程中维护个体尊严与社会公平、正义的需要。开展社会调查，即具有专业资质的司法社会调查主体围绕犯罪人的生活背景、成长经历、主观恶性程度、犯罪前后的表现、回归社会的社会支持条件等一系列要件展开的专业调查活动。② 社会调查员必须以职业伦理守则为基本指引，坚信人的价值和尊严，积极维护个体的尊严与社会正义。

2. 社会调查员应具备怎样的价值观？

布鲁姆指出，哲学上的价值观定义并不能真正对助人专业的从业人员有所帮助。按他的说法，问题的着眼点应该放到“似乎表述成行动的价值观”上。不能提供指导和方向的专业价值观，没有太大的用处。伦理原则和规章可以构建成专业伦理守则，能使专业工作者在实践中遇到难以决断的事的时候，有伦理上所依

① 翟进、张曙：《个案社会工作》，社会科学文献出版社 2011 年 1 月第 1 版，第 30 ~ 31 页。

② 王振峰、席小华：《4 + 1 + N：社会管理创新语境下的少年检察工作》，中国检察出版社 2010 年 2 月第 1 版，第 237 页。

据的准绳。[①] 社会调查员了解和掌握专业的价值理念主要有平等、尊重、接纳、个别化、价值中立、自决等。

3. 为什么社会调查员要坚持“平等”的价值观?

平等，指政治、社会或经济地位处于同一水平，没有或否认世袭的阶级差别或专断的特权。但在社会发展过程中，这一观念并没有得到应有的贯彻。特别是在我国长期的专制主义传统影响下，人们之间的平等关系更是难以得到体现，更何况在重刑主义思想占主导地位的情况下，就更难以做到平等地对待罪犯。[②]

我们所说的平等，主要表现在两个方面表现：一方面，是社会调查员的身份不同于司法人员，社会调查员对刑事案件没有管辖职权，无法干涉司法人员对案件作出的处理结果，因此社会调查员在工作过程中的政治地位与调查对象无明显区别，双方对彼此没有政治影响。另一方面，则可以理解为是一种尊重的表现，社会调查员为表示自己对调查对象的个体尊重，在工作过程中对调查对象使用平等的交流方式，这对工作效果有着直接的影响。

4. 社会调查员如何与调查对象建立“平等”关系?

在社会调查员开展工作之前，调查对象与公安人员的交往属于监管与被监管的关系，加之预审警官要对他们进行刑事询问，他们两者之间很难处于平等互动的状态。因此，很多调查对象见到社会调查员时都会有战战兢兢的心情，不了解社会调查员的角色以及职责，自觉地将自己摆在了一个弱者的地位。社会调查员与调查对象初次见面时，都应向对方说明自己的中立身份，使调查对象了解社会调查员无法干涉他们的案件处理结果，而只是关注他们的生活及个人情况，以建立起平等的专业关系。

---

① 【美】拉尔夫·多戈夫、弗兰克·M·洛温伯格、唐纳·哈林顿著，隋玉杰译，《社会工作伦理实务工作指南》（第七版），中国人民大学出版社2005年版，第16～17页。

② 张昱:《矫正社会工作》，高等教育出版社2008年10月第1版，第63页。

5. 为什么社会调查员要坚持“尊重”的价值观?

尊重，意指尊敬、重视。人的内心里都渴望得到他人的尊重，调查对象亦是如此，他们也希望自己能够得到社会及他人的尊重，认为自己是一个有价值、有独立人格的人，而不是一个无能的、有个人缺陷的失败者。在开展社会调查的过程中，社会调查员对调查对象的尊重必须是无条件的，这意味着调查对象无论处于什么地位，具有怎样的不良习气，工作者都必须尊重他们作为社会个体的基本尊严。这不仅仅是出于社会调查员要平等对待调查对象的职业要求，而且出于社会调查员的职业态度。①

6. 社会调查员如何“尊重”调查对象?

为表示尊重，社会调查员需要考虑调查对象的主观感受，关注他们的情绪变化及异常状况，在开展工作过程中与调查对象维持平等地位，使用正确的态度、语气和行为方式。

社会调查员在开展调查之前，应当对调查对象详细地介绍自己的身份与工作内容，使调查对象首先了解自己，然后再去进行下一步工作。透过积极的自我介绍，澄清对他进行的工作内容是——了解他存在问题而非案情，或并非诱导口供；开展调查工作的目的是——保护他的个人权益，帮助他获得更加公平、公正的处理结果，而不是让他陷入更加不利的境地，对这些问题的知晓与明确，保障了调查对象的知情权，能够有利于调查对象产生安全感，有利于他们消除戒备心理，从而接纳社会调查员的工作。

7. 为什么社会调查员要坚持“接纳”的价值观?

接纳，是指社会调查员应当将调查对象作为一个有独立思考能力和自我选择权利、受到尊重的服务对象来接受，承认其有独特的个性、观点、态度和行为等。社会调查员接纳调查对象的理念，首先表现在他们能够让调查对象自由地表达任何情感，对调

---

① 张昱:《矫正社会工作》，高等教育出版社2008年10月第1版，第63页。

查对象的诉说不批评、不阻止、不责备，而是真诚地聆听。[①] 涉嫌犯罪的未成年人正处于不被主流社会接纳的位置，他们也可能确实存在着许多主流社会不能接受的思想、观念和行为，如染黄色头发、文身、不上学是自然的、打架吃喝就是生活、没钱就盗窃抢劫被抓也无所谓、在无业闲散的群体中混玩，等等。对社会调查的开展而言，不让调查对象表达自己的思想、反映自己的利益和需求，就很难真正认识和了解调查对象。因此，通过接纳的态度，倾听调查对象的各种诉说至关重要。

8. 社会调查员如何“接纳”调查对象？

接纳调查对象不仅仅表现为承认他们的存在，还表现为社会调查员要承认他们作为一个人的价值，承认其具有发展的潜能和改变现状的能力，并通过这种潜能和能力的开发，促进他们形成自我发展的能力。调查对象在看守所被羁押了一段时间之后，外界很容易对他们的思想意识以及行为方式加上罪犯的标签，这就很容易使他们强化自己的罪犯意识和行为方式。社会调查员对调查对象接纳的工作态度，正是为了满足他们归属感的心理需要，从而有助于社会调查以及帮教工作的开展。

9. 为什么社会调查员要坚持“个别化”的价值观？

王思斌教授在《社会工作概论》中指出：“个别化是一种分别逐一对待的方法。它体现了传统的社会工作价值，把每一个人看做唯一的、不同的实体，应该受到不同的对待，从而也体现出了对个人的尊重。”只有坚持个别化的价值观念，我们才能接受每个人的独特的思想与需求，从而才能帮助我们做到真正地了解调查对象，去除对调查对象的标签化。

10. 社会调查员如何对调查对象进行“个别化”处置？

面对涉嫌同样罪行的未成年人，我们不能盖棺定论地认定他们犯罪的原因是一样的。即使具有类似家庭背景、学习环境，他

① 张昱：《矫正社会工作》，高等教育出版社2008年10月第1版，第66页。

们出现偏差行为的原因一定也是不一样的。社会调查员不应带着群体印象，或者带着先入为主的假设来推断未成年人犯罪的原因。社会调查员应当就收集到的个体资料进行分析和判断，倾听每一个涉罪未成年人的生命故事。只有这样，社会调查员才能真正做到对涉罪未成年人犯罪原因的个别化分析，满足调查对象的内在需求。

11. 为什么社会调查员要坚持“自决”的价值观？

自决，即自我决定，意指尊重调查对象的自我决定。社会调查的开展可以服务于专业人员对调查对象的客观评估，从而制订个性化的矫正方案，促进调查对象的自身成长，保障他们能够顺利回归社会，这才是我们的最终目的。

平等的专业工作关系，意味着调查对象也有自己作出决定的权利和机会，在调查工作中不应受到社会调查员的限制和约束。社会调查员应当在工作过程中给予调查对象自己充分选择和决定的自由。

12. 社会调查员如何尊重调查对象的“自决”权利？

在实际的社会调查活动中，社会调查员与调查对象之间具有明显的主动与被动的关系。由于身份的不同，调查员具有天然的优势，很容易产生代替调查对象作决定，全权代理、大包大揽的局面，容易导致调查对象过度依赖、放弃自身责任、无理要求的不良后果，或导致调查对象的压抑与排斥，最终导致社会调查工作的失败。因此，调查对象具有自我选择、自我决定的权利，要求社会调查员在调查对象拥有自决的意志和能力的情况下，承认和尊重调查对象有自己选择和决定的权利和需要。当然，这种价值观暗含了对调查对象能够成长、改变及发展解决困难能力的信任。[①]

---

① 刘淑娟：《浅析社会工作伦理价值在社区矫正中的运用》，载《社会工作》（下半月），2008 年第 4 期。

13. 为什么社会调查员要坚持“价值中立”的价值观？

价值中立，指在开展工作过程中专业工作者需要保持客观、实事求是的态度，不带偏见。特别是对调查对象而言，社会调查员开展调查工作的过程，实际上是走入他们的生活乃至生命的过程，价值中立的观念要求社会调查员必须经历一个先“融进去”，再“跳出来”的过程，即先走入调查对象的生活，进行全面、深入地了解，再从调查对象的生活生命中抽离出来转换为调查者角色。在此过程中，只观察、了解、陈述事实，以保证社会调查的客观性、理性、科学性，即必须保持价值中立、价值无涉。

14. 在社会调查过程中，社会调查员如何保持自身的“价值中立”？

在工作中，有些涉嫌犯罪的未成年人思想单纯，在以往生活中也并未出现过明显的不良行为，但是在此次案件中，他实施的违法行为情节恶劣；或者有些涉嫌犯罪的未成年人在此次案件中主观恶意并不明显，违法行为危害性相对较轻，但是他在以往的生活中存在诸多不良行为习惯。面对这些状况，社会调查员便需要保持价值中立，明确自己作为第三方的中立立场，遵循调查时收集的资料的引导，分析研究，分清表象和实质，作出客观的评估判断。

“价值中立”，其中也暗含了社会调查员对他人和其他组织干涉社会调查过程和结果的排斥。比如，个别调查对象或他们的家人想通过贿赂社会调查员来取得好的评估结果，社会调查员在排斥这样行为的同时，不能因为他们无良的行为而对社会调查员的判断造成影响。

15. 为什么社会调查员要坚持“保守秘密”的价值观？

保密原则要求社会调查员不得向任何人泄露调查对象的秘密，即调查对象的工作资料以及个人材料，除非得到了调查对象书面形式的授权，或在某些情况下根据法律要求提供证明。严守专业秘密的出发点，仍然是维护调查对象的尊严和权益。

16. 社会调查员如何“保守秘密”？

在社会调查过程中，社会调查员收集到各种信息，凡不涉及调查对象案件和问题的，不会对调查对象自身或他人造成负面影响的信息，均应遵循保密原则，不得向委托机关人员透露。调查对象的犯罪信息也不得在社会调查过程中泄露给无关人员。

在这里，我们希望强调几点保密原则的实际处理方法：

一是社会调查员应该把调查对象的资料及档案妥善存放。

二是切记不可把调查对象的资料作为茶余饭后的话题。

三是在专业发展的范畴中，如向督导者或者同社工商讨如何提供更好的服务时，我们应当隐藏当事人的身份。

四是在助人的过程中，我们如需转介，要得到当事人同意披露，同时应披露有需要的资料。

身为一名专业的社会调查员，还必须要对法律、对社会负责任，为了使社会他人的利益不受伤害，所以我们提出了“相对保密”这一概念，针对“绝对”而言，如果遇到有特殊情况必须透露有关信息时，社会调查员有义务并且必须向有关部门报告，并告知调查对象有限度地公开隐私的必要性及相关保护措施，如果有事情紧急必须打破保密原则而来不及报告时，社会调查员事后应当提供必需的证据。[①] 这一价值观在职业实践中也成为重要的职业守则。

五、社会调查员应遵循的伦理原则

1. 为什么社会调查员要遵循工作基本伦理原则？

当面对这样一些由个人价值观与专业价值观、专业价值观与机构价值取向、个人价值观与机构价值取向之间产生的冲突所导

① 刘淑娟：《社会工作伦理价值在社区矫正中的彰显》，载《学术交流》，2009年4月总第181期第4期。

致的伦理决定困难时，社会调查员应如何作出决定呢？

这时，我们就需要一套专业伦理作为社会调查的行动指南，使社会调查员能够把专业价值观转化到社会调查的活动中。社会调查的伦理要求，既是对社会调查本身的要求，也是对实施调查行为的社会调查员的约束。这样的专业伦理，应该是指导社会调查员在社会调查中，正确履行责任和义务并预防道德风险的行为规范。

2. 社会调查员的伦理守则包括哪些方面？

根据社会调查主体、客体等要素的特点，参照国外和国内开展社会调查的实际情况，社会调查伦理要求包括社会调查员自身应具有的伦理价值，以及处理与案主、同事、服务机构及社会之间的关系过程中应遵守的伦理守则。

3. 社会调查员对调查对象的伦理守则有哪些？

伦理守则主要包括：（1）平等、真诚地对待每一位调查对象，并不因出身、种族、性别、年龄、信仰、社会经济地位或社会贡献不同而有所区别。（2）对待调查对象，应平易近人、热情谦和，注意沟通，建立互相信赖的关系，努力满足他们各种正当的要求，并帮助他们在心理和精神等方面获得平衡。（3）尊重人、关心人、帮助人。为保障包括人的生存权、发展权在内的人权而努力。注意保护调查对象的隐私和其他应有的权利。（4）树立正确的服务目标，以关怀的态度，协助调查对象问题的预防和解决，努力实现调查对象的社会福利。

4. 社会调查员对同事的伦理守则是什么？

对待同行，应互相尊重，平等竞争，取长补短，共同提高。

5. 社会调查员对服务机构的伦理守则是什么？

社会调查员应与合作单位建立中立、友好的合作伙伴关系。积极向司法有关部门、社会有关方面反映社会成员需要解决的相关问题，同时真诚地倾听他们对社会工作的意见和建议。

6. 社会调查员作为专业人员的伦理守则是什么？

不可利用专业关系来获取个人私利，不得利用专业关系图谋个人利益。树立正确的社会工作价值观和为专业献身的精神。努力学习和钻研业务，不断提高专业技术水平和专业服务质量。通过参加专业培训和进修，努力实现专业化，提高工作效率和服务效能。

7. 社会调查员对社会的伦理守则是什么？

向社会成员宣传贯彻国家有关法律、法规，鼓励和组织社会成员积极参与社会事务。通过专业服务，提倡社会互助，改善人际关系，调节社会矛盾，解决社会问题，以促进社会稳定与和谐发展。例如，社会调查员有责任在开展专业过程中调动、激发学校、社区社群内部的可用资源，改善其环境与功能；社会调查员亦有责任通过社会调查所得情况，反映社会问题，提供政策建议。

8. 面对工作伦理困境时，社会调查员如何处理？

即便我们有了详尽的伦理要求，但可能仍然没有办法满足社会调查的需要，在一些特定困难的处理上，社会调查员仍然有无从选择的情况。这时，可能还需要一个伦理价值的优先序列，来指导社会调查员的实务操作，而最终使社会调查员真正地走出伦理价值选择上的困境。对此，美国的“伦理原则筛查法”（EPS）可以提供一定的借鉴。①

“伦理原则筛查法”，根据伦理价值体系内部的社会价值、目标价值、手段价值与职业价值的价值量大小，作出了如下的优先序列：

（1）保护生命。这一原则适用于所有人，无论是自己的案主，还是涉及的、未涉及的其他人。这是最基本，也是最重要的伦理原则。例如，在社会调查过程中，当了解到案主存在自残和自杀倾向时，社会调查员应以保障案主的生命安全为优先，暂且

---

① 拉尔夫·多戈夫、弗兰克·洛温伯格、唐纳·哈林顿：《社会工作伦理：实务工作指南》，中国人民大学出版社 2005 年版。

搁置保密、自决等原则。

（2）平等与差别平等。所有人在相同的条件下应该得到同样的对待，即有权得到平等的对待。如果不平等与有待解决的问题有关，不同情况的人应该有权得到区别对待。例如，在社会调查中，个案的情况存在轻重缓急之分，社会调查员的能力和精力是有限的，必要时需对案主情况区别对待。有时候，不平等对待的益处大于平等对待的益处，或者不平等对待会推动更多的平等对待时，采用差别平等就是正当的。[①] 这时，社会调查员还需注意保持专业的客观性，保持情感的中立。

（3）自主和自由。社会调查员在尊重案主的价值观和尊严以及确信案主具有能够改变的能力的前提下，提供给案主认识自身潜能的机会，帮助案主对当下的情境作出分析，鼓励案主自我做主和自我决定。[②] 但同样，不能超越个人或其他人的生命权。

（4）最小伤害原则。当面临的困境有造成伤害的可能性时，社会调查员尽量避免伤害。但如果这种带来伤害的情况不可避免，社会调查员要选择造成伤害最小、限制性最少、带来的永久性伤害最小、伤害最容易弥补且最容易恢复到原来生活状态的行动方案。

（5）生活质量。社会调查员选择的方案应该推动所有人，推动个人以及社区公众有更好的生活质量。

（6）隐私和保密。社会调查员有责任在极可能与法律上的要求和当事人的意愿保持一致的情况下，保护案主的隐私。但保密不是绝对的，在上文中也指出了一些可以打破保密原则的情况。

（7）真诚和毫无保留地公开信息。社会调查员需与案主建立良好的信任关系，而信任的建立就需要社会调查员能够诚实待

---

① 拉尔夫·多戈夫、弗兰克·洛温伯格、唐纳·哈林顿：《社会工作伦理：实务工作指南》，中国人民大学出版社2005年版。

② 焦金波、王超、李绍伟：《专业社会工作者伦理价值选择之优先序列》，载《中国矿业大学学报》，2005年第（2）期。

人。社会调查员应该讲实话，能向案主和其他人充分披露所有的相关信息，避免造成不必要的麻烦和误会，损害专业关系。

9. 司法社会工作者作为社会调查员应遵守哪些工作伦理原则?

应遵循的工作伦理原则：

（1）通过专业服务，提倡社会互助，改善人际关系，调节社会矛盾，解决社会问题，以促进社会稳定与和谐发展。

（2）树立正确的服务目标，以关怀的态度，协助服务对象问题的预防和解决，努力实现服务对象的社会福利。

（3）树立正确的社会工作价值和专业献身的精神，努力学习和钻研业务，不断提高专业技术水平和专业服务质量。通过参加专业培训和进修，努力实现专业化，提高工作效率和服务效能。

（4）平等、真诚地对待每一个案主，并不因其出身、种族、性别、年龄、信仰、社会经济地位或社会贡献不同而有所区别。

（5）尊重人、关心人、帮助人，为保障包括人的生存权、发展权在内的人权而努力，注意保护服务对象的隐私和其他应有的权利。

（6）对待服务对象应平易近人、热情谦和、注意沟通、建立互相信赖的关系，努力满足他们各种正当的要求，并帮助他们在心理和精神等方面获得平衡。

（7）不可利用专业关系来获取个人私利，不得利用专业关系图谋个人利益。

（8）向社会成员宣传贯彻国家有关法律、法规，鼓励和组织社会成员积极参与社会事务。

（9）对待同行应相互尊重，平等，取长补短，共同提高。

（10）与合作单位建立中立、友好的合作伙伴关系，积极向司法有关部门，社会有关方面反映社会成员需要解决的相关问题，同时真诚地倾听他们对社会工作的意见和建议。

六、社会调查主体中的社会专业机构

1. 基于未成年人刑事案件的特殊性，在未成年人刑事诉讼中强调社会民众的参与，有什么积极意义?

第一，有助于更好地维护未成年人诉讼权利及其他合法权益。这是刑事诉讼中区别对待未成年人与成年人的应有之义。

第二，有助于保持未成年人与社会外界的正常联系，减少刑事诉讼程序对未成年人产生的消极影响。未成年人对事物的判断能力和社会认知能力不高，对社会的依赖性较强。因此，未成年人的成长过程必不可少地需要来自家庭、学校和社会各方面的持续关心与教育，尽量避免阻断他们与社会外界的联系。

第三，有助于未成年人重新回归社会，防止其再次犯罪。犯罪学上的社会控制理论认为，任何人都是潜在的犯罪人，个人与社会的联系可以阻止个人进行违反社会准则的越轨与犯罪行为，当这种联系薄弱时，个人就会无约束地随意进行犯罪行为。① 而未成年刑事司法的社会参与，是加强未成年人与社会联系的一种有利途径。

2. 为什么社会民众的参与有助于维护未成年人诉讼权利和其他合法权益的保护?

未成年人身心尚未成熟，知识体系并不健全，缺乏相应的法律及其他必要知识，社会认知能力存在一定缺陷，理性对待和处理问题的经验匮乏。在面临刑事追诉时，由于受到传统刑事诉讼固有的封闭性的影响，未成年人在防御与保护自身权益方面往往能力不足，难以充分有效地行使诉讼权利和维护其合法权益。吸收社会力量参与，为身处刑事诉讼中的未成年人提供一定的法律

---

① 【美】特拉维斯·赫希著，吴宗宪、程振强、吴艳兰译：《少年犯罪原因探讨》，中国国际广播出版社 1997 年版，第 3 页。

帮助、心理辅导和知识教育，有利于缓解他们的紧张、恐惧心理，可以更好地维护其合法权益。

3. 为什么社会公众的参与有助于减少刑事诉讼程序对未成年人产生的消极影响？

传统刑事诉讼倾向于惩罚犯罪和对犯罪人定罪判刑，忽视了未成年人群体的特殊性及社会化问题。由于实施了一定的违法犯罪行为，未成年人脱离其所熟悉的社会环境，完全被纳入一种国家权力运作居于主导地位的，只有司法人员和专门的法律职业者参与的相对封闭的司法系统中，将会对他们的身心健康造成非常不利的影响，甚至在未来工作、生活中留下难以磨灭的阴影。引入社会力量参与未成年人刑事诉讼程序，可以保持未成年人在一定范围内与社会外界的接触，防止由于刑事司法程序的封闭性而给未成年人造成的不利影响，保证其顺利回归社会。

4. 为什么社会公众的参与有助于涉罪未成年人重新回归社会？

通过发挥家庭、学校、社区、社会调查员、社会团体、爱心企业等社会力量的积极作用，对未成年犯罪嫌疑人、被告人进行关爱、帮助、教育和监督，可以使未成年人仍然置身于开放性的社会环境中，有利于引导他们重新回归社会，预防未成年人再次犯罪。调查发现，通过吸收社会力量参与未成年人刑事诉讼，在作出处理之后一段时间内，大部分未成年人都恢复了正常生活，少有重新犯罪的现象发生。

5. 在我国，社会组织参与未成年人参与刑事诉讼工作有什么样的规定？

最高人民法院《关于审理未成年人刑事案件的若干规定》第五条规定，人民法院要加强同政府有关部门、共青团、妇联、工会等人民团体以及未成年人保护组织等有关社会团体的联系，共同做好未成年罪犯的教育和挽救工作。最高人民检察院关于《人民检察院办理未成年人刑事案件的规定》第三条规定，人民检察院要加强同政府有关部门、共青团、妇联、工会等人民团体以及学校和未成年人保护组织的联系和配合，加强对违法犯罪的未成年人的教育和挽救，共同做好未成年人犯罪预防工作。第十六条第四款规定，审查起诉未成年犯罪嫌疑人，应当听取其父母或者其他法定代理人、辩护人、未成年被害人及其法定代理人的意见。可以结合社会调查，通过学校、社区、家庭等有关组织和人员，了解未成年犯罪嫌疑人的成长经历、家庭环境、个性特点、社会活动等情况，为办案提供参考。

新修订的《刑事诉讼法》增设未成年人刑事案件的特殊诉讼程序，其中诸多条款也都贯彻了社会参与原则，如对未成年人的成长经历、犯罪原因、监护教育等情况进行调查，讯问和审判未成年人时法定代理人或者其他合适的成年人到场等。根据新修订的《刑事诉讼法》的规定，由公安机关、人民检察院和人民法院负责对涉嫌犯罪未成年人的社会调查。在司法实践中，公安、司法机关既可以自行开展社会调查，也可以委托其他机关、社会组织和个人进行社会调查。

6. 政府购买社会专业机构服务的社会调查模式有什么样的现实意义？

首先，政府购买服务模式有利于社会调查员介入社会调查制度的建立和深入人心。社会调查员介入社会调查在国外是普遍的做法，但在我国还属于新生事物，自身制度建设和配套保障措施均不健全。因此，要想社会调查员介入社会调查蓬勃发展，必须由政府自上而下大力推动。政府可以通过制定政策法规充分引领、指导社会调查员组织，扶持社会调查员组织，并对民众进行观念更新。

其次，政府购买服务模式有利于社会调查员组织、司法机关、相关部门的有效沟通和协调。社会调查本身是一个需要多部门协调配合的系统工程，政府牵头，一是可以协调推动各司法机关之间的配合，避免司法机关各自为政，不进行社会调查或重复进行社会调查。二是可以协调社会调查员组织与司法机关、相关部门之间的合作，保障社会调查的顺畅进行。

再次，政府购买服务模式有利于保障社会调查所需经费的稳定、充足。社会调查员需要经常联络、走访，定期培训指导，并且需要不断改进和创新，这些都必然要有一定的资金支持。实践中，资金短缺正是长期困扰、限制社会调查进一步推广普及的重要因素之一。如果社会调查能够享受司法行政专项拨款，以及政府出资之外的各种基金和捐助，那么目前实践中因工作经费紧缺而影响工作效果的情况将会被避免。

最后，政府购买服务模式有利于推进社会调查员工作的职业化、专业化建设。一是社会调查员与司法机关平稳的合作关系能够为社会调查员进行长期科学研究和实践学习提供平台。二是平稳的经费支持可以保障社会调查员的培训、晋级、提升，避免优秀社会调查员流失，从而壮大社会调查员队伍。

第四章　涉罪未成年人社会调查的具体流程

一、社会调查的工作程序

1. 社会调查工作为什么遵循严格的工作程序?

涉嫌犯罪未成年人诉前的社会调查工作是人民检察院、人民法院办理未成年人刑事案件量刑的重要参考依据。2010 年，最高人民法院制定的《人民法院量刑指导意见（试行）》第十四条指出："量刑要素分为社会危害性要素和人身危险性要素两类。"针对涉嫌犯罪人社会危害性及人身危险性的司法社会调查涉及对涉嫌犯罪嫌疑人性格特点、成长经历、社会交往、犯罪原因、监护教育条件的考察，是一项非常艰难、复杂，同时也是专业性极强的社会工作，同时，社会调查报告的结果作为"准证据"，已经对人民检察院审查批捕、提起量刑建议、人民法院最终公正裁判和教育、感化、挽救涉罪未成年人产生了较大影响。为保障司法社会调查结论的公正性、客观性，切实维护司法公正，保护未成年人的合法权益，司法社会调查必须要遵循严格的统一的程序要求。

2. 在司法社会调查"一条龙"工作机制中，社会调查一般工作程序包括哪些方面?

在司法社会调查"一条龙"的工作机制中，社会调查的工作程序包括两个方面，一是委托机构内部的程序。二是公安机关、人民检察院、人民法院、司法矫正机构之间社会调查工作衔接的工作程序。

委托机构内部的工作程序包括：一是委托机构确定委托案件，向社会调查机构递送《委托社会调查函》。二是司法社会调查机构接受委托函，对承办案件进行分案处理，将分案信息反馈委托机构。三是委托机构向社会调查对象进行提前告知程序。四是司法社会调查员针对调查对象开展社会调查工作。五是社会调查员在法定期限内完成社会调查工作，并向委托机构进行调查情况反馈。六是社会调查员向委托机构递交初次社会调查报告或社会调查报告，完成结案工作。

委托机构之间的衔接程序包括：一是公安机关向社会调查机构进行社会调查委托。二是公安机关提请人民检察院审查批捕未成年人刑事案件，将《初次社会调查报告》移送人民检察院。三是人民检察院向人民法院起诉未成年人刑事案件，将《社会调查报告》（审查起诉阶段）随案移送人民法院。四是庭审结束之后，被处以缓刑，须在社区服刑的，交由司法矫正机构开展矫正帮教工作，相关材料移交司法矫正机构。在衔接工作过程中，人民检察院、人民法院、司法矫正机构可根据情况需要向社会调查机构委托补充社会调查。其程序，按照委托机构内部委托程序进行。

二、侦查阶段的社会调查

1. 什么是刑事诉讼中的侦查阶段?

侦查阶段，即自侦查机关立案侦查开始至案件侦查完毕移送到人民检察院审查起诉止。在侦查阶段，侦查人员依照法定程序对已经立案的刑事案件进行侦查，收集调取各种证据材料，准确及时地查明犯罪事实，查获涉罪未成年人，并向检察机关提请批准逮捕。待检察机关作出决定后，侦查人员将对案件进行继续侦查，对证据材料进行补充，形成完整的证据链后，将案件移送至人民检察院审查起诉。

2. 在公安机关侦查阶段，公安机关与专业机构如何实现工作对接？

公安机关在办理未成年人刑事案件时，应在受理案件三日内，将《委托社会调查函》送达司法社会调查机构，司法社会调查机构在收到《委托社会调查函》后，应当在三日内为每位涉罪未成年人安排两位社会调查员开展社会调查。司法社会调查员通过阅卷、会见涉罪未成年人等方式开展社会调查。公安机关应提供所需的相关条件和支持，如提供会谈场所、办理出入看守所证件等。

在公安机关向检察机关提请批捕和移送审查起诉前，社会调查员分别需要向公安机关提交将《初步社会调查报告》（表格版）和《初步社会调查报告》（报告版）。《初步社会调查报告》对涉罪少年的犯罪原因作出初步分析，尤其需要说明涉罪少年的家庭关系和监护条件，为公安机关是否提请批捕和移送审查起诉提供重要参考依据。公安机关应至少提前三日通知司法社会调查机构提交《初步社会调查报告》（表格版），提前十日通知司法社会调查机构提交《初步社会调查报告》（报告版）。

3. 侦查工作阶段的社会调查工作重点是什么？

新修订的《刑事诉讼法》规定，针对未成年人案件，公安机关向检察机关报补时需要对涉罪未成年人进行社会调查，对涉罪未成年人羁押必要性进行评估。社会调查在侦查阶段的介入，将深入了解涉罪未成年人的成长经历、家庭背景、社会交往、监护条件等多方面情况，为公安机关对其进行羁押必要性评估提供有力支持。因此，在侦查阶段，专业机构介入的工作重点在于涉罪未成年人及其外围环境的社会调查。

4. 在提请批准逮捕前阶段，社会调查机构如何接受委托？

社会调查机构的联络人在接到委托后，及时与承办该案件的预审员联系，了解涉罪未成年人的基本信息（姓名、性别、身份证号、籍贯、文化程度、户籍地及现住址、家庭成员姓名及联系方式、涉嫌罪名、基本案情)，制作接案登记表，并将案件分派给一线社会调查员，每个案件由两名一线社会调查员负责。

5. 在提请批准逮捕阶段，社会调查员应开展哪些工作?

一线社会调查员在接到所委托案件后，应及时查看接案登记表，了解案件及涉罪未成年人的基本信息。在对基本信息有所了解后，社会调查员应与承办该案件的预审员联系，约定与涉罪未成年人单独访谈的时间。由于在提请批准逮捕前阶段，涉罪未成年人均被羁押在看守所，需要社会调查员到看守所内与他们进行约见和访谈。但在现行的体制下，社会调查员尚没有权利独自出入看守所、提押嫌疑人，需要承办案件的预审员帮助社会调查员办理看守所出入证，并将嫌疑人提押到访谈室。

到看守所见到涉罪未成年人后，社会调查员将与之进行单独访谈，就涉罪未成年人的成长经历、家庭背景、社会交往情况、对本次案件的认识及对日后的发展等进行调查了解，并记录好相关的谈话记录。由于批捕前阶段案件办理时间有限，社会调查员与涉罪未成年人在这一阶段仅进行一次访谈，因此需要社会调查员在此次访谈中尽可能详尽地获得相关信息。

6. 在提请批准逮捕前阶段，社会调查员如何开展外围环境调查?

社会调查员从卷宗中或从涉罪未成年人处获取涉罪未成年人家庭成员、朋友、老师、工作单位负责人等重要他人的联系方式，并与他们取得联系，对所介入案件进行外围社会调查。通过外围调查，社会调查员应了解涉罪未成年人家庭、学校、工作单位、朋辈群体的具体情况，包括重要他人与涉罪未成年人的情感关系、涉罪未成年人在这些环境中的表现、上述环境能否为涉罪未成年人提供有效监护等，对涉罪未成年人进行更加充分的了解，同时，对涉罪未成年人自己提供的信息进行核实，以确保社会调查的真实性。

对于本地的涉罪未成年人，要求社会调查员对其家庭、学校、工作单位等进行实地社会调查，或将涉罪未成年人的重要他人约至机构的谈话室进行面谈。对于外地的涉罪未成年人，则采取电话联系的方式。

7. 在提请批准逮捕前阶段，社会调查员在开展调查工作的同时还应注意哪些问题？

（1）要与办案预审员及时进行沟通。社会调查员应及时与办案预审员进行联系，沟通涉罪未成年人情况并了解案件进展。由于案件尚处于证据收集阶段，及时地沟通将有利于社会调查员对所介入案件进行更准确地了解。同时，办案预审员对涉罪未成年人多方面的了解，也将有助于他们对于该案件的办理。

（2）要及时出具《初次社会调查报告》。在与涉罪未成年人进行访谈，并对其生活环境进行外围社会调查后，社会调查员应及时向公安机关出具《初次社会调查报告》，对涉罪未成年人的个体情况、家庭情况、社会交友情况、法律认知情况等进行客观呈现，并对其犯罪原因及回归社会的有利、不利因素进行分析。需要注意的是，公安机关应至少提前三日通知社会调查机构提交《初次社会调查报告》，以保证社会调查员及时完成并送达报告。

8. 在批捕阶段，公安机关与检察机关如何实现衔接？

公安机关提请人民检察院审查批捕未成年人刑事案件，应当将《初次社会调查报告》移送人民检察院。人民检察院应当认真审查公安机关移送的《初次社会调查报告》，作为衡量未成年犯罪嫌疑人是否具有社会危险性的参考依据。对于公安机关没有随案移送《初次社会调查报告》的，人民检察院可以要求公安机关提供，公安机关应当提供。

9. 在公安机关提请批准逮捕后，社会调查员应做哪些工作？

在公安机关向人民检察院提请批准逮捕后，人民检察院会对涉罪未成年人作出是否逮捕的决定，随后案件将进入公安机关的继续侦查阶段。在这一阶段，社会调查员需要跟进对案件进行社会调查，对批捕前阶段的工作进行补充，跟进与涉罪未成年人进行访谈。

由于在公安机关继续侦查阶段，不同案件的办理时间不同，所以社会调查员应及时与案件预审员联系，了解案件的进展情况。在这段时间内，要求社会调查员每隔两周与涉罪未成年人约见一次。补充外围社会调查，通过深入的了解，社会调查员应完善之前的社会调查，并对涉罪未成年人自身存在的问题进行及时的发现及引导。

需要说明的是，对于取保候审后依旧在本地生活的涉罪未成年人，社会调查员可将他们约到社会调查机构的访谈室进行访谈。对于有些被取保候审后便直接回到老家，社会调查员不方便再与之面谈的涉罪未成年人，社会调查员需及时与他们进行电话联系，了解其近况。对于在押的涉罪未成年人，社会调查员则需要与预审员联系，约定到看守所访谈的时间。

同时，司法社会调查员要与办案预审员进行及时沟通，使预审员了解涉罪未成年人的现状，并对社会调查内容进行更新。同时，社会调查员可以从预审员处获得案件的进展情况，以便安排之后的工作。

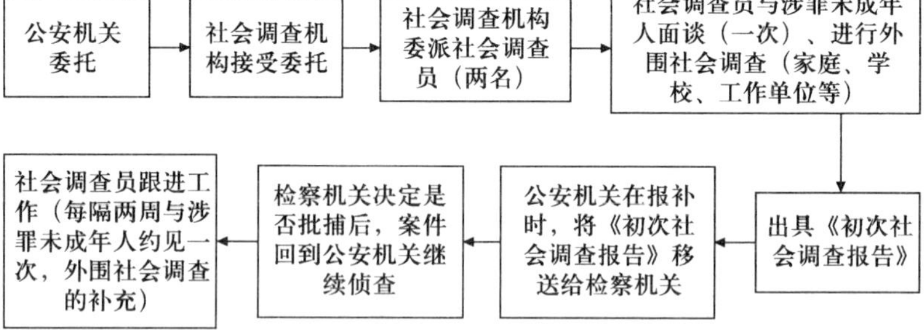

“百例社会调查试点工作”，首都师范大学少年司法社会工作研究与服务中心介入北京市某区侦查阶段工作流程图

三、检察阶段的社会调查

1. 什么是刑事诉讼过程中的审查起诉阶段?

审查起诉阶段，即检察机关自收到公安机关移送的案件后，对案件进行考察审理，至案件审查完毕移送到人民法院审判止。在审查起诉阶段，检察官将对所受理的案件进行进一步了解、调查，作出是否起诉的决定。对于不起诉的案件，检察机关将进行结案处理；对于决定提起诉讼的案件，则会移送至人民法院进行审判。

2. 在审查批捕阶段，公安机关与人民检察院如何实现工作衔接?

公安机关提请人民检察院审查批捕未成年人刑事案件，应当将《初步社会调查报告》（表格版）移送人民检察院。人民检察院应当认真审查公安机关移送的《初步社会调查报告》（表格版），作为衡量未成年犯罪嫌疑人是否具有社会危险性的参考依据。对于公安机关没有随案移送《初步社会调查报告》（表格版）的，人民检察院可以要求公安机关提供，公安机关应当提供。如果未成年人被采取批捕措施，司法程序进入审查起诉阶段。

3. 在审查起诉阶段，人民检察院如何与专业机构实现工作对接?

人民检察院应当在受理案件三日内通知司法社会调查机构，由司法社会调查机构安排侦查阶段的两位社会调查员继续开展社会调查。本阶段的社会调查，应在前期社会调查的基础上，补充相关信息，详细核实已有信息。人民检察院应提供所需的相关条件和支持，如提供会谈场所、办理出入看守所证件等。司法社会调查机构接到人民检察院通知后一个月内，向人民检察院提交《社会调查报告》（审查起诉阶段）。

4. 审查起诉阶段的社会调查的主要内容?

前者比后者的调查更为深入。在审查起诉阶段，社会调查的介入将使检察官更加充分地了解涉罪未成年人的成长经历、家庭环境、社会交往等多方面背景，更加客观、科学地对案件作出处理决定。

专业机构的社会调查，除了对涉罪未成年人及其外围环境的社会调查之外，还包括对涉罪未成年人个体认知、行为习惯、社会交往、家庭关系、不良情绪等问题的发现和调整以及对外围环境和资源（家庭、学校、朋辈群体、工作单位等）的协调。在审查起诉阶段，随着对涉罪未成年人了解的深入，以及工作时间的相对充裕，专业机构介入的工作重点将从专门的社会调查转变为社会调查的补充及上述帮教工作中来。

5. 在审查起诉阶段，人民检察院如何进行委托调查?

主审检察官认真审查公安机关移送的《初次社会调查报告》，并在受理案件三日内通知检察机关的联络人。由专门的联络人及时与社会调查机构的联络人取得联系，告知案件进展情况、出具委托书，委托社会调查员进行跟进工作。社会调查机构的联络人在接到委托后，应及时通知负责该案件的一线社会调查员，一线社会调查员在得到通知后，安排之后的跟进工作。

另外，对于有些在公安机关并未被委托的案件，如果检察官认为该案件有委托社会调查员进行社会调查的必要，应委派联络人与社会调查机构的联络人联系，出具委托书。社会调查机构的联络人在接到委托后，需要联系该案件的主审检察官，了解案件的基本信息，制作接案登记表，并分派给一线社会调查员开展工作。

6. 在审查起诉阶段，社会调查员应做哪些工作?

在审查起诉阶段，检察官对案件的审查办理时限在一个月到三个月不等，其中在押涉罪未成年人的案件办理时限为一个月，取保的涉罪未成年人案件办理时限为三个月。

因此，在此期间，社会调查员与涉罪未成年人约见应不少于三次，具体时间自行安排。随着逐步深入的访谈，社会调查员要更加全面地了解涉罪未成年人的整体情况，对之前的社会调查进行补充。另外，随着了解和访谈的深入，社会调查员要更准确地把握到涉罪未成年人自身存在的问题。在此阶段，社会调查员要更加深入地对涉罪未成年人进行引导，帮助其调整和改善自身问题。

7. 在审查起诉阶段，对于公安机关没有委托的案件，社会调查员应该怎么办？

对于在公安机关没有委托的案件，社会调查员需要从建立关系开始，对涉罪未成年人进行逐步详尽的社会调查，对其成长经历、家庭环境、社会交往、法律法规认知、对案件的认识及对今后发展的期望等各方面进行了解，并在其中发现潜在问题，进行有针对性的帮教。

在这一阶段，如果社会调查员需要到看守所与涉罪未成年人进行访谈，应提前与主审检察官进行沟通，由主审检察官将社会调查员带到看守所，办理出入证并将涉罪未成年人提押到谈话室。

8. 在审查起诉阶段，针对已经取保候审的涉罪未成年人，社会调查员如何开展工作？

对于已经取保候审的涉罪未成年人，社会调查员应按照相关规定接受调查委托，将他们约到社会调查机构或人民检察院的谈话室进行访谈。对于那些已回到老家生活的涉罪未成年人，社会调查员需要与他们电话联系，告知案件进程，并将他们约至本地进行面谈。

9. 在审查起诉阶段，进行外围社会调查时，社会调查员需要做哪些工作？

在审查起诉阶段，社会调查员进行工作的时间更为宽裕。社会调查员应对之前社会调查中不完善的地方进行补充和完善。例如，由于侦查阶段时间限制，未能到本地涉罪未成年人的家庭、学校、工作单位等地进行实地调查的案件，社会调查员应到实地进行调查和了解情况；对于在侦查阶段未能获得联系方式的重要他人，社会调查员应积极与涉罪未成年人及主审检察官联系，在获得联系方式后，与涉罪未成年人的重要他人取得联系进行社会调查。

同时，在与涉罪未成年人的重要他人进行访谈时，社会调查员如果发现他们因案件产生不良情绪，如悲伤、怨怼、愤怒、无措等，应及时开展工作，帮助其调整和缓解这些不良情绪。另外，如果涉罪未成年人与家人、朋友等重要他人之间存在相处问题时，社会调查员应帮忙进行调解；对于重要他人缺失，或无法获得有效监护条件的涉罪未成年人，社会调查员应积极协调资源，尽力为涉罪未成年人今后顺利回归社会创造良好、稳定的环境。

10. 社会调查员如何让主审检察官对社会调查工作有直接的了解?

社会调查员在审查起诉阶段，应及时与所介入案件的主审检察官进行沟通，将自己了解到的情况与主审检察官进行交流，使检察官及时了解到涉罪未成年人的动态及周围环境的状况。同时，社会调查员可以从主审检察官处获知案件的进展情况，如需要退回公安机关补充侦查的案件等，以便补充和安排之后的工作。

11. 社会调查结束后，社会调查员向检察院提交的社会调查报告包括哪些内容?

在审查起诉阶段社会调查工作结束后，社会调查员应及时向人民检察院提交一份《社会调查报告》，包括对涉罪未成年人成长经历、个体状况、家庭状况、社会交往状况、法律法规认知状况、个人对今后发展的期望、家庭及社会对其未来发展的支持情况等方面的事实呈现，对涉罪未成年人犯罪原因的分析及其回归社会有利、不利因素的呈现。同时，报告中将呈现社会调查员在社会调查的同时，对涉罪未成年人进行帮教工作的过程和效果，并对涉罪未成年人再犯风险可能性进行评估，为主审检察官对涉罪未成年人作出是否起诉的决定或起诉的量刑建议提供参考依据。

12. 如果检察官对涉罪未成年人作出了相对不起诉的决定，社会调查员还应做哪些工作？

对于在审查起诉阶段检察官决定对涉罪未成年人实行相对不起诉的案件，社会调查员应对涉罪未成年人进行为期六个月的跟进工作。每隔两周至三周与涉罪未成年人面谈或电话联系一次，对其现状进行了解，并对之前的社会调查和帮教工作进行巩固，如果发现问题，应及时对工作进行调整，以帮助涉罪未成年人更好地回归社会。

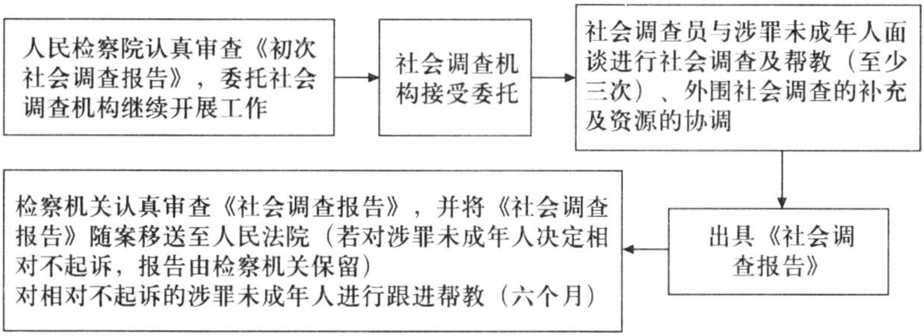

“百例社会调查试点工作”，首都师范大学少年司法社会工作研究与服务中心介入北京市某区检察工作流程图

四、审判阶段的社会调查

1. 什么是刑事诉讼过程中的庭审阶段？

庭审阶段，即人民法院收到检察机关提起公诉的案件后对案件进行审理并进行最终审判的过程。在此阶段，人民检察院向人民法院起诉未成年人刑事案件，需将案件的相关材料移交人民法院，同时将《社会调查报告》（审查起诉阶段）随案移送人民法院。

2. 在庭审阶段，人民法院如何与专业机构进行工作对接？

人民法院应当认真审查人民检察院移送的《社会调查报告》（审查起诉阶段），并在受理案件三日内通知司法社会调查机构，由司法社会调查机构安排审查起诉阶段的两位社会调查员完善社会调查。本阶段的社会调查应在持续跟进的调查中，详细核实相关信息，同时完善社会调查报告中的相关内容。人民法院应提供所需的相关条件和支持，如提供会谈场所、办理出入看守所证件等。

社会调查员在前期帮教的基础上，做好未成年被告人审判前的教育和心理疏导工作。司法社会调查机构接到人民法院通知后一个月内，向人民法院提交《社会调查报告》（审判阶段）。《社会调查报告》（审判阶段）详细说明社会调查员帮教的问题及效果，并在综合分析的基础上，再次对未成年被告人的再犯可能性作出专业评估。

3. 在庭审阶段，社会调查员的工作包括哪些方面？

在审判阶段，涉罪未成年人需要面临开庭审理的压力，而部分涉罪未成年人可能被判处非监禁刑，面临回归社会的挑战。因此，专业机构除了就之前的社会调查和帮教工作进行跟进补充之外，在帮教过程中也应注重对涉罪未成年人庭审前有关法庭纪律的讲解，以及面临庭审所产生的不良情绪的调整和涉罪未成年人外围社会资源（家庭、学校、朋辈群体、工作单位等）的协调，以为其顺利回归社会创造更好的条件。

4. 在庭审阶段，社会调查机构如何接受委托？

主审法官在受理案件三日内，通知人民法院的专门联络人联系社会调查机构的联络人，告知其案件进展情况、出具委托书，委托社会调查员对案件进行跟进工作。社会调查机构的联络人接到委托后，应及时通知该案件的一线社会调查员。社会调查员在接到通知后，及时与负责该案件的法官联系，了解案件的进展情况，安排之后的工作。

对于之前没有委托过，但审判阶段人民法院认为有必要委托进行社会调查的案件，人民法院的联络人应向社会调查机构的联络人出具委托书。社会调查机构的联络人在接到委托后，与该案件的主审法官联系，了解案件的基本信息，制作接案登记表，并分派给一线社会调查员进行工作。

5. 在庭审阶段，社会调查员应做哪些工作？

在审判阶段，由于不同案件的审理时间不同，社会调查员需要与主审法官联系，了解案件的审理情况，安排与涉罪未成年人的约见时间，具体时间视情况而定。在这一阶段的访谈，社会调查员主要对前期的社会调查进行再次完善，并对之前发现涉罪未成年人自身存在但未能进行深入引导的问题，跟进帮教工作。

特别需要说明的是，由于案件审理阶段的特殊性，涉罪未成年人在审判阶段面临着开庭审理的压力。因此，社会调查员需要与主审法官联系，了解案件进程，在开庭审理前一周之内与涉罪未成年人进行访谈，告知其法庭上应遵守的纪律并缓解他们由于面临开庭而产生的不安、无措、焦躁、恐惧等不良情绪。

对于在押的涉罪未成年人，社会调查员需要提前与主审法官联系，约定见面时间，由主审法官将涉罪未成年人由看守所提押至人民法院，进行访谈。对于被取保候审的涉罪未成年人，社会调查员则可以将他们约到社会调查机构的谈话室进行访谈。

6. 在庭审阶段，社会调查员如何进行外围社会调查的补充工作？

对于在前期未能进行有效社会调查的案件，如未能取得有效联系方式，或未能对本地居住的涉罪未成年人生活环境进行实地调查等，社会调查员可以继续进行外围社会调查，积极从主审法官和涉罪未成年人处获得联系方式，电话联系或安排实地调查，对涉罪未成年人的外围环境进行补充调查。

另外，由于涉罪未成年人在庭审后有可能被判处非监禁刑，因此，需要社会调查员在审判阶段对涉罪未成年人的外围社会资源进行协调，为涉罪未成年人顺利回归社会创造更有利的条件。

7. **社会调查员如何让主审法官对社会调查工作有直接的了解？**

在审判阶段，社会调查员应经常与案件的主审法官进行沟通，了解涉罪未成年人及其外围环境的情况，使主审法官对涉罪未成年人有更为立体的了解。同时，主审法官可以将就案件对社会调查存有的疑惑或认为有缺失的部分告知社会调查员，由社会调查员进行补充调查，以完善社会调查工作。

8. **在庭审阶段，社会调查员应向法庭出具什么材料？**

在审判阶段，对前期的社会调查有所补充和调整的案件，社会调查员应向人民法院提交社会调查补充材料，将所完善的部分表达清晰。如果前期的社会调查已相对完善，则不需要出具此材料。

对于从审判阶段委托的案件，社会调查员则需要向人民法院出具《社会调查报告》，文本内容与检察阶段所述《社会调查报告》内容一致。

9. **在参与庭审时，社会调查员应做哪些工作？**

在所负责的案件开庭审理时，社会调查员需要出庭参与审判。在法庭取证阶段，社会调查员将宣布部分《社会调查报告》内容：涉罪未成年人的个体、家庭、交友情况，犯罪原因分析，回归社会的有利和不利因素等（具体情况应事先与主审法官沟通，根据开庭时间，选择宣读报告内容），并接受法庭质询。之后，在法庭教育阶段，社会调查员应根据之前对涉罪未成年人的深入了解，有针对性和切入性地对其进行法庭教育，使其在庭审过程中有所收获。

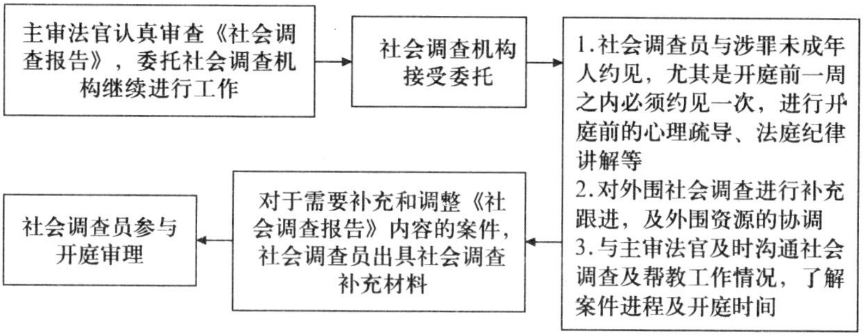

"百例社会调查试点工作"，首都师范大学少年司法社会工作研究与服务中心介入北京市某区法院审判工作流程图

五、矫正阶段的社会调查

1. 司法矫正阶段的司法社会调查工作有什么作用？

除了在未成年人案件侦查、审查起诉及庭审阶段的社会调查之外，司法矫正阶段中的社会调查也是不可或缺的。一方面，对涉罪未成年人开展社会调查，了解他们的性格特点、行为习惯、家庭状况、社会交往等，能够为司法矫正机关对实行社区矫正的涉罪未成年人制订矫正方案和针对性措施提供参考性依据；另一方面，对于被人民法院判处监禁刑罚的涉罪未成年人，社会调查则可以供执行机关对其进行教育改造提供重要参考。

2. 刑事诉讼程序过程中的社会调查与社区矫正阶段的工作是否具有统一性？

2012 年 3 月，最高人民法院、最高人民检察院、公安部、司法部联合制定了《社区矫正实施办法》，其中第三十三条规定，针对未成年人的年龄、心理特点和身心发育需要等特殊情况，采取有益于其身心健康发展的监督管理措施；采用易为未成年人接受的方式，开展思想、法制、道德教育和心理辅导；协调有关部门为未成年社区矫正人员就学、就业等提供帮助；督促未成年社区矫正人员的监护人履行监护职责，承担抚养、管教等义务等。

以上规定，与前期各司法阶段开展的社会调查不谋而合。前期的社会调查，除了对涉罪未成年人的个体、家庭、朋辈、社区等情况进行调查了解外，也会对涉罪未成年人个体认知及行为习惯进行调整，对其外围环境资源进行支持及协调，为涉罪未成年人顺利回归社会创造更有利的条件。由此可见，对未成年人案件开展社会调查，有利于开展以人为本的个性化管理教育，建立集家庭保护、学校保护、社会保护和司法保护于一体的保护体系，有效促进未成年社区矫正人员健康成长和融入社会。它们具有内在的统一性。

3. 社区矫正阶段的工作如何与公安机关、人民检察院、人民法院等阶段的社会调查工作形成衔接?

社区矫正的直接目的是通过社区矫正组织进行的社会化的教育，使罪犯适应并顺利回归社会。该阶段的司法社会调查工作，可以延续公安机关、人民检察院、人民法院阶段进行的调查工作。在社区矫正工作与人民法院庭审之后的衔接工作，社区矫正阶段应当开展的社会调查工作，我国的《社区矫正实施办法》以及相关的法律、法规对此进行了比较完善的规范，在本书中不再赘述。

第五章　涉罪未成年人社会调查的接案工作

一、社会调查接案的基本含义

1. 什么是接案？

接案，是指开展社会调查工作的主体（社会调查专业机构及社会调查员），受理司法机关对社会调查对象进行社会调查的委托，并指派具有专业资质和工作能力的社会调查员进行社会调查工作。

接案包括两个阶段的工作，即受理委托和分案。受理委托，是指承接社会调查工作的专业机构接受司法机关开展社会调查工作的委托。分案，是指受理委托后，专业机构指定具备专业能力的社会调查员承接个案，开展社会调查工作。

2. 接案对于开展社会调查工作的重要作用？

在社会调查工作流程中设置接案环节，主要的作用有三个：一是可以明确承担社会调查工作的专业机构。二是可以明确开展社会调查工作的社会调查员。三是可以明确委托进行社会调查工作的司法机关、社会调查专业机构、社会调查员三方各自承担的职责和工作，保障社会调查工作的顺利进行。

二、接案的主要程序和工作内容

1. 接案的主要程序？

按照工作的先后顺序，接案的主要程序包括：社会调查专业机构接受司法机关的书面委托；接案人员查阅案卷材料，填写接案登记表，并建立调查对象工作档案；机构分案委托社会调查员，以个案形式开展社会调查和帮教工作；接案人员告知司法机关和社会调查员相关信息，建立二者的联系和沟通机制。

2. 接案人员受理书面委托需要进行哪些工作？

受理书面委托，首先需由委托进行社会调查的司法机关出具委托书，委托书内容中详细注明委托单位、受理委托的专业机构、调查对象姓名、案由、排定委托编号、委托时间、委托单位联系人及联系方式等，如有需要，还需注明社会调查工作的起止时间。（具体委托函，见附件）

3. 接案人员在查阅案卷过程中应了解哪些信息？

查阅调查对象的案卷可大致分为两种情况，一是接案人员在进行填写接案登记表之前，需要查阅调查对象的案件卷宗，了解有关信息，为随后分案委托的社会调查员储备第一手资料。二是分案委托的社会调查员在开展社会调查前，通过查阅案卷了解有关信息，更具针对性地开展社会调查工作。

由于调查对象属于涉罪未成年人，这就要求社会调查员在查阅案卷的过程中，不仅要了解调查对象的个人基本信息，如年龄、籍贯、文化程度、家庭成员等，还需要就调查对象的违法犯罪行为进行必要的了解，如涉嫌罪名、违法犯罪行为情节、是否共同犯罪等情况。有时，为了更好地了解调查对象实施违法犯罪行为的原因，社会调查员在查阅案卷时需要查看被害人的供述，结合调查对象的供述进行相对全面地了解。如遇到调查对象为在校学生时，为了更好地开展社会调查，社会调查员还可以通过查阅案卷来了解调查对象在校表现情况，以及学校对其回归社会所持的态度。

4. 进行接案登记时应记录调查对象哪些信息？

填写接案登记表是接案人员在查阅案卷后，将所收集的基本信息进行记录，简明、直观地通过文本呈现的过程。这就要求在填写接案登记表时，所记录的信息全面而简要。

接案登记表所记录的案主信息，包括两个方面：一是调查对象个人基本信息。二是社会调查工作委托信息。调查对象个人基本信息，包括其姓名、籍贯、身份证号、文化程度、户籍所在地、居住地、工作单位（学校）、联系方式、家庭成员情况、家庭成员联系方式、涉罪时间、涉罪情节、是否有前科等。社会调查委托信息，包括委托单位联系人（承办人）及联系方式、社会调查员及联系方式、社会调查委托案号、受理委托时间、社会调查截止时间等。

5. 社会调查员的工作档案应包括哪些内容？

为调查对象建立工作档案的目的，一是为了更科学规范地管理社会调查员对调查对象开展的社会调查和帮教工作。二是可以有效地了解和评估涉罪未成年人改善情况，并为未来存档和转介工作打好基础。建立调查对象工作档案，主要采用个案管理的方法，即一人一卷，档案案卷主要包括，社会调查委托书、社会调查接案登记表、社会调查及帮教工作计划、社会调查搜集到的文本资料、习作、社会调查报告、结案登记表等内容。

6. 接案人员分案委托后还需要完成什么工作？

接案人员分案委托后，需要将负责开展工作的社会调查员的姓名及联系方式标注于委托书的正、副本或回函上，并将最终填写完整的委托书一式两份，分别由司法机关和专业机构留存，以明确工作关系。这样，也有利于司法机关人员与社会调查员之间进行工作上的沟通和衔接，以保障社会调查工作的顺利进行。

三、接案过程中的问题处理

1. 社会调查员的接案过程有时限吗？

由于调查对象多处于司法流程中，委托开展社会调查的司法机关对社会调查的工作时限具有严格的要求，这就要求机构在受理委托、接案分案的过程中要注重效率，及时受理。所以，对接案过程也应有相应的时限要求。

由于委托单位的不同、调查对象所处的司法环节不同，社会调查的工作时限也不尽相同，短则一周，长则数月。那么，时间该如何把握呢？根据首都师范大学少年司法社会工作研究与服务中心的经验，在接案环节上，中心要求不论何单位、何阶段委托的社会调查工作，接案工作都要求在一日内完成，即当接到司法机关的委托要求，机构的接案人员应在当天完成受理委托、接案登记并分案委托社工的系列工作，以保证社会调查工作及时、有效地开展。

2. 接案后，社会调查工作的开展该由谁来告知调查对象？

社会调查作为一项专业的工作，目前还处于发展阶段，社会公众的知晓程度还存在不足，调查对象亦是如此。在不知情的情况下，调查对象通常会因为紧张、压力等原因，对社会调查员开展的工作持有抵触和抗拒情绪。社会调查工作应由司法机关的工作人员先行告知，这既能保障调查对象的知情权，也能使调查对象明确社会调查工作的法律地位，积极配合社会调查员开展工作，保障社会调查和帮教工作的顺利进行。

3. 如果社会调查员不能及时查阅案卷怎么办？

在开展社会调查前，社会调查员可能无法及时查阅案卷。处理此类问题时，社会调查员可以调查前和调查中两个阶段加以补充。例如，调查前，社会调查员不能查阅案卷，可以通过联系司法机关的联系人了解概况，掌握必备信息。在社会调查过程中，社会调查员可以根据具体情况，补充查看案卷，对调查对象的信息加以补充和验证。

4. 在分案时，对社会调查员有何要求和限制？

为了最大化地保障调查对象的合法权利，避免造成不必要的伤害，也为了更顺利地开展社会调查工作，机构在受理委托并分案开展社会调查时，对具体承担社会调查工作的调查员应该有所选择。

按照首都师范大学少年司法社会工作研究与服务中心的工作规范和惯例，在遇到调查对象为女性的情况时，机构将委托女性社会调查员对调查对象开展社会调查。当遇到涉嫌强奸行为的男性调查对象时，机构首先考虑委托男性社会调查员开展社会调查工作。如遇到社会调查员与调查对象存在利害关系时，机构在分案委托时，也应遵循回避原则，保证社会调查工作客观、有序地进行。

5. 接案时应注意哪些问题？

（1）保密原则。由于调查对象属于涉罪未成年人，出于对未成年人合法权益的保护，以及避免信息外泄而影响司法公正，社会调查员在查阅案卷的过程中，应当对调查对象的信息，尤其是与法律事实相关的信息加以保密。例如，当调查对象的亲属、朋友、老师等人询问有关调查对象有相关的法律情节等问题时，社会调查员不得轻易外泄信息，可将此类问题汇总反馈给司法机关的联系人（承办人），或在征求司法机关的意见后作出适当的回答。同时，即使在机构内，如非工作需要，社会调查员之间也不得互相传递调查对象的信息。

（2）避免标签化。社会调查员在通过查阅案卷，了解调查对象信息时，应该注意避免受首因效应影响，先入为主地形成对调查对象的主观猜测和臆断，造成对后续社会调查工作的不利影响和误导。在开展社会调查过程中，社会调查员应坚持个别化原则和社会性原则，通过广泛的社会调查，对调查对象进行全面的了解和评估。

第六章　涉罪未成年人社会调查的关系建立

一、建立关系的基本概念

1. 社会调查员与调查对象建立关系的基础是什么？

社会调查员与调查对象建立关系的基础有两点：一是调查对象涉嫌犯罪，进入了司法机关的审限流程之内。二是社会调查机构收到来自司法机关正式委托的决定针对调查对象开展社会调查工作的书面材料，并且将案件分配给具体的社会调查员。

2. 什么是社会调查工作中的专业关系？

专业关系，是指社会调查员与调查对象在开展调查及帮教工作过程中形成一种具有目的性的、专业的互动关系。专业关系建立的好坏，将会直接影响社会调查工作的效率和效果。在整个社会调查工作中，社会调查员需要与调查对象维持良好的专业关系，因此，在此过程中，社会调查员可能需要不断地调整和重新建立这种专业关系。

3. 社会调查工作中的关系建立指的是什么？

社会调查工作中的关系建立，包含三个方面的内容：

一是社会调查员与司法机构委托关系的确定。司法机关作为委托单位，将对调查对象开展社会调查的工作委托给社会调查员，社会调查员接受委托后，双方便确立了这种委托关系，双方需要各自履行相关的职责，权利与义务。

二是社会调查员与调查对象专业关系的建立。处在刑事诉讼过程中的涉嫌犯罪未成年人作为调查对象，被动接受配合司法机关委托的社会调查员完成社会调查工作，为提高和保障社会调查工作的效率和效果，社会调查员需要与调查对象建立良好的专业关系。

三是社会调查员与调查对象的监护人及其所在环境中的相关人群专业关系的建立。作为调查对象的监护人，他们对社会调查工作的态度将直接影响调查对象的态度，因此社会调查员需要与调查对象的监护人建立良好的专业关系，使其监护人接受配合社会调查工作，并且尽量为调查对象态度的接纳带来积极影响。除此之外，社会调查员与调查对象的监护人及其所在环境中的相关人群需要建立互助的专业关系，使他们明确彼此的相互支持也是为调查对象共同提供支持力量。

4. 社会调查工作中的关系建立与社会工作中的关系建立有何区别？

第一，在工作程序方面具有一些差别。在社会工作中，并不是所有的个案都是从关系建立开始，如儿童在家庭中受暴力虐待时，社会工作者可以进行危机干预，与有关的机构联系直接采取保护措施，隔离儿童与施虐者，然后再采取措施进行调查接案工作。在社会调查工作中，由于调查对象是因司法调查需要被动接触社会调查员，因此，与调查对象建立关系是工作的开端。

第二，建立关系中对象身份的不同。社会调查对象是在刑事诉讼过程中，涉嫌刑事犯罪的未成年人，他们因行为过错违反刑事法律受到惩罚。社会调查的主体是受司法机关委托的社会调查员，对调查对象和委托机关双重负责。社会工作中关系的案主是因在生活中遭受困难而陷入困境的求助者，其关系助人者为专职的社会工作者，只对案主个体负责。

第三，两者关系建立的前提不同。因身份的不同，在个案工作中，案主大多是主动寻求社会工作者的帮助，他们具有主动性和求助性；但在社会调查工作中，社会调查员均是受司法机关委托针对调查对象开展社会调查和帮教工作，调查对象具有被动性。因此，社会调查工作中的建立关系与社会工作中的建立关系难易程度有所区别，在社会调查工作中建立关系更为困难。

5. 建立专业关系的必要性是什么？

社会调查工作的核心内容是针对调查对象开展社会调查，对调查对象进行再犯风险的评估，并在调查基础上针对调查对象自身的问题及阻碍调查对象顺利回归社会的因素进行干预，从而保证调查对象的个人权益，促进他们获得自我成长。

然而，关系建立的好坏将直接影响社会调查工作的效率和效果。首先，良好的关系能产生轻松、愉快、信任、温暖、和谐和心理上的安全感。在这种温暖与安全的气氛下，调查对象容易消除防卫心理，产生自我开放的心态，这降低了信息交流被扭曲的现象，使彼此的沟通更加顺畅、愉快。如果关系无法建立起来，社会调查员就难以获得真实、客观的一手资料，调查内容的有限性和真实性将可能导致社会调查员的评估结果产生偏差。其次，调查结果服务于帮教工作，如果调查结果未能全面地反映调查对象自身存在的问题或者成为了阻碍其顺利回归社会的因素，那么帮教工作将无法顺利开展。

6. 社会调查员与调查对象应该建立什么特性的专业关系？

第一，建立专业关系的目的在于更加有质量地完成社会调查及帮教工作，而且这一目的从关系建立初期就已为双方所明知，社会调查员所进行的一切工作都是为了实现该目的，所以专业关系具有目的明确性。

第二，良好关系的建立是信任的基础，社会调查工作的专业关系是带有目的的，即良好的关系的建立是实现社会调查工作的工具性所在。同时，良好的关系本身离不开双方情感的交流与表达，这就使社会调查工作的专业关系具有情感性的色彩。因此，它是一种兼容性的专业关系。①

① 翟进、张曙：《个案社会工作》，社会科学文献出版社 2001 年版。

第三，社会调查工作的专业关系具有一定的时间期限，当社会调查员完成工作并进行了结案处理时，或者受某些特殊因素影响不得不终止社会调查工作时，即双方的法律关系终止时，专业关系也必须结束。因此，专业关系具有暂时性。①

第四，专业关系虽然强调平等、民主和自决，但实质在双方的互动中，社会调查员必须以调查对象为重点，促使他多谈自己，这样社会调查员才能够从多方面了解他。所以，专业关系具有不平等性。②

第五，社会调查工作中的专业关系不是一种互助的关系，而是非互助的关系。社会调查员向调查对象提供各种帮助和服务，调查对象不必如此。双方的关系是一种单向的关系。另外，社会调查员与社会调查对象专业关系的建立完全以调查对象的个人利益为中心，优先考虑调查对象的需求，力求让调查对象产生信任、接纳、尊重、温暖、舒适、充实和满足感。

7. 为促进专业关系的建立，社会调查员应秉持什么样的基本原则?

第一，平等原则。社会调查员为建立专业的关系，在工作过程中对调查对象应该使用平等的交流方式和相处方式。社会调查员与调查对象初次见面时，需要向对方说明自己的中立身份，以示平等。

第二，尊重原则。在建立关系阶段，为表示尊重，社会调查员需要考虑调查对象的主观感受，关注他们的情绪变化及异常状况，在开展工作过程中与调查对象维持平等地位，使用正确的态度和行为。此外，社会调查员在开展调查之前，应当对调查对象详细地介绍自己的身份与工作内容，使调查对象首先了解自己，然后再进行下一步工作。

---

① 翟进、张曙:《个案社会工作》，社会科学文献出版社 2001 年版。

② 翟进、张曙:《个案社会工作》，社会科学文献出版社 2001 年版。

第三，接纳原则。调查对象作为一个有独立思考能力和自我选择权利、受到尊重的服务对象，因成长经历与环境不同，他们具有独特的个性、观点、态度和行为等，社会调查员应该秉持接纳的态度，能够让调查对象自由地表达任何感情，对调查对象的诉说不批评、不阻止、不责备，而是真诚地聆听。

第四，个别化原则。个别化是一种分别逐一对待的方法。它体现了传统的社会工作价值，把每一个人看作唯一的、不同的实体，应该受到不同的对待，从而也体现出对个人的尊重。只有坚持个别化的价值观念，社会调查员才能接受每个人的独特的思想与需求，从而才能帮助我们做到真正地了解调查对象，才能更好地建立关系。

第五，自决原则。社会调查员追求平等的专业关系，调查对象也希望有自己作出决定的权利和机会，不希望受到社会调查员的规定限制。所以，在建立关系阶段，社会调查员可以适时地给予调查对象自己选择和决定的机会。

第六，保守秘密原则。为了维护涉嫌犯罪未成年人的个人权益及尊严，社会调查员应该严守专业秘密，在不涉及威胁其他人利益的前提下，社会调查员不能公开调查对象的个人情况。

二、建立关系的方法技巧

1. 建立专业关系的方法有哪些?

（1）访谈法。建立关系阶段的访谈，一般采用的是无结构式的直接访谈，无结构的访谈可以使双方互动更灵活，面对面地直接访谈则是建立专业关系所必需的。初次见面时，社会调查员与调查对象最重要的交流方式便是通过语言表达进行互动，在互动中不断地寻找话题，深入了解，彼此适应。相互了解与适应，是建立专业关系的核心任务。

（2）观察法。建立关系阶段的观察，一般采用的是局外非结构式观察，这种观察方法使得调查员不会被类型和清单所束缚，为进一步了解调查对象的行为、文化或环境及后续工作奠定了基础。观察是对调查对象或资料的直接感知与判断。在建立关系阶段，社会调查员通过观察，判断调查对象的精神状态、专注度等，从而选择更适合的话题或敏感地发现调查对象对话题产生的感受及其背后的原因，完善其他基本信息。随着经验的积累，观察往往可以获得访谈达不到的效果。

（3）习作法。建立关系阶段时，我们也可以伴随使用习作法，这种方法可以借助习作工具为双方的交流创建主题，为双方的互动促进制造机会。习作，是直接或间接地辅助访谈和开展社会调查工作的工具之一。初次见面时，社会调查员难免发现不了与调查对象共同擅长的话题，或者有时挑选和开始话题有些生硬，不利于营造轻松的谈话氛围，这时，社会调查员便可以选择一些习作工具，如“生命线”、“原生家庭”，等等。

（4）游戏法。与习作法类似，建立关系阶段时，我们也可以采用游戏法，这种方法可以借助灵活、轻松的游戏安排消除双方的陌生感，通过语言、动作的互动，不断拉近社会调查员与调查对象之间的身体距离和心理距离，实现“破冰”的促进。

2. 建立关系的主要技巧有哪些？

（1）运用语言与非语言信息，营造轻松、安全的氛围。

（2）运用专注与倾听技巧，鼓励调查对象倾诉自己的问题。

专注，是指社会调查员对调查对象的言语内容及非语言内容的专注观察，同时社会调查员也要用语言及非语言的方式，把这种对他的关注传递给调查对象，使他感受到社会调查员的尊重和接纳。[①]

运用专注技巧时，社会调查员扮演的主要是倾听的角色，但这种倾听不是被动的倾听，而是力图去把调查对象的用意与感

---

① 朱眉华、文军：《社会工作实务手册》，社会科学文献出版社 2006 年版。

受，并加以适当地回应，让调查对象认识到你的诚意与理解。这种回应可以非常的简单，如只是点点头，或者说一句：“哦”、“我明白了”等。

（3）运用同理心和自我表露等技巧，促进话题的深入与专业关系的形成。

同理心可以通过简单的复述对方的话来完成，当然这不意味着你照搬对方的话。如果调查对象说“我要疯了”，恰当的释义可以是“听起来你太烦恼了”。需要注意的是，社会调查员真正做到同理心，要放下自己的意思与主观的偏见，力求了解调查对象的想法和感受，并把这种理解传递给对方。

自我表露是社会调查员有选择地将亲身体会、处事方法和态度、对人对事的感受等向调查对象坦白，使调查对象能借鉴别人的经验作为处理自己问题的参考。① 同时，在相互信任的关系中，调查对象向社会调查员坦陈自己的问题，把自己柔弱的一面向你展示。

3. 社会调查员如何安排约谈时间？

社会调查员可以与调查对象提前协商初次见面的时间，在条件允许的情况下，社会调查员尽量尊重调查对象的意向。如果挑选一个天气舒适的上午，当然为最佳。因为，上午时人的精神状态最佳，精神注意力也会更加集中。如果选在下午，调查对象可能会出现疲惫、困倦的状态，晚上也是如此，还会增加危险因素。另外，天气能够直接影响人的精神状态，如阴天时，人可能会郁郁寡欢、萎靡不振。

关于约谈时间频率，时间间隔过长，调查对象对社会调查员产生的亲近感、信任感可能已经被遗忘，那么初次建立起的关系就会受到影响，甚至需要重新建立关系；时间间隔过短，调查对象可能会产生压力感，感到厌烦，这样也会对建立关系产生不利

① 朱眉华、文军：《社会工作实务手册》，社会科学文献出版社2006年版。

影响。因此，选择一周至两周进行一次约谈最为适宜。

4. 社会调查员如何选择约谈地点？

初次见面，社会调查员应更加注重环境的安静与私密。调查对象均是涉嫌犯罪的未成年人，他们的个人信息应该得到保护，所以约谈地点最好不会受到外界因素的干扰，使调查对象感到安全和被尊重。对于羁押在看守所的调查对象，约谈地点只能选择在看守所的会见室。对于被取保候审的调查对象以及调查对象周围的人，约谈地点的选择相对来说比较灵活，在调查对象能够接受的范围内，可以选择隔音较好、布置温馨的会谈室，也可以选择在对调查对象来说方便到达的咖啡厅等地方进行约谈。约谈地点安排一般遵循“物理上之可接近性”原则，如果约谈地点安排在距离调查对象较远的地方，他们经过长时间的路程来到约谈地点，在生理和心理上都会感到疲惫，也会影响他们参与约谈的效果。

5. 初次见面时，社会调查员如何选择话题？

社会调查员与调查对象初次见面时，双方对彼此毫无了解或者了解非常有限，如同陌生人一样，调查对象对社会调查员可能存在着陌生、怀疑、恐惧等复杂的情绪和心理，所以社会调查员可以首先选择一些轻松的话与调查对象互动起来，如最近的天气、身体状况、对新环境的感受与适应程度等，使调查对象感到自己可以轻松地与社会调查员攀谈起来，这样十分有助于建立专业关系。

由于我们对调查对象的了解非常有限，甚至一无所知，所以我们可能碰到一些话题刚好是调查对象非常排斥的话题，这时调查对象会出现沉默、情绪变坏、难过、回避等现象，此时，社会调查员可以稍作调整，更换一些轻松的话题，循序渐进。

6. 社会调查员在约谈过程中，言语表达方面需要注意什么？

社会调查员的语言要自然大方，以亲切的声调与调查对象进行沟通，并注意语言的简洁、明确与易懂，让调查对象便于了解。还需强调的是，幽默的话语很容易疏解紧张、不安情绪，调动现场气氛。尽量不要采用官方或比较书面的语言与调查对象进行约谈。约谈时，如果可以，还应注意调查对象的生活背景和文化背景，尽量采用调查对象可以理解和接受的语言。

7. 社会调查员在行为举止方面需要注意什么？

社会调查员要以开放的姿态，向调查对象传递温暖、热情、真诚等信息，让调查对象自然放松下来，消除戒备心理。在交谈时，社会调查员可以运用丰富的面部表情和肢体语言，使调查对象感到自然自在。另外，社会调查员尽量不要直盯着调查对象的眼睛，这样可能会造成对方出现紧张心理，以至于关系建立出现障碍。

比如，社会调查员可身体略微倾斜，双手较放松地叠放于双腿，或自然垂放，眼神则关切地望向对方眼睛或稍下位置，显示一副聆听的姿态，同时，常常面带微笑，对调查对象有些陈述给予适当的首肯。

三、建立关系阶段常见问题的处理

1. 社会调查员与调查对象确立委托关系应经过哪些程序？

当司法机关将社会调查委托书交由开展社会调查工作的机构，并且将调查工作分配给具体的社会调查员时，该社会调查员与调查对象便产生了的法律意义上的工作关系，即委托关系确立。这一关系正式发生，以调查对象得到相应的法律告知为起点。其程序包括，司法机关实施委托行为、告知调查对象权利与义务，签署配合社会调查工作的协议。

需要注意的是，专业关系建立以社会调查员与调查对象共同签署调查协议，伴随着法律关系的产生而出现。专业关系以社会调查员与调查对象第一次正式谈话开始，以社会调查员向委托机构递交社会调查报告为终点。

2. 社会调查员与调查对象建立专业关系时需要注意什么？

社会调查员作为来自第三方机构的工作人员，身份区别于司法人员，工作内容也与司法机关不同，因此社会调查员对待调查对象不能够将自身视为司法人员来对待调查对象。值得注意的是，社会调查员与调查对象从陌生到逐步沟通、了解，以至彼此适应的过程中，社会调查员与调查对象在建立专业关系过程中可能会逐渐趋于朋友关系，有可能也会伴随产生友情，这种情感可能导致社会调查员无法保持中立的价值态度，所以社会调查员应时刻保持理性的工作思维，避免过于亲密的关系出现。

另外，专业关系是一种暂时性的工作关系，社会调查员需要时刻提醒自己，当社会调查工作终止或结束时，即法律关系终止，社会调查员需要与调查对象结束工作关系。

3. 社会调查员与调查对象的监护人建立关系时需要注意什么？

调查对象均是未成年人，所以社会调查员需要告知调查对象的监护人关于社会调查工作的开展，同样通过自我介绍使被委托人的监护人了解社会调查工作的开展是帮助未成年人维护个人权益的具体实施举措，以及调查结果对调查对象的案件的结果可能带来的影响，使他们能够接纳并配合社会调查工作的开展。除此之外，调查对象尽量与调查对象的监护人建立互助关系，相互支持形成联盟效应，合力为调查对象提供更多支持力量。

4. 社会调查员与调查对象的所在环境中的相关人群建立关系时需要注意什么？

社会调查员需要尽可能围绕调查对象所在环境中的相关人群进行社会调查，以保证社会调查内容充实、全面。因此，社会调查员同样需要与他们建立关系，方法同于社会调查员与调查对象的监护人建立关系的方法，着重强调保密原则，以保护调查对象的个人权益，使调查对象感到安全感。

5. 在某些具体案例中，社会调查员需要与被害人调查沟通时应当注意什么？

在某些案例中，被害人与调查对象是具有亲密关系的亲人或好友，或者是在生活中彼此相互熟悉的同伴，这时社会调查员可以从被害人角度进行社会调查，但是在沟通过程中，社会调查员需要保持价值中立的态度，切忌使被害人感到自己的立场没有得到同情，反而被孤立在外。另外，社会调查员必须遵从保密原则，对于收集到的信息资料严格保密，切实保护被害人的自身利益，避免受到二次伤害。

6. 当调查对象对社会调查工作产生质疑时，社会调查员如何处理？

调查对象被动接受社会调查员的工作，对社会调查工作及帮教工作并不了解，他们可能会对社会调查员产生怀疑或排斥的心理，所以建立关系是必要的。社会调查员需要对调查对象进行详细的自我介绍，解答调查对象对社会调查工作及社会调查员本身的一切相关疑问，使调查对象清楚了解社会调查工作开展的目的、意义，以及调查结果对调查对象的刑事案件结果可能带来的积极影响。

7. 当调查对象的监护人对社会调查工作产生质疑时，社会调查员如何处理？

调查对象的监护人往往从调查对象的利益出发考虑，担心社会调查工作可能对调查对象的刑事案件带来负面影响，或者对调查对象的学习或工作生活带来不利影响，面对这些质疑，社会调查员可以着重与调查对象的监护人进行解释，使对方了解社会调查工作对未成年人个人权益的维护方式，调查结果对调查对象的刑事案件可能带来的积极效果，以及社会调查员专业的支持方式能够使调查对象回归社会自我成长和发展有所提升，更要使其监护人明确社会调查员与他们可以互相支持帮助，形成同盟效应，为调查对象提供更强大的支持力量。

如果调查对象的监护人对社会调查员的身份质疑，社会调查员可以向调查对象出示司法机关的委托书及社会调查员工作资质证明。

8. 社会调查员如何进行自我介绍？自我介绍时需要注意什么？

社会调查员对调查对象作自我介绍的内容包括：

（1）社会调查员的身份、姓名、工作单位名称、委托单位名称等基本资料。

（2）社会调查工作的内容、意义，以及目标。

（3）社会调查工作开展的形式，持续时间长短，约见访谈的频率。

（4）外围社会调查的提前告知。

（5）保密原则的申明。

（6）社会调查对象个人权益的告知。

（7）解答调查对象的疑问。

社会调查员进行自我介绍是建立关系阶段的第一要事，因为第一印象至关重要。所以，社会调查员的自我介绍时间不宜过长，介绍内容覆盖全面，但要求简明扼要，切记不要使调查对象感到疲倦和反感。另外，社会调查员在自我介绍过程中，也要与调查对象进行互动，使调查对象充分地感受到被尊重和接纳，切勿形成一问一答，社会调查员主动调查对象被动的沟通模式与氛围。

9. 如果调查对象在已经清楚地了解调查工作后仍然不接纳社会调查工作时，社会调查员该如何处理？

社会调查员可以尝试与调查对象的监护人建立起良好的专业关系，调动调查对象的监护人对调查对象进行鼓励和监督，说服调查对象配合社会调查员的工作开展。

10. 如果调查对象的监护人在已经清楚地了解调查工作后仍然不接纳社会调查工作时，社会调查员该如何处理？

社会调查员可以尝试再次澄清工作内容，打消他们存在的怀疑和顾虑。如果他们依然坚持拒绝社会调查工作，根据2012年新修订的《刑事诉讼法》第二百六十八条规定：公安机关、人民检察院、人民法院办理未成年人刑事案件，根据情况可以对未成年犯罪嫌疑人、被告人的成长经历、犯罪原因、监护教育等情况进行调查。所以，社会调查员可以请委托单位的工作人员再次出面，请司法人员从法律程序方面，尽量说服他们配合社会调查工作的开展。

但根据目前的法律规定，社会调查工作并不是强制性的，因此，如果司法机关工作人员的说服也无效，那么社会调查员可以根据司法机关的决定，尊重调查对象及其监护人的意愿，不再强求他们，但需要向委托机构作出书面说明。

社会调查员需要了解自己开展工作是受到司法机关的委托，因此社会调查员不能擅自做主决定是否终止社会调查工作。

11. 当调查对象滔滔不绝地倾诉，却偏离社会调查员需要的信息太远时，应该如何处理？

在时间等条件允许的前提下，社会调查员可以倾听调查对象的倾诉，倾听也是建立关系的技巧之一。但是，如果受时间等条件限制，社会调查员必须在有限的条件下尽量收集资料，完成社会调查工作，那么社会调查员需要掌握访谈气氛与主题脉络，适时地打断调查对象，引导调查对象围绕调查内容展开表述。但是，社会调查员的打断和引导切忌生硬，使调查对象感到自己未被尊重和理解，产生不安或厌烦感。

12. 当调查对象保持沉默寡言时，社会调查员如何处理？

调查对象保持沉默寡言可能有多种原因，社会调查员需要进行准确评估，然后选择处理办法。如果调查对象对社会调查工作还存在疑问或顾虑，他可能会选择沉默，这种情况下，社会调查员需要再次介绍和澄清社会调查工作的内容，使调查对象打消心中的疑问和顾虑。在遇到一些对调查员持防备心理的调查对象，社会调查员应适时、适度地采取自我表露技巧，与调查对象产生共情，促进调查对象接纳和信任社会调查员。

如果调查对象个性本就内向，不善言表，社会调查员可以从调查对象感兴趣的事情或话题入手，调动调查对象的积极性，肯定和鼓励调查对象，使他在表达中获得成就感，从而逐渐引导他偏向调查主题。

13. 当调查对象向社会调查员求助希望向家人或好友传递信息时，社会调查员如何处理？需要注意什么？

社会调查员在开展社会调查工作及帮教工作过程中，可以为调查对象提供帮助和支持，所以社会调查员可以接受调查对象的求助，帮助他向其家人或好友传递信息，并将反馈回的信息传达给调查对象。但是，需要注意的是，社会调查员不得泄露案情妨碍司法公正。因此，社会调查员必须确定传递的信息与案情毫不相关，并且要经过评估确定传递的信息不会对调查对象造成不利影响。

调查对象向社会调查员求助有可能是一种试探，检验社会调查员是否会如同自己所说为调查对象提供帮助，这是信任关系建立的一种尝试，为调查员与调查对象专业关系的建立提供了机会。因此，如果试探成功，社会调查员与调查对象的关系建立将会得到促进。

14. 当调查对象提出希望避谈某一话题时，社会调查员如何处理？

当调查对象提出希望避谈某一话题时，社会调查员可以询问其回避的原因，如果调查对象将原因表述清楚，根据尊重、接纳、自决等价值基础，社会调查员可以不再继续追问。但有时，随着关系的建立，调查对象可能不再坚持回避，愿意与社会调查员谈论，所以社会调查员可以在这之后再次尝试补充询问之前的话题。如果调查对象仍然坚持回避，社会调查员应该尊重调查对象，可以尝试从外围社会调查中收集资料。

15. 当社会调查员尝试一段时间后，仍然未与调查对象建立起专业关系怎么办？

如果社会调查员经过尝试未能与调查对象建立专业关系，那么社会调查员需要反思自己的方法策略是否需要调整，如何调整。

如果社会调查员遇到了阻碍，不知道自己采用的方法策略为何无法奏效，也不知道如何调整的情况下，可以寻求机构内部的支持，如督导。

但是，社会调查员开展社会调查工作的期限受制于司法流程，因此社会调查员尝试一段时间后仍然无法与调查对象建立专业关系，无法顺利开展社会调查工作，那么为了工作效率与效果，社会调查员可以向工作单位提出转介，将案件移交给另外的社会调查员。

16. **法律关系需要持续多久？专业关系需要保持多久？何时可以结束？如何结束？结束后是否可以转为其他关系？**

在社会调查工作中，社会调查员与调查对象间的法律关系伴随着案件的结案而结束，因此，当社会调查员结案时，递交社会调查报告之时，法律关系便随之结束。专业关系则需要持续到社会调查及帮教工作阶段中，社会调查员需要持续建立并维护专业关系，直至结案。

结案时，社会调查员必须结束与调查对象建立的专业关系。社会调查员需要在结案之前提前开始做结案准备，如提前告知调查对象结案的意义，结案时间，使调查对象提前了解并有充足的时间减少对社会调查员的依赖。

结案后，专业关系必须结束。否则，拖延结束或不结束，都将会给社会调查员的工作及生活带来不便，甚至成为负担。但是，其他关系的成功转化也可以成为专业关系的结束。例如，在结案之后，社会调查员与调查对象成为一般意义上的“朋友”，调查对象不再对社会调查员具有专业依赖或需要，不会对社会调查员的工作及生活造成影响，那么，也就意味着社会调查员与调查对象的专业关系已经结束。

第七章　涉罪未成年人社会调查的资料收集

一、社会调查资料收集的含义

1. 什么是资料收集？

资料收集，是社会调查工作过程中，社会调查员对调查对象所有相关风险评估资料与社会资源信息进行系统整理和分析的过程。社会调查工作中的资料收集分为三个环节。第一，接案阶段的资料收集，即对调查对象的基本信息进行收集和整理，了解调查对象概况，为之后的工作开展作初期准备。第二，介入干预前的资料收集。这一环节的资料收集，是社会调查员接案后工作的第二阶段，也是决定后期社会调查员工作效果的重中之重。虽然在关系建立阶段社会调查员也会收集一些相关资料，但鉴于时间关系，那时的资料收集通常比较简单，不够细致。翔实、深入地收集调查对象资料，也是司法机关委托社会调查员开展社会调查工作的主要目的之一。资料收集越详细，越有利于后期对调查对象所存在的问题进行发现和解决。第三，结案阶段的资料收集，即将社会调查工作中调查对象的个人习作、社会调查员出具的社会调查报告等文字材料进行收集、归档。

2. 收集资料时应遵循哪些原则？

社会调查员在进行资料收集时应遵循告知、相关、全程、理解、科学性、遵循法律等工作原则。

3. 什么是收集资料的告知原则？

告知原则，即调查对象必须知道资料收集的来源。也就是说，社会调查员要告诉调查对象，资料收集会在哪些领域展开。作为社会调查员而言，尊重调查对象是必需的，要对自己即将开展的工作对调查对象进行告知。如果调查对象不同意，则可以采用其他替代手段，如要求调查对象说出理由，改善收集资料的方法，从其他领域获得资料等，但最终社会调查员应尊重调查对象个人的选择。

4. 什么是收集资料的相关原则？

收集资料不仅仅只是社会调查员一个人的事情，是社会调查员与调查对象双方联合的一个过程，调查对象应参与到资料收集的过程中来。而社会调查员所收集的资料，应该与调查对象面临的问题有关联性，通过有针对性地收集资料，发现调查对象所面临的问题并制订相关帮教计划。

5. 什么是收集资料的全程原则？

资料收集工作并不仅限于社会调查工作中的某一时间点，而是应该贯穿整个工作过程。尤其对于问题诊断、计划制订及评估这几个阶段而言，特别需要进一步地开展资料收集工作。只有深入、详尽地对调查对象相关资料进行收集，才能保证社会调查工作的完善性和有效性。

6. 什么是收集资料的理解原则？

在资料收集过程中，社会调查员要进行换位思考，理解调查对象对于资料收集所涉及领域的看法，体察调查对象在这些领域中的情感以及他们可能会采取的任何行动。对调查对象个人情感、想法和行动的理解，有助于社会调查员更准确、完善地收集调查对象的相关资料，并进行下一步的干预介入。

7. 什么是收集资料的科学性原则？

在资料收集，尤其是干预介入前的资料收集过程中，社会调查员所运用的基本方法和调查的维度建立在社会学、心理学、生物学、犯罪学等学科研究基础之上，是通过专业理论指导和实践应用的研究得出的，其获取信息的手段和技巧都经过专业的学习和培训。

8. 什么是收集资料的遵循法律原则？

在社会调查员与调查对象访谈进行资料收集的过程中，一定要遵循有关法律，不得使用恐吓、欺骗、威胁、引诱、交易等违反法律规定的行为获取调查对象信息。这也是社会调查对象开展工作的最基本原则。

二、社会调查资料收集的内容

（一）资料收集的阶段与内容

1. 社会调查工作中的资料收集分为哪些阶段？

社会调查工作中的资料收集分为三个阶段。第一，接案阶段的资料收集，即对社会调查对象的基本信息进行调查和整理，制作接案登记表。一方面，通过对基本信息的收集，社会调查员可以对调查对象的大概情况有所了解，以便之后社会调查工作的开展。另一方面，接案登记表的制作可以保证案件档案的完整性。第二，干预阶段的资料收集。对于社会调查工作而言，这一阶段的资料收集尤为重要。通过对社会调查对象个体因素及环境因素的调查了解，可以帮助社会调查员发现导致涉罪未成年人实施违法行为的个体原因及外在原因所在，在干预介入过程中更有针对性地开展工作。第三，结案阶段的资料收集，即对社会调查工作中运用的专业习作、社会调查员出具的社会调查报告等文字材料的整理、收集。这一阶段的资料收集，一方面有助于社会调查员总结之前的工作经验、进行自我评估，另一方面也使案件归档更为完整。

2. 接案阶段的资料收集包含哪些内容？

在接案阶段，社会调查员需要了解调查对象的基本情况。在与司法机关的合作过程中，社会调查员在接案时应对调查对象的姓名、性别、身份证号码、籍贯、户籍所在地、家庭成员及联系方式、案由、涉案时间及案件的基本案情等情况进行了解和登记，并制成接案登记表。

一方面，基本情况的资料收集有助于社会调查员对调查对象进行初步了解和预估，以便之后开展更为详尽的工作。另一方面，接案登记表是社会调查机构案件档案管理的重要组成部分之一。

3. 结案阶段的资料收集包含哪些内容？

在社会调查过程中，社会调查员会运用专业习作引导调查对象进行自我剖析和反思，使调查对象能够更清晰地认识到自身的优势与不足，寻求问题的解决和优势的发展。同时，在社会调查员与司法机关的合作中，需要向司法机关提供社会调查报告，为司法人员对涉罪未成年人案件的处理提供参考依据，而社会调查机构也需要将社会调查报告留底归档。

在结案阶段的资料收集工作，便是将社会调查工作过程中，如专业习作、社会调查报告等文字性材料进行整理、归档，使每个调查对象的工作档案得以完成保存。

4. 介入干预前的资料收集包含哪些内容？

社会调查收集资料可分为调查对象个体、外界环境及历史因素三个大的维度。其中，个体维度包括调查对象的生理心理状况、态度特征、行为特征、认知思维模式等；外界环境维度涵盖调查对象的家庭环境、朋辈环境、学校环境、社区环境、社会文化环境以及在押调查对象的监禁环境等；历史维度则要求除对涉罪未成年人进行横向的社会调查外，还需进行纵向的个体调查，追溯个体的历史生活轨迹。

5. 介入干预前的资料收集，对象都有哪些？

在资料收集的过程中，社会调查员的首要调查对象便是涉罪未成年人本身。通过与涉罪未成年人的深入访谈，发现其自身存在的问题，加以正向干预，使问题得到有效解决。

同时，社会调查工作应强调“人在情境中”，即个人的行为是个人与外在环境互动的结果。因此，对涉罪未成年人外界环境的资料收集也是尤为重要的。如上文所述，外界环境包含涉罪未成年人的家庭环境、朋辈环境、学校或工作环境、社区环境、社会文化环境、监禁环境等。因此，涉罪未成年人的家人、朋友、同学、老师、邻里等也都是社会调查工作中资料收集的对象。

（二）围绕社会调查对象个体因素收集资料应包含的内容

1. 围绕社会调查对象个体因素收集资料应包括哪些内容？

在社会调查工作中，涉罪未成年人系统的资料收集主要涵盖涉罪未成年人的成长经历、生理心理状况、行为习惯、认知思维模式等内容。其中，生理心理状况、行为习惯、认知思维模式等是对调查对象个体维度进行的资料收集；成长经历则是对调查对象的历史维度进行的资料收集。

2. 为什么要关注涉罪未成年人的成长经历？

在个体的发展过程中，早年经历对其人格、思维观念、行为等造成的影响至关重要。例如，据有关研究表明，在儿童时期遭受过家庭暴力的孩子往往在长大后更容易实施暴力行为。特别是调查对象在成长过程中，如果长期存在打架、损害他人财物等行为，也是需要关注的重点，因为这与他们犯罪行为的形成有着较大影响。因此，通过对涉罪未成年人成长经历的了解，可以发现其产生偏差认知、实施违法行为的潜在因素，为之后的干预介入提供帮助。

3. 为什么要关注涉罪未成年人的生理心理状况？

犯罪生理学认为，犯罪行为与人类生理状况有紧密联系。而青少年相较于成年人来说，生理发育尚不成熟，更易因此引发犯罪行为。例如，青少年大脑的前额叶皮质层直到 25 岁才发育完成，而这一区域负责事前计划、情绪控制及权衡利弊的功能，因此，青少年相较于成年人更容易产生冲动、盲目的行为。对涉罪未成年人生理状况的了解，有助于社会调查员分析其犯罪原因、制订相关帮教计划，同时也能够为青少年个体犯罪行为与生理情况的关系这一方面的研究作出贡献。

涉罪未成年人的心理状况也是导致其实施违法行为的重要因素。例如，据有关实践证明，脾气急躁、情绪稳定性较弱的青少年更易实施暴力行为。对涉罪未成年人的心理状况进行了解，有助于社会调查员分析其犯罪原因，并在之后的工作中制订具有针对性的帮教计划。

4. 为什么要关注涉罪未成年人的行为习惯？

很多实施违法犯罪行为的青少年都存在一定程度的不良行为习惯，如夜不归宿、网络沉溺等，而这些不良行为习惯正是引发他们实施违法行为的潜在原因。对涉罪未成年人日常行为习惯的了解，有助于社会调查员及时发现调查对象个体的偏差行为，并制订有针对性的帮教计划，对调查对象存在的另类行为问题进行有效处理。

5. 为什么要关注涉罪未成年人的认知思维模式？

青少年时期个体心智尚不成熟，在受到外界影响后，容易对事物产生偏差认知。例如，很多青少年对于“哥们儿义气”都存在偏差认知，认为所谓义气就是在朋友有难的时候“两肋插刀”，而采取的方式大多以打架殴斗为主。因此，在社会调查工作中，对于涉罪未成年人个体偏差认知的了解和调整，也是社会调查员工作的重点之一。另外，值得一提的是，由于本书中的社会调查工作是与司法机关合作，对涉罪未成年人群体展开的。因此，在认知思维模式中，也应重点关注涉罪未成年人对法律、法规认知情况，提高涉罪未成年人的法律意识，树立对国家法律的权威性认知。

（三）围绕社会调查对象环境因素收集资料应包含的内容

1. 什么是社会调查对象的外围环境因素？

在社会调查工作中，除了对社会调查对象的个体因素进行调查了解外，还需对他的外围环境因素进行相关资料的收集。外围环境因素，包括社会调查对象的家庭、学校、工作单位、社区等环境。另外，对于涉罪未成年人来说，由于所处境况的特殊性，监禁环境也是其重要的环境因素之一。

2. 家庭系统都包括哪些内容？

家庭系统的资料收集涵盖以下内容：

（1）家庭基本信息：家庭成员及其现状，是否有违法犯罪记录、受教育程度如何等。

（2）家庭经济情况：家庭收入水平和生活质量，能否为涉罪未成年人提供经济方面的支持。

（3）家庭互动关系：涉罪未成年人与家人的沟通情况；家人能否承担对涉罪未成年人的监管和教育责任、教育方式及效果如何；家族成员之间的感情状况，是否存在矛盾，家庭结构是否完整，能否为涉罪未成年人提供良好的情感支持等。

实践证明，家庭因素在涉罪未成年人违法事件中往往扮演重要角色。例如，很多实施犯罪行为的青少年来自于监管过严或处于失管状态的家庭。对涉罪未成年人家庭情况的了解，有助于社会调查员发现调查对象家庭层面的问题，并予以及时、有效地干预介入。

3. 朋辈群体系统包括哪些内容？

朋辈群体系统的资料收集涵盖以下内容：

（1）群体范围，即涉罪未成年人交往群体来源，是同学、同乡，还是玩伴等。

（2）群体成员现状，即群体成员的发展现状，是工作、上学，还是赋闲在家等。

（3）群体规范（群体亚文化），在涉罪未成年人的交往群体中存在怎样的群体规范，认知、行为层面皆包含在内。例如，很多青少年群体中存在对“哥们儿义气”的偏差认知；或存在网络沉溺、夜不归宿等不良行为习惯。

（4）群体互动关系，涉罪未成年人在朋辈群体中扮演怎样的角色，朋辈群体对他的影响程度如何等。

4. 社区系统包括哪些内容?

社区系统的资料收集涵盖以下内容：

（1）社区物质条件：主要包括硬件设施和软性设施。针对未成年人，前者，主要是指活动设施建设，如科技、体育、文化等大型活动场所建设，可以为社区未成年人提供一个互助、娱乐、健身和交往的场地。后者，是指各种丰富的业余活动和社区服务，如外语、计算机网络知识、科普知识、实用技能培训活动，职业介绍、信息咨询服务等。

（2）社区文明程度：和谐融洽的社区环境，相敬如宾的邻里关系，积极向上的精神气氛，必然培养出一代有教养、讲文明、懂礼貌的孩子。相反，如果社区人文环境恶劣，打架斗殴时常发生，赌博之风盛行，邻里之间关系紧张，黄色污染泛滥，必然对未成年人产生潜移默化的影响，以致受其毒害步入歧途。

（3）社区融入程度：这一维度在社会调查员对外地户籍的涉罪未成年人开展工作时尤为重要，属于流动人口中的未成年人的城市社区融入必须是他们在经济生活、社会生活和心理层面上全面适应和融入城市的过程。实际上，进入城市，他们想冲破障碍因素，但融入城市十分困难，成为城市边缘群体难以避免。社会调查员需要对他们这一特殊群体给予特别关注。此外，社区融入也包括对有过犯罪经历的未成年人的接纳程度，即社区能否予以涉罪未成年人接纳和尊重的态度，使他们在有过犯罪经历后能够顺利融入新的生活。

5. 学校系统包括哪些内容?

（1）人文环境：在社会调查对象所求学的学校中，是否存在偏差、恶劣、易给未成年人造成不良影响的人文风气。例如，在打架现象严重的学校，未成年人更易实施暴力行为，引发犯罪事件。

（2）监管条件，即未成年人所处的学校能否对他们进行良好有效的监管和教育，如果采取松散、放任的管理方式，则有可能间接引发未成年人的偏差或违法行为。

（3）融入程度，即学校对涉罪未成年人的接纳态度，是否愿意继续接受他们回到学校中继续学习，为他们融入新的生活提供一定支持。

6. 工作环境系统包括哪些内容？

与学校系统所涵盖的内容类似，对社会调查对象的工作环境进行资料收集也包括工作单位的人文环境、对涉罪未成年人的监管条件、融入程度等三个部分。工作环境中的人文风气是否良好，是否存在可能给未成年人造成不良影响的不良风气；工作单位能否为未成年人提供良好有效的监管；在涉罪未成年人有过犯罪经历之后，工作单位是否愿意接纳他们回归，给予工作机会。

7. 监禁环境系统包括哪些内容？

在涉罪未成年人的案件审理过程中，未成年人在监禁内会被暂时羁押，时间或长或短，社会调查员的调查工作也主要将在监禁环境下进行。监禁环境系统包括：一是监禁环境中的物理环境。二是监禁环境中的管理人员。三是监禁环境中调查对象的同号伙伴。四是监禁环境中内部人员的互动情况。五是监禁环境中存在的亚文化——“潜规则”。

三、社会调查资料收集的基本方法

1. 收集资料时常用的方法都有哪些？

最常用的资料收集方法，包括访谈法、观察法等。但由于在资料收集阶段社会调查员需要对调查对象的相关信息、资料进行更为全面、翔实的收集和了解，因此所采用的方法也更加多样。例如，文字材料收集法、习作法和调查问卷法等。

2. 什么是访谈法？

访谈法，是社会调查过程中最主要的方法之一，访谈过程实质上是社会调查员与调查对象交流互动的过程。在这一过程中，社会调查员可以与调查对象互相了解，掌握调查对象信息。访谈法依照不同标准有多种分类方法。例如，根据访谈者与被访者交流方式，可分为面对面的直接访谈以及通过电话、网络等进行的间接访谈。若按照访谈的方式和内容，则可分为以封闭式或半开放式提问为主的结构式访谈；以完全开放性提问为主的非结构式访谈。不论采用何种访谈方式，所有调查阶段开展的访谈都应形成书面的访谈记录。

3. 什么是深度访谈法?

深度访谈，又称临床式访谈，是为收集个人特定经验的过程及其动机和情感资料所做的访谈。它选取所需调查的某些层面向调查对象提问，虽然访谈的结构是松散的，但侧重点却是聚焦的，也称之为聚焦式访谈。深度访谈是在对调查对象问题初步预估的基础之上，为了澄清和确认核心问题而进行的访谈。

由于在资料收集阶段社会调查员必须掌握调查对象各维度的全面资料，因此这一阶段的访谈不再限制于与调查对象本人的面对面直接交流，而是应当在条件允许的情况下尽可能多地与调查对象相关联系人开展多种形式的访谈。同时，本阶段的访谈不再以客观陈述为主，而是应当开展更为有效的深度访谈。

当调查人员发现某位青少年犯罪调查对象的犯罪原因与其家庭有很大关联时，便可以将调查中某次访谈的重点放在对调查对象家庭环境资料的了解和收集上。访谈的内容可以围绕调查对象家庭结构的完整性，家庭功能是否健全、家庭沟通模式、子女与父母的关系等层面，访谈可以不拘泥于某一个问题，而是重在所获取信息的全面性和深度上。

这一阶段，非面对面的间接式访谈也会经常被运用，由于调查对象生活中相关人员往往较多，需要访谈的对象较多，且许多访谈对象远在外地，许多面谈过于耗费时间精力、调查成本过高，这时，通过电话、邮件、网络聊天工具等进行间接访谈就变得非常有必要。间接访谈的内容和直接访谈类似，但由于双方的交流仅限于语言层面，缺少了面谈时对被访谈人员的观察，所以特别要求社会调查员注重语言表述的准确性，对于对方提供的信息也要保证清晰、准确。

4. 什么是观察法？

观察是对调查对象或资料的直接感知与判断，社会调查员通过观察，判断调查对象的精神状态、专注度及完善其他基本信息非常有必要，随着经验的积累，观察往往可以获得访谈达不到的效果。

按照观察者的角色，观察法可分为置身观察物外的局外观察和亲身参与体验的参与式观察；根据观察程序不同，可分为有明确观察范畴的结构式观察和无明确观察规定的非结构式观察。[①]在资料收集阶段，社会调查员一般采用的是局外非结构式观察。这种观察方法，为社会调查员进一步了解调查对象的行为、文化或环境及后续工作奠定基础。[②] 由于非结构式观察不要求调查者事先专注于调查对象的特定行为特征，而是当调查对象在交流时出现某一行为或表情、神态时予以留意和记录，因此它往往会被当作访谈法的一种补充，从观察到的内容帮助了解和描述调查对象。

实际工作中，社会调查员应当具备两种基本能力：一是察觉调查对象细微变化的敏感力，如服饰、动作、情绪、言语等。二是对被观察到的调查对象信息的判断、取舍能力，做到收集有用信息，排除干扰信息。[③]

5. 什么是文本材料收集法？

社会调查员可以通过查找与调查对象信息有关的已有的文字

---

① 袁方主编：《社会研究方法教程》，北京大学出版社 1997 年版。

② 袁方主编：《社会研究方法教程》，北京大学出版社 1997 年版。

③ 翟进、张曙：《个案社会工作》，社会科学文献出版社 2001 年版。

来获取调查对象有关资料。这里的文本资料，是指包含或反映调查对象个人信息的档案、证书、证明等相关文字记录，它们可能来自调查对象的家庭、学校、社区以及工作单位等。收集调查对象已有文字材料，可以大大提高社会调查员的工作效率，有助于全面了解调查对象情况。在资料收集时，一定要保证调查对象资料的真实性，不能让错误信息干扰社会调查员对调查对象的判断。

在与司法机关合作时，司法机关一般应为社会调查员提供调查对象的相关卷宗进行信息的查阅，其中包含调查对象个人基本信息、违法情况记录、司法机关审讯笔录等，这往往会成为一名社会调查员了解其调查对象的第一手材料，加之信息来源、内容较可靠，因此十分重要。但这类文献资料往往是对外保密的，社会调查员必须坚守保密原则，不可利用这些资料影响司法人员办案过程，更不能未经允许取阅、复印、污损，对待卷宗必须认真谨慎。

在收集文字材料时，还应留意收集与调查对象成长经历相关的历史资料。对于司法社会调查来说，调查对象成长经历中是否有过相关犯罪前科或其他不良行为记录非常重要。对于前科的认定，在刑法上是指曾经被人民法院判处过拘役、有期徒刑以上的刑罚，并且已经执行完毕的人又重新犯罪，这可以成为社会调查员判定的重要依据。

除司法机关可能提供的资料外，调查对象的其他资料则需要社会调查员从多方收集，在实际工作中可以提醒调查对象及家属、朋友、老师、老板等直接关系人，如果有调查对象相关的文字材料，可以向社会调查员提供，但应是在对方同意的前提下进行，并通过多方资料对比，确保资料完整性。

6. 什么是社会调查问卷法?

在社会调查员与案主交流过程中，会使用多种习作或调查量表。这两类辅助性工具，可以用于案主不能直接当面用语言表述个人观点时的情况；同时，通过语言以外的表达方式获取资料往往会得到访谈所难以获得的深层信息。

问卷调查法，也称书面调查法，是指用书面形式间接收集研究材料的一种调查手段。通过向调查者发出简明扼要的征询问卷或表格，请示填写对有关问题的意见和建议而间接获得材料和信息的一种方法。问卷的使用比较容易直接获取社会调查员需要的信息，从案主的个体、家庭、学校、社区等相关资料收集到的各方面内容，都可以作为问卷的题目。问卷的设计需要注意，必须保证问题语言的简单，避免双层含义的问题，问题不能带有倾向性，不使用否定式问句，不问受访者一定不知道或很敏感的问题，给出的问题回答范围应明确。①

社会调查员的社会调查问卷量表，包括心理学的智力、情商、心理、性格、行为等多种量表，首都师范大学少年司法社会工作研究与服务中心使用的风险评估量表，其实也是量表的一种。该量表融合了社会学、心理学与犯罪学等多方面的研究成果。

7. 什么是习作法？

在社会调查员与案主交流过程中，会使用多种专业习作。这类辅助性工具，可以用于案主不能直接当面用语言表述个人观点时的情况；同时，通过语言以外的表达方式获取资料往往会得到访谈所难以获得的深层信息。习作法具有很大的灵活性，调查员往往可以从中获得更多有用信息，因此，也值得推荐。一般包括自画像、家庭结构图、社会关系网络图、生命线、原生家庭、20个我、我的五样等。下面仅简要介绍其中最常用的三种。（更多习作，详见附件）

（1）“原生家庭”习作

原生家庭习作采用表格形式，由案主在工作纸上将与自己关系密切的主要社会及家庭成员列出，然后分别写出他们的优缺点及对案主本人的影响。通过这一习作，案主的生态系统信息可以更为直

① 翟进、张曙：《个案社会工作》，社会科学文献出版社 2001 年版。

观以及全面地反映在调查员面前。同时，该习作也可成为调查员在后期为案主修复社会及家庭成员间关系的重要参考和依据。

（2）“20个我”习作

“20个我”，要求案主以“我是一个……的人”为模板写出20个自我评价的词语或句子，这对调查员了解案主性格等特征很有帮助。同时，也可借助本习作了解案主的价值观以及案主的优缺点，为后期的帮教提供方向。需要注意的是，调查员需要在后期帮教中注意从优势视角出发，既看到案主的问题，也注重和肯定案主的优势，为其回归社会提供正向的引导。

（3）“我的五样”习作

“我的五样”习作，是由五个选项所构成的。它们包括：亲情、友情、爱情、健康与金钱。通过调查员的引导，使案主确定逐一失去它们的顺序，并进行提问和分析。据此，则能够了解案主在日常生活中的价值判断，从而调查到案主的真实信息。

四、社会调查资料收集过程中的问题处理

1. 如何确定收集资料过程中信息的真实性？

为保证资料真实、准确和完整。对于资料真实性的检验，可采用以下方法：

（1）运用追问方法或澄清方法，就不真实的地方与调查对象进行二次或多次确认。如果调查对象说谎，那么回答内容很容易出现前后不一致的情况。

（2）根据已有经验和常识进行判断，当出现与之相违背时，根据事实核实。

（3）根据材料内在逻辑进行核实，当发现前后矛盾或违背逻辑时，要找出问题进行澄清。如果确有问题，应及时剔除。

（4）利用资料之间的比较进行核实，多方比对，如涉罪未成年人本身、家庭成员、朋辈群体或工作伙伴等，找寻其中是否存

在不一致的信息。

（5）根据资料来源进行判断，一般当事人反映的材料比局外人更可靠些。

2. 当涉罪未成年人及其家庭、朋辈群体等外围环境提供的信息不一致时，该如何处理？

在资料收集的过程中，当出现涉罪未成年人自身与家庭、朋辈群体等外界环境所提供的信息不一致时，社会调查员首先应该就不一致的部分进行多方比对，找出其中明显的矛盾点，并就具体的矛盾点进行有针对性的访谈。如果通过多次、重点访谈，各方仍各执己见，社会调查员应将该情况客观地呈现在《社会调查报告》中，而不能依靠自身推断进行撰写。

同时，对于始终存在不一致情况的信息点，社会调查员应该敏锐地发现其中隐含的问题，予以重视，并在以后的工作中重点关注。例如，社会调查员曾遇到过调查对象与其父亲在父亲再婚问题上所述信息存在差异，且双方均肯定自己的说法。在此情况之下，社会调查员发现其中蕴含着调查对象与父亲之间情感联结方面存在的问题，并着重在干预介入过程中进行解决。

3. 在资料收集过程中，调查对象与社会调查员语言不通时，应该怎么处理？

按照法律规定，少数民族有使用本民族文字和语言的权利。在实践中，遇到少数民族语言不通的情况，调查员通过所在机构寻找志愿者或专职翻译人员解决，如果调查机构本身不能解决的，委托机构应提供这样的便利和支持。

在我们所接触的涉罪未成年人中，有一部分人来自外地，且普通话水平有限，无法与社会调查员进行顺利沟通。对此，社会调查员可以积极调动身边可利用的资源，找寻能够与调查对象进行沟通的志愿者，帮助社会调查员开展资料收集的工作。

例如，在首都师范大学少年司法社会工作研究与服务中心所承接的案件中，曾有一名涉罪未成年人是新疆籍，只能听懂极其简单的汉语，社会调查工作一度无法开展。社会调查员随即在中心的志愿者队伍中找寻资源，发现有一名志愿者也是新疆籍，且在京求学，汉语水平较高。社会调查员联系该志愿者参与到社会调查工作中来，通过翻译，帮助社会调查员与涉罪未成年人进行沟通，使工作得以顺利进行。

4. 当遇到理解、表达能力有限的调查对象，社会调查员该如何处理?

在社会调查工作中，社会调查员会遇到不同思维及表达能力的调查对象，有一些调查对象由于生理、学历、成长环境等因素的影响，理解能力及表达能力相对较弱。对于这样的情况，社会调查员首先应该遵从接纳和尊重的原则，对调查对象进行接纳，不能因为其理解或表达能力有限而产生负面反感情绪。

同时，对于该情况的调查对象，社会调查员应该在访谈时运用尽可能简单易懂的句式进行提问，或借助习作法来获取信息。当调查对象表示对问题难以理解时，社会调查员应对问题进行进一步解释，直至调查对象准确理解问题。对此，调查对象提供的信息，调查员应进行逐一核实。

5. 当社会调查员无法联系到除调查对象本人以外的其他资源时，该如何处理?

在社会调查工作收集资料的过程中，社会调查员可能会遇到调查对象无法提供外围环境的联系方式，且卷宗中也没有相关记录的情况。这样的情况，会对社会调查员进行多维度资料收集工作造成阻碍。

解决这些问题，一是调查员通过委托机关来寻求相关资料补充。二是分析社会调查对象不能提供相关资源的原因，针对不同情况进行处理。三是面对这一情况，社会调查员应及时告知委托机关，就能够掌握的维度进行深入详尽的调查了解，并就涉罪未成年人个体问题进行有针对性的帮教，一般采取认知疗法等方式，以达到预期效果。

第八章　涉罪未成年人社会调查中的问题评估

一、问题评估的概述

1. 在问题评估环节中，问题指什么？

在社会调查过程中，收集资料的目的是为了了解并分析导致社会调查对象违法犯罪的原因，即评估调查对象存在的问题。这些原因往往是由多种风险因素综合作用形成的，而这些风险因素又隐藏在调查对象的基本情况和个体需求之中。例如，调查对象个人的成长经历、家庭状况、经济状况、人际关系等；也包括调查对象的需求，如物质需求、精神需求和发展性需求等。

比如，物质需求的问题，相应地可能表现为调查对象失业、贫苦、家庭经济困难等。精神需求，包括有希望构建和谐的家庭关系、提升自尊、对个性的追求、被社会和他人接纳、摆脱当前困境或情绪困扰等。相应的，调查对象的问题则可能表现为家庭成员间的不良沟通模式、调查对象缺乏自信心、调查对象行为表现冲动、暴躁、非理性，或者情绪低落等。

2. 在社会调查中，对调查对象的问题进行评估指什么？

广义上的评估，可以理解为是一个决定问题的性质、原因、程度、情形的过程，评估的功能在于获得对问题及其成因的了解，并能够找出解决问题或把问题减到最小的方法。

在社会调查中，对调查对象的问题进行评估，是指针对调查对象产生的不良或违法犯罪行为的原因、程度、现状进行客观描述的过程。它是在收集资料的基础上，对调查对象的问题、调查对象系统的功能、调查对象与环境的互动等方面进行综合的分析判断，形成结论的过程。通过评估，社会调查员应该了解调查对象涉嫌犯罪是什么原因造成的，它对调查对象有什么影响，社会调查员可以通过哪些途径帮助调查对象解决问题。同时，社会调查员需注意确定调查对象的问题的轻重与先后次序，看是否需要马上处理一些对调查对象有严重的影响的主要问题。

3. 社会调查员进行问题评估的目的是什么?

了解调查对象对服务目标的期望，识别形成和延续调查对象的问题的主客观因素以及问题与环境的关系，运用这些资料形成对调查对象的问题的预测和假设，提出服务计划。

评估准确与否，直接影响计划的制订及服务的开展，有关调查对象的问题的资料收集得越全面，越有利于社会调查员作出准确的评估，制订出适合的服务计划。

4. 评估的工作目标有哪些?

评估的目标是对评估内容的指引。评估的目标主要包括：

（1）社会调查员要对调查对象的问题有清晰的陈述，要明确有什么样的问题，以及为什么会存在这样的问题。社会调查员应有足够的资料来描述问题的性质、范围和程度。

（2）社会调查员要对调查对象所处的系统有清楚的界定，调查对象存在的问题和哪些系统相关，如，是家庭、朋友、社区，还是学校。

（3）社会调查员要清楚地阐释调查对象和周围系统是如何互动的。

（4）社会调查员要整合所有的信息，为形成帮教计划做好准备。

依据评估的目标，社会调查员可以从微观、中观和宏观三个层面，对调查对象的问题、调查对象及其所处环境进行评估。[①]

---

① 中国就业培训技术指导中心编写：《社会工作者》（国家职业资格四级），中国劳动社会保障出版社 2008 年版。

5. 评估的信息来源有哪些？

评估有多种信息来源，主要有调查对象的口头报告、评估表、间接来源（如朋友、亲戚、邻居等）、心理测试、非语言行为、与重要的他人互动和家访，以及社会调查员从直接交往中得出的结论。

二、问题评估的特点

1. 问题的评估具有哪些特点？

一般而言，问题的评估具有以下特点：一是评估是一个持续、动态的过程。二是评估是一个社会调查员与调查对象共同参与、互动的过程。三是评估是一个多面向的过程。四是评估是一个个别化的过程。五是评估是一个知识整合的过程。

2. 如何理解评估是一个持续、动态的过程？

社会调查员在收集资料的过程中，会对调查对象进行一个简单的评估。而后，在制订计划、建立关系、介入等阶段，社会调查员也会继续进行评估，通过对调查对象问题重新界定和修订帮教计划，以确定帮教的合适性。

随着社会调查员与调查对象关系的建立、资料更准确和丰富，评估是可能被维持、修正或推翻的。因此，评估可能是一个不断确认、更新或修正的过程。它不仅是社会调查员工作开始阶段的焦点，更是持续、不断发展的动态的过程。

3. 如何理解评估是多方共同参与、互动的过程？

准确的评估依赖于社会调查员与调查对象共同参与和互动，这可以从三个方面来理解：

（1）如果没有调查对象的参与配合，社会调查员很难获得真实的、有效的辅导信息，也使社会调查员无法对调查对象的问题作出准确判断。

（2）社会调查员帮教的目的是为了挖掘调查对象的潜能，实现其个人成长。这是一个由难到易、循序渐进的过程。在评估阶段中，社会调查员通过鼓励调查对象共同参与问题的界定和分析，让调查对象尝试与社会调查员建立良好的互动模式，这就建立了调查对象判断、分析问题的能力，提升了调查对象尝试寻找解决问题的能力，最终实现其改变。

（3）通过这个共同参与、互动的过程，给社会调查员和调查对象提供了一个彼此适应的过程，有利于社会调查员思考其提供的帮教服务是否能满足调查对象的需要，调查对象是否愿意接受社会调查员提供的帮教等。①

此外，社会调查还需要司法机关对社会调查对象犯罪行为的侦查，主观恶性的评估、社会调查对象家人的参与，等等。这些多方的参与和互动，都是评估的基础和有力依靠。

4. 如何理解评估是一个多面向的过程？

评估是一个多面向分析和整合调查对象资料的过程，涉及“调查对象——情境”的多个方面。“多面向”，一是指问题的多样性，二是指问题解决途径的多样性。

在评估的过程中，社会调查员和调查对象首先要找到调查对象存在的问题，共同探索调查对象的问题产生的原因，分析调查对象的系统状况，评估解决问题的助力和阻力。

在问题及资源明确的基础上，社会调查员和调查对象要尝试寻找各种可能解决其问题的途径。依靠全面和多方位的评估，社会调查员和调查对象从不同角度对问题进行分析和界定，努力寻找实现改变的突破点，在所有罗列出来的可能解决问题的途径和方法中作出选择。②

---

① 中国就业培训技术指导中心编写：《社会工作者》（国家职业资格四级），中国劳动社会保障出版社2008年版。

② 中国就业培训技术指导中心编写：《社会工作者》（国家职业资格四级），中国劳动社会保障出版社2008年版。

5. 如何理解评估是一个知识整合的过程?

社会调查员处理调查对象的问题，除依据经验和常识、社会工作专业知识外，还需积累和整合其他知识，如生理学、心理学、社会学、社会福利政策等相关理论与方法，这样才能实现对调查对象的问题的科学阐释和准确评估。

三、问题评估的原则

1. 社会调查员进行评估时应坚持的原则有哪些?

一般而言，社会调查员在进行问题评估时，应坚持个别化原则、多方参与评估过程原则、警惕价值观偏见原则和避免将问题简单归因的原则。

2. 什么是问题评估的个别化原则?

社会调查员在日常工作中会接触大量的案例，会觉得调查对象的问题可能具有一定的相似性，但是调查对象个人能力、家庭状况、所在情境、正向或负向系统及其影响各不相同。例如，很多涉罪未成年人是因为盗窃摩托车而被抓，但每个人实施这一行为的原因、认罪悔罪态度、回归社会后避免类似行为发生的能力等方面是不一样的。为此，社会调查员在评估每个调查对象的问题时，要因人而异、区别对待，不能以单一的方法、过往经验，笼统概括、分析、评估调查对象的问题。切不可依据个人经验，主观武断地对调查对象进行分类或“标签化”处理。①

3. 什么是多方参与评估过程原则?

虽然社会调查员对调查对象的问题有自己的判断，但有些时候，这种判断并不一定能够得到调查对象的认同。为了保证社会调查的客观性和真实性，社会调查员需引导调查对象参与、认定评估过程，社会调查员不可单方认定。如果调查对象认为社会调

① 隋玉杰:《个案工作》，中国人民大学出版社 2007 年版。

查员对自己的认定是不当的，社会调查员需要和调查对象就相关问题作进一步探讨和澄清。[①] 此外，鉴于司法社会调查的特殊性，问题评估还需要司法机关的参与，调查对象亲属的配合。

4. 什么是警惕价值观偏见原则?

社会调查员要警惕评估过程是否在很大程度上掺杂了自身的价值观，从而影响了对调查对象的问题的准确评估。在收集资料时，应尽可能用多种途径，以便保证资料的准确性。在评估过程中，要尽量反省自己是否对调查对象的问题认定过僵、过死，或者对调查对象的问题过于积极和热情。[②]

5. 什么是避免将问题简单归因的原则?

产生问题的原因很复杂，常常与很多的问题交织在一起，而且调查对象的问题是变化的，因此我们不能将调查对象的问题归为一个简单的原因，要看到问题之间的相互的关联性。

四、问题评估的理论基础

1. 社会调查员在进行评估的过程中需要哪些方面的专业知识?

被调查对象所存在的问题以及风险因素是多维度的，可能来自于其个体的生理和心理，也可能来自于其所处的环境，如友伴、家庭、社区乃至社会环境。对这些问题进行分析评估，需要相应的专业理论和方法作为支撑，针对不同问题，可能需要犯罪学、心理学、社会学等理论知识。

（1）社会学知识，包括社会化理论、社会互动理论、社会群体理论、社会分层理论等。

（2）心理学。社会心理学研究的是社会中的自我、社会信

---

① 隋玉杰:《个案工作》，中国人民大学出版社 2007 年版。

② 隋玉杰:《个案工作》，中国人民大学出版社 2007 年版。

念、行为态度、从众、说服、群体影响、攻击行为、吸引和亲密、冲突等内容，已经过犯罪心理学研究的犯罪主体心理、行为的科学，社会调查员掌握犯罪心理形成的原因、产生、发展、变化的一般规律和行为特点，可以让社会调查的过程更为顺利，也较为清晰地把握案主的犯罪动机。

（3）社会工作。社会工作是一种帮助人和解决社会问题的工作。它以助人自助为理念，以个案工作、小组工作、社区工作为直接工作方法为案主提供专业服务，帮助案主解决在与环境互动过程中所产生的各种问题，帮助案主重塑自信，走向社会正轨。

（4）犯罪学。犯罪学中对犯罪的界定、犯罪原因的分析，以及对犯罪行为类型的解释，可以帮助社会调查员更好地了解案主的犯罪动机和犯罪行为。

2. 社会调查员应以哪些理论视角进行评估？

所谓评估的视角，就是指社会调查员在进行评估时应采取的立场和观点，即社会调查员应如何看待调查对象的涉罪行为。不同的立场或观点会导致不同的评估结果，从而产生不同的调查结果和帮教结果。为了能够客观、真实地把握调查对象的成长经历及涉罪行为，社会调查员应以系统的、优势的视角来进行诊断。

此外，社会调查员需了解自己在评估时的视角是什么，尽可能在一个问题的评估中使用多个视角来考虑问题，从而避免单一视角的局限性。在评估过程中，社会调查员可采用的视角包括：系统的视角、优势的视角。

3. 社会调查员如何利用系统的视角进行评估？

在系统的视角中，人类社会是一个复杂的大系统，彼此交叉渗透，形成错综复杂的网络。这一视角，注重个人的整体性和完整性；强调社会系统，特别是家庭系统在塑造和影响人的行为及生活状态中的重要作用；注重运用社会资源，如社区、学校、政府机构等，帮助调查对象解决问题，满足需要。

社会调查员利用系统的视角进行评估，就是要做到不仅了解调查对象个人的心理、生理状况，也要了解其家庭状况、社会交往状况、学校生活状况等，立体、全面地了解调查对象。

4. 社会调查员如何利用优势的视角进行评估？

优势视角，寻求识别、利用、建立和强化人们已有的优点和能力。它强调人的能力、价值、兴趣、资源、成就和抱负在满足自己需要和解决问题中的作用。在优势视角中，个人与其交往的群体、家庭等都是有优点的，有他们内在的和外在的资源；贫穷、歧视、疾病和困难可能是伤害，但也可能成为挑战和机遇；每一种环境都充满资源；认真对待个人、群体及社区的理想和抱负，因为人的成长和转变的能力是巨大的，常常超出人们的预期。

社会调查员利用优势视角进行评估，就是要做到在评估调查对象的问题和需要时强调将他们的优点包括进来，发掘和运用调查对象的优点和自身资源，帮助解决其问题。例如，社会调查员在与涉罪未成年人小徐的交谈中，得知其从小有经商头脑，曾通过向同学卖自行车配件和摩托车挣钱，且有朋友可以帮助他进入建筑领域，这些就是小徐的优势，就有可能成为小徐日后回归社会的一个有效途径。

5. 社会调查员如何看待调查对象的个人问题与社会问题之间的关系？

虽然社会调查员接触的是个体，看到的都是各种个人问题，包括行为方面和心理方面的等。但社会调查员应认识到，个人问题不但与其所处的社会情境相关，而且与社会公共问题有密不可分的内在联系，社会的公共问题是以个人问题为基础的。个人问题与社会问题之间的这种相互关联性，使得许多个人问题不可能由个人或几个人来解决，不解决社会问题，个人问题就得不到解决。一个负责任的、优秀的社会调查员，应该将个人问题与社会问题的关系、社会问题对个人问题的影响反映和演绎出来。

五、问题评估的内容

1. 社会调查员进行问题评估主要分析哪些方面内容?

社会调查员进行问题评估主要分析调查对象的需求和问题、调查对象的个体情况、调查对象身边的外部环境以及环境中的关键人物这四个方面。例如，调查对象的身体状况、心理状态、情绪稳定性、生活条件、与家人和友伴的关系、家庭教养方式等。

2. 社会调查员在分析调查对象的需求和问题时需要关注哪些角度?

在评估阶段，社会调查员和调查对象可以共同探讨以下内容，分析调查对象的需求和问题：

（1）人与人之间的冲突。一般表现在沟通和行为方面，这类问题的存在，涉及信息在两个人之间传递和接受的方法，也关乎于彼此之间如何看待对方。

（2）社会关系方面的不满意。例如，有些人不能像他们希望的那样与他人建立人际关系，即便他们没有存在明显的人际冲突。

（3）角色表现方面的困难。每个人都有其特定的社会角色，对不同的角色会有相应的期望行为方式。例如，调查对象为在校学生，他如何看待学生身份，他认为学生应该做哪些事。

（4）社会变动问题。当调查对象遭遇一些人生中的重大变化时，可能会觉得难以适应。例如，随父母到城市定居的务工人员子女在城市上学，就可能遭遇一系列问题。

（5）心理和行为问题。例如，有严重“网瘾”的青少年，他们往往同时具有心理和行为上的问题。

（6）资源不足。表现为三个方面，首先，调查对象确实缺少某些资源，如钱和工作。其次，表现为调查对象缺少寻找资源的能力。最后，则是无法获得的资源，如调查对象的不当需求。

（7）作决定的问题。调查对象有时会发现自己对于一些问题难以作出决定，或者缺乏作出决定的能力。前者，如有的调查对象性格懦弱，优柔寡断，缺乏作决定的能力；后者，如有的调查对象遇到问题时，正处于一种“当局者迷”的状态，很难作出正确的决定。

（8）文化冲突。例如，调查对象和他父辈之间存在的文化差异，或者调查对象认同的亚文化与主流文化之间的差异冲突。

以上这几类问题，是对调查对象的问题的概括，可以为社会调查员界定提供参考。他们是调查对象的问题的“部分”，并不是“全部”。调查对象的问题可能是其中的一类，或者是几类，或者是未归类的问题，或者是未归类问题和归类问题的并存。①

3. 社会调查员如何分析调查对象的个人系统？

社会调查员可以从生理、认知、情绪/情感、行为、改变动机和优势等方面分析调查对象的个人系统。

（1）生理方面。该项包括容貌、身材、健康状况、家庭遗传史等。这些因素，或多或少都会影响调查对象，并引发其他问题的产生。

（2）认知方面。调查对象的认知能力受到智力、判断力、生活经验、价值观、自我概念等多方面因素的影响。调查对象如何看待自己的问题，如何解读他人和外在世界，受到了认知能力的限制。

（3）情绪/情感方面。个人情绪/情感能力的强弱，也会产生问题。例如，控制力强的调查对象，可能过度压抑真实感受，如果没有有效的发泄途径，日积月累，容易出现突然的、爆发性的过激行为。

（4）行为方面。对调查对象的行为进行评估，要明确指出：

① 中国就业培训技术指导中心编写：《社会工作者》（国家职业资格四级），中国劳动社会保障出版社2008年版。

具体行为是什么、问题行为什么时间出现，问题行为发生的地点、问题行为产生的诱因等。

（5）改变动机方面。评估调查对象动机时，要考虑两个方面，一是动机指向的目标，二是动机的力度。

（6）优势。该项包括调查对象的优势和社会调查员的优势。[①]

4. 社会调查员如何分析调查对象的外在的环境?

这些外在环境，包括家庭、学校、单位、朋辈群体、社区、社会文化等。了解调查对象所处的环境，分析与调查对象发生关联的系统，有助于社会调查员全面了解调查对象的问题、成因，并提供帮教策略。

社会调查员可通过调查对象完成的家庭结构图、生态系统图、社会网络表等，分析处在环境中的各系统之间、调查对象与系统之间的互动状况。尤其是家庭系统，它不仅承担着养育孩子和最初社会化的重任，而且给人以亲密感和归属感，提供情感支持，也是经济上的共同体。社会调查员可从以下几个方面来分析家庭的功能：[②]

（1）家庭成员的基本情况。

（2）家庭的基本功能（经济、情感、保护等）实现的情况。

（3）家庭内有哪些主宰家庭互动的次系统（夫妻、父母、母子等）、家庭规则和家庭角色?

（4）家庭内部怎样作出重要决定?

（5）家庭的沟通方式。

（6）家庭成员是如何解决他们之间的分歧的?

（7）家庭成员会怎样安排他们的时间（工作、闲暇）?

（8）家庭中谁支持改变，谁反对改变?

---

① 中国就业培训技术指导中心编写：《社会工作者》（国家职业资格四级），中国劳动社会保障出版社 2008 年版。

② 朱眉华、文军：《社会工作实务手册》，社会科学文献出版社 2006 年版。

此外，社会调查员还应关注调查对象的各社会支持系统中的关键人物。

5. 社会调查员如何分析在系统中对调查对象产生影响的“关键人物”?

“关键人物”，一是可能在系统中有着举足轻重的作用，对调查对象产生直接的影响。二是可能掌握着许多调查对象的资料，可以使社会调查员更好地了解调查对象。三是可能拥有调查对象需要的资源，有助于调查对象的问题的解决和实现改变。

针对他们，社会调查员可以提出以下问题：

（1）系统中的“关键人物”是谁?

（2）系统中的“关键人物”与调查对象的关系有多久?

（3）系统中的“关键人物”是怎样开始与调查对象发生联系的?

（4）系统中的“关键人物”与调查对象的关系如何？是亲密，还是疏离?

（5）系统中的“关键人物”是怎样影响调查对象的？对调查对象的作用是双向的，还是单向的？是积极的，还是消极的?

（6）系统中的“关键人物”是否愿意与社会调查员合作?

（7）系统中的“关键人物”对调查对象的期望是怎样的?

由“关键人物”加以引申，调查对象在成长过程中遇到的“关键（前置）事件”同样可能对调查对象产生过重大的影响和改变，可以借用了解“关键人物”的方法进行把握。①

六、问题评估的技巧

1. 社会调查员确定调查对象的问题的策略

（1）从多个问题中，选择对调查对象来说最急于解决的问

① 中国就业培训技术指导中心编写：《社会工作者》（国家职业资格四级），中国劳动社会保障出版社2008年版。

题。这是一般的解决问题的原则。导致调查对象实施涉罪行为的因素可能是多方面的，以寻衅滋事为例，就有自我控制能力较弱、讲求哥们儿义气、好面子等因素。但有时，社会调查员根据以往经验判断调查对象最需解决的问题，也许并不是所有问题中最主要的矛盾。遇到这种情况，社会调查员应坚持以人为本，与调查对象一起讨论。

（2）从多个问题中，双方共同决定找到最主要的矛盾。有些情况下，调查对象有很多问题，这时需要社会调查员与调查对象共同找到一个主要问题。

（3）从多个问题中，找到对调查对象来说最容易解决的问题。

2. 社会调查员可以关注哪些问题，对调查对象的个体状况加以评估？

（1）调查对象迫切需要解决的问题是什么？

（2）调查对象如何看待这些问题？

（3）调查对象认为问题产生的原因是什么？

（4）问题导致的后果有哪些？

（5）问题发生在什么时间？

（6）问题发生的频率是怎样的？

（7）调查对象寻求改变的动机强度如何？

（8）调查对象认为自己的长处有哪些？

（9）调查对象认为可利用的资源是什么？

（10）调查对象的期望是什么？

3. 在评估调查对象个体状况的过程中，社会调查员可以对与调查对象的家人等相关的人员提出哪些问题？

（1）相关人员认为调查对象迫切需要解决的问题是什么？

（2）相关人员认为调查对象如何看待这些问题？

（3）相关人员认为调查对象的问题产生的原因是什么？

（4）相关人员认为问题导致的后果有哪些？

（5）相关人员认为问题发生在什么时间？

（6）相关人员认为问题发生的频率是怎样的？

（7）相关人员认为调查对象需求改变的动机强度如何？

（8）相关人员认为调查对象的长处有哪些？

（9）相关人员认为调查对象可利用的资源是什么？

（10）相关人员认为调查对象的期望是什么？

4. 哪些是调查对象可能的优势？

（1）面对问题并寻求帮助，而不是否认或逃避。

（2）能把问题与社会调查员——一个陌生人分享。

（3）在困难的情况下，试图和家庭在一起。

（4）开放地表达感觉与看法，而不是有戒心的。

（5）运用资源并有创意地把有限资源用到极限，或仅靠很少的收入生存。

（6）寻求加强知识、教育与技巧的途径和方法。

（7）对家人表达爱与关心的感觉。

（8）肯定自我权利，而不是对不公屈服。

（9）虽然能力有限，但仍试图负起责任，独立解决问题。

（10）寻求个性独立。

（11）寻求了解别人的需求与感觉。

（12）显示出内省的能力，当出现新的信息或对情况的另一种看法时，能改变其想法或调整其知觉。

（13）对自己的行动负责并有兴趣改变自己，而不是着重思考他人应做何种改变。

（14）显示自我控制的能力。

（15）显示对自我价值判断的能力。

（16）在压力的情况下，显示出有效应付情绪的能力。

（17）显示出有抽象思考的能力，并能把因果关系联系起来。

（18）显示出与他人形成亲近关系的能力。

（19）显示出在解决问题时有考虑其他行动方案，即考虑他人的需求的能力。[①]

5. 针对调查对象的外在环境，社会调查员可以提出哪些问题？

（1）家庭/社区学校/朋辈群体……的基本情况是怎样的？

（2）家庭/社区/学校/朋辈群体……的基本功能的情况实现得怎样？

（3）家庭/社区/学校/朋辈群体……系统内部是如何互动的？

（4）家庭/社区/学校/朋辈群体……中有次系统吗？它们是如何互动的？

（5）家庭/社区/学校/朋辈群体……对调查对象的态度如何？是助力，还是阻力？产生的原因是什么？

（6）家庭/社区/学校/朋辈群体……的优势是什么？

（7）家庭/社区/学校/朋辈群体……对调查对象改变有何期望？

（8）家庭/社区/学校/朋辈群体内存在的支持性资源？

（8）社会环境中存在的支持性资源，如社会福利和保障制度。

（9）除家庭/社区/学校/朋辈群体……外，还有什么系统是调查对象需要却又缺失的？

（10）针对所具有的外在环境，社会调查员和调查对象可利用什么资源来寻求支持和改善？[②]

七、问题评估的表述

1. 社会调查员应如何进行评估表述？

当社会调查员对调查对象的资料收集基本结束，并完成问题

---

① Hepworth, D. H. , Rooney, R. H. & Larsen, J. A. :《社会工作直接服务：理论与技巧》，洪叶文化事业有限公司 1999 年版。

② 中国就业培训技术指导中心编写：《社会工作者》（国家职业资格四级），中国劳动社会保障出版社 2008 年版。

的评估时，必须将这些资料和评估进行系统的陈述。其内容应包括，社会调查员认为了解调查对象所需要的重要事实，要求叙述清晰，把握住问题的重点。

社会调查员可针对资料收集和问题评估的多个维度分别进行描述，如调查对象的生理心理状态如何、生活习惯如何、家庭成员状况以及教育方式如何。在客观描述之后，社会调查员再利用系统、整合的观点，将所评估的各个维度和因素之间的互动作用情况加以描述，形成完整的对调查对象存在的问题的分析评估。

2. 社会调查员如何利用信息以确保评估的客观准确性?

为保证评估的客观准确，这就要求社会调查员在收集信息的过程中保证所获得的资料客观、真实。在这基础之上，社会调查员在评估过程中不能以单一的视角或者自己的价值观念对信息加以分析评判，除利用多元的视角对信息进行分析验证外，保持社会调查员自身的价值中立尤为重要，真正做到“对事不对人”，对调查对象的问题进行客观描述，不掺杂个人感情。

3. 如果收集到的信息前后不一致，或者众说纷纭，社会调查员应如何处理?

如果在评估过中发现收集到的资料前后不一致，存在矛盾，社会调查员应该尽可能多地从其他方面收集信息，对先前存在矛盾的信息加以辨析，找出真实、可靠的信息后再加以评估。这就是多元验证的重要性。

如果遇到信息得不到补充的情况，社会调查员在分析评估时，可以将存在矛盾的情况进行客观地描述，并不对此妄下结论，保证评估的客观、真实。

如遇到信息前后不一致的情况，社会调查员也应该及时反思收集资料的过程是否客观、有效，是否因社会调查员方法的问题而影响了信息的真实性和准确性。

第九章　涉罪未成年人社会调查的帮教计划

一、帮教计划概述

1. 什么是帮教计划?

所谓计划，广义是指根据对某种事物或组织的外部环境与内部条件的分析，提出在未来一定时期内要达到的目标以及实现目标的方法途径。换言之，帮教计划，是指根据调查对象所具有的外部环境与内在条件，为实现调查对象的问题的改善，而设定的工作目标和方法。

2. 为什么要制订帮教计划?

帮教工作是针对调查对象存在的，并且是一个对有改善可能的问题施加正向影响的过程，帮教工作不是漫无目的，需要具有针对性和预见性，这正是计划本身具备的特点。

帮教计划是为实现帮教的目标而服务的，社会调查员需要制订一整套行动计划来实现帮教目标。制订帮教计划的过程，就是选择介入问题的焦点，发展各种有效的行动方案、并明确任务和责任的过程。通过制订帮教计划，可以使社会调查员能够有序、有效地开展帮教工作，实现帮教目标。帮教计划为帮教工作提供了工作方向和程序。

3. 制订帮教计划的原则有哪些?

主要有以下六个原则：

（1）要有调查对象的参与。如果社会调查员单方面制订帮教计划，一方面，让调查对象没有机会为解决自己的问题作出努力；另一方面，妨碍社会调查对象在解决问题中所作出的努力。

（2）要尊重调查对象的意愿。如果调查对象和社会调查员的目标不一致，就要进行讨论与协商。

（3）计划要尽可能详细和具体。详细、具体的计划，能够给社会调查员和调查对象提供行动的指示，促进改变过程的进行。

（4）要与工作的总目的、宗旨相符合。计划的具体目标不能偏离介入的目的。

（5）可操作性，即可行性，通过社会调查员和调查对象的努力能够实现。

（6）要能够总结与度量，以便为评估打好基础。

4. 帮教计划应由哪些部分构成？

（1）帮教目标。这是社会调查员帮教的方向和最后结果。

（2）关注的问题与对象。这是帮教工作中要加以处理、改善社会功能的关注对象，通常包括调查对象、家庭、群体等。

（3）介入策略。这是社会帮教的整体方案，是改变调查对象态度和行为的一套方法。介入策略应是多层次的介入，包括直接提供途径以满足调查对象的需求和解决问题，改变其观念和应对问题的方法。

（4）具体工作程序及工作时间表。

5. 制订帮教计划的依据是什么？

帮教计划的有效性取决于社会调查员前期的资料收集和问题评估工作的完成。帮教目标的设立、关注的问题和对象的确定、介入策略的选择，都需要社会调查员根据问题评估的结论进行选择。通过对调查对象的个人状况、家庭状况、同辈群体、工作单位等，以及正式与非正式的社会网络与支持情况的分析，社会调查员可以确定在帮教过程中引入何种资源为调查对象提供物质支持和心理支持；通过对问题的类型、轻重缓急的程度、可行性等内容的区分，社会调查员可以选择合适的行动类型，以促成帮教计划的顺利进行。通常，可选择的行动类型有：危机介入、资源整合、专业咨询等。

二、帮教计划的内容

（一）帮教目标

1. 什么是帮教计划的目标

帮教计划的目标，就是期望达到的状况，是社会调查员和调查对象共同努力的方向。社会调查员期望通过帮教，改变调查对象不适当的心理认知和行为，塑造积极的心态回归社会，就是帮教计划制定、实施的目的所在。

2. 制订帮教目标的意义？

制订恰当可行的目标，可以激发调查对象改善的主动性。例如，恰当的目标能使调查对象的注意力和行动得以明确和专注于行为的改善；恰当的目标能调动调查对象的信心和能力；目标的确立更有利于社会调查员和调查对象寻求实现目标的策略。此外，制订帮教目标，能够使社会调查员与调查对象拥有需要共同完成的任务；在帮教过程中，提供明确方向和持续性；为社会调查员和调查对象评估进步情况和帮教效果提供参照。

3. 帮教计划的目标类型有哪些？

帮教计划的目标可以分为以下几类：

（1）获得资源和服务，如获得学习和工作机会、改善物质生活条件等。

（2）减缓生活中的困扰、去除不良情绪、解决危机等，如摆脱失恋的阴影、学业受挫。

（3）通过改变沟通方式、行为互动方式、社会角色，调整社会支持体系，如改善个体与家庭、学校、社区的关系，获得更多的支持。

（4）通过有效的计划，追求发展性目标或理想的实现。

(5) 培养积极、理性的世界观、价值观，参与社会服务，使得个人的潜能得以发挥。

4. 什么样的目标是好的目标?

一个好的帮教计划的目标应考虑以下因素:

(1) 目标与社会调查员和调查对象解决问题的能力相一致。

(2) 目标应该建立在环境资源许可的范围内。

(3) 目标与机构所能提供的服务保持一致。

(4) 制订的目标是调查对象和社会调查员共同协商一致的结果。

(5) 目标应该具备良好的可操作性，能够在一定时间内收获效果。

(6) 目标的设定应有利于对目标效果的评估。

5. 帮教计划的目标是由社会调查员决定吗?

帮教计划所设定的目标，是希望调查对象经过帮教过程及自身努力后获得良好的效果。因此，调查对象的参与就显得尤为重要，帮教目标不应由社会调查员单独制订。帮教目标制订的过程应该强调与调查对象的共同协商，并且要双方一致认可。这样，能够使调查对象明确帮教目标，同时主动参与，也能提高其改善的动力和信心。

6. 社会调查员应如何进行目标陈述?

人们通常习惯将目标锁定在问题本身，以“从现在开始，我要停止做某某事情”为起点，但实际上，找到一个积极的、正确的处理方案，远比禁止做某些事情来得更为重要。

在目标陈述的时候，消除负面行为是将焦点放在调查对象要放弃的部分（如打架、酗酒、网瘾等），但即便调查对象想要放弃，却仍可能因为这些日常习惯的去除而感到失落。

所以，合适的做法是将目标的界定聚焦在有益的改变或是生命中的收获上，强调将调查对象的成长作为目标达成的指标。这样，定义的目标是收获的，而不是丧失的，能够减缓调查对象的反抗并增强他的动机。例如，将“消除与父母之间的沟通障碍”转变为正向的陈述，“开放、及时地处理彼此间不同的意见”。

目标陈述采用积极的表达方式，不仅体现了社会调查员对于调查对象的真诚与接纳，而且是从优势视角出发，能够更大限度地调动调查对象的潜能，激发调查对象寻求改变的动力。

7. 社会调查员在制订目标时要考虑哪些步骤？

（1）社会调查员重述调查对象的问题，以便再次确认问题。

（2）协助调查对象列出与问题相关的问题，以便再次确定问题的重点。

（3）协助调查对象列出解决问题的优先次序。

（4）协助调查对象明确想要的结果。

（5）制订目标的层级性。

（二）帮教问题

1. 什么是帮教问题？

问题的定义在前文“评估问题”中已加以阐述，需要说明的是，帮教计划中所涉及的帮教问题，并非社会调查过程中评估出的所有问题。由于帮教计划需要具备可操作性，这就要求帮教计划中所涉及的问题，应该是调查对象存在的，具有改善可能、可期待改变、亟待解决的主要问题。

2. 帮教问题该如何拟定？

帮教问题的拟定，应该与问题评估相衔接，保持一致性和延续性，即确定的帮教问题应该是先前评估中确定的问题。在确定问题时，社会调查员应当协助调查对象拟定解决帮教问题的先后顺序，可以根据问题的主要次要程度、解决问题的难易程度等对帮教问题进行排序，优先解决亟待解决的问题。

（三）帮教阶段设定和时间安排

1. 帮教过程可以分为几个阶段？

社会调查和帮教工作是由司法机关委托，根据委托单位的不同，帮教工作所处的阶段也有所不同。根据调查对象所处的司法流程，帮教过程大致可分为侦查、起诉、审判三个阶段。

2. **帮教时间如何安排?**

社会调查和帮教工作，既服务于调查对象的改善和发展，也服务于司法机关的工作，因此，帮教工作的时间安排既需要根据调查对象帮教效果实现所需的时长，也需要贴合司法机关的工作时间，达到二者的契合，保证在规定时限内有充分的时间实现帮教目标。

3. **如何确定帮教的次数?**

关于帮教次数的确定，考虑的因素有许多，如社会调查和帮教工作时限、帮教取得的效果、调查对象的意愿等。并且，帮教次数是能动的，需要根据具体情况及时作出调整。根据首都师范大学少年司法社会工作研究与服务中心的工作经验，帮教次数的设计可以不设上限，主要服务于帮教工作取得预期效果。但帮教次数不得少于四次，否则难以保证社会调查和帮教工作取得理想效果。

4. **如何确定帮教工作的时长?**

帮教工作的时长包括两方面：帮教工作的整体时长和帮教访谈的时长。

影响帮教工作的整体时长的因素，主要由两个方面决定，即调查对象的个体状况和司法机关的工作时限。调查对象的个体状况，包括调查对象的能力、参与程度、所获资源和支持、问题改善的难度等。

帮教访谈，是实现帮教效果的基本工作过程，是为帮教工作取得预期效果服务，时长过短，无法取得理想效果；而访谈时长过长，无法保持调查对象在访谈过程中的专注。根据首都师范大学少年司法社会工作研究与服务中心的工作经验，通常每次帮教访谈的时长控制在六十分钟左右较为适宜，同时可根据具体情况进行相应调整。

（四）帮教计划书的撰写

1. 帮教计划书的内容格式是什么？

首先，帮教计划书应该就调查对象的基本情况加以描述，通过对调查对象的评估，分析指出调查对象存在的主要问题。其次，针对主要问题的解决安排对策。因此，帮教计划书的内容应当包括调查对象的基本情况、成长经历、个体现状、家庭学校社区等外部环境、评估意见、帮教问题、帮教目标、帮教计划等部分。

2. 帮教计划的内容可以更改吗？

帮教计划制订后并非一成不变，需要社会调查员根据调查对象的现状，尤其是能力状况和改善情况，必要时，及时进行调整。例如，在帮教过程中，调查对象出现了以往没有表现出的消极情绪，并且很可能对其问题的改善造成负面影响。虽然此问题不在帮教计划之中，但是社会调查员应该及时对帮教计划进行补充和调整。

第十章　涉罪未成年人社会调查的干预帮教

一、干预帮教的概念

1. 什么是司法社会调查过程中的干预工作?

干预，指的是作为专业的社会调查员，在特定情境中采取的有目的的行动，这种行动是建立在社会调查员的知识、技巧、理解和价值基础之上的。因此，干预实际上就是行动中的知识、技巧、理解和价值，行动的最终目的是实现对涉罪未成年人的有效帮助。在社会工作里，这个名词被认为是“类似于医生的治疗”。实施干预的情景可能包括个体、家庭、学校、社区、小组或其他组织，也可能以不同的形式出现，这取决于干预的目的。[①] 大体而言，干预最基本和最简单的分类有两种：

（1）直接干预，即增强涉罪未成年人应对自身及环境的技巧和能力，改变其情感、认知和行为等，促使其潜能的充分发挥，从而适应环境，增强社会功能，进而达到与自身及环境的良好互动。例如，可引导涉罪未成年人探索自己的内心世界，谈论他们的想法、感受和每种行动产生的后果，让他们自己决定是否改变、如何改变。

（2）间接干预，即借由改善涉罪未成年人所处的不良或压力环境，挖掘和利用其周遭环境中有助于解决问题的资源，以减轻

---

① 【美】帕梅拉·特里维西克（著），肖莉娜（译）：《社会工作技巧：实践手册（第二版）》，格致出版社 2010 年 4 月版，第 47 页。

其受到的压力和痛苦体验，进而更好地与环境拟合。例如，可联系涉罪未成年人的家庭支持系统，与家人共同帮助涉罪未成年人成长。

2. 社会调查员干预的焦点是什么?

直接干预与间接干预始终处于持续的互动中，两者缺一不可。这也意味着干预的焦点不仅着眼于个人的改变，而且还有更大的社会环境的改变，即关注个体与外在环境的共同改善。社会调查员需要让未成年人认识到导致他们犯罪的社会环境中的风险因素和保护性因素，并促成他们积极地改变自身与周围环境的互动状况，帮助他们变得更加有力量，而不是将视野仅仅局限在个体心理上的改变。

此外，针对涉罪未成年人这一特殊群体，社会调查员的干预更应是温暖的、同情的、关心的、非批判的，应坚持对涉罪未成年人的接纳、关心和尊重。

3. 社会调查员在干预工作中充当了哪些角色?

一般来说，社会调查员在干预过程中会扮演下列角色:

(1) 使能者，即社会调查员在秉持每个人都是有潜能的理念下，协助涉罪未成年人发现自身的应对力量和资源，并发生预定的改变。因此，社会调查员需鼓励及肯定涉罪未成年人的每一个进步，让其感觉到自己的价值和能力并进而调动起来，积极面对自己的问题并寻求解决。

(2) 联系人，即在了解涉罪未成年人的需求的基础上，为涉罪未成年人和其周围的资源之间牵线搭桥。担当这个角色，需要社会调查员充分了解应该通过什么途径寻找到对涉罪未成年人有帮助的相关资源，熟悉各种有利资源的运作程序等。

(3) 教育者，即为涉罪未成年人提供一些应对其问题所必要的知识，或者是协助涉罪未成年人运用新的行为模式和技巧。

(4) 调解者，即社会调查员以建设性的方式和途径去化解涉罪未成年人与他人（包括受害人）之间的纷争，目的是帮助处于冲突中的双方达到解决问题的共识。目前，部分社会调查员正在从事的刑事和解工作，是司法领域的一项重要突破。

（5）倡导者，即在协助涉罪未成年人争取一些资源的时候遭遇种种阻碍，社会调查员此时需扮演倡导者的角色，利用自己的身份，积极倡议社会或相关组织实行一些改革或动员涉罪未成年人一起争取一些合理的资源和权益。

上述五个角色，并不是截然分开的，它们之间常常有交叉。

4. 司法社会调查干预工作的主要内容是什么?

虽然对于不同的涉罪未成年人，社会调查员的干预工作内容亦各有不同，如提供家庭治疗、同伴教育、社交技巧训练等。各种治疗流派和理论都有自己的一套干预办法，但在实际工作中，对于初级社会调查员来说，最低限度需要开展以下工作：

（1）支持与鼓励。社会调查员可以通过运用专业沟通技巧，向涉罪未成年人表达尊重、信任和接纳，鼓励涉罪未成年人辩证地看待问题，以使涉罪未成年人放下自我防卫，鼓起解决问题的信心和勇气。支持与鼓励贯穿于整个干预过程中。

（2）情绪疏导。面对处于负面情绪当中的涉罪未成年人和其社会支持系统，提供其表达情绪的机会，让其情绪得到充分的宣泄，之后，再对引起负面情绪的问题本身进行客观分析，共同探讨负面情绪的根源。

（3）观念澄清。很多问题的产生来自于涉罪未成年人对问题的看法，因此社会调查员需要运用专业引领性及影响性技巧，如对质、总结、自我坦露等方式，协助涉罪未成年人自我反省，检视自己看待问题的方式，使涉罪未成年人对自己的个性、情绪和问题有进一步的了解，澄清和修正以前的非理性信念，建立更合乎实际的逻辑思维方式。

（4）行为改变。行为改变需要持之以恒，社会调查员需要用足够的耐心和宽容度去帮助涉罪未成年人减少或者消除不适当的行为方式，建立新的行为方式。社会调查员要注意涉罪未成年人的每一个行为方式上的进步，并给予及时的鼓励，同时，对涉罪未成年人行为的倒退和维持现状等情况要有耐心，注意观察背后的原因。

（5）环境改善。秉持“人在情境中”这一理念，积极改善涉罪未成年人所处的不良或压力环境。对于未成年人来说，其所处的家庭环境、同辈群体交往环境、社区环境等对他的影响远超过对成年人的影响，所以，社会调查员应积极协助涉罪未成年人改善产生犯罪问题的环境，给涉罪未成年人以有效的帮助。

二、社会调查干预工作中的干预方法

1. 什么是危机干预介入法？

1964 年，卡普兰对危机的定义是：它打乱了调查对象原有的稳定状态（平衡状态），并使重要的生活目标和最重要的需求无法满足，个人或家庭无法以平常使用的解决方法来克服它。[1]

涉罪未成年人社会调查中的危机，是指由犯罪这一突发性或触发性事件引起的一种混乱状态，它打破了未成年人原有的平衡生活状态，基本的需求无法得到满足（如对人身自由的需求），而其个人资源和应对机制都无法解决，除非得到及时缓解，否则危机会导致其（还包括其所处的家庭成员、受害人等）产生严重的情感、认知和行为上的功能失调。危机是一种独特的状态，了解它的特点有助于调查员进一步认识它并利用这些特点进行更好的干预。

在干预时，社会调查员宜采用开放式的问题，了解涉罪未成年人所处的压力情境及人际支持系统（包括家人、朋友、老师、邻居等），并了解他近期的生活状况，以便了解危机的成因。对

① 杜景珍：《个案社会工作—理论·实务》，中国水利水电出版社 2007 年 11 月版，第 222 页。

涉罪未成年人生活状况的了解，包括其在家庭、学校、社区、监禁环境中的表现，以及自身的自我认知能力、行为控制力、法律认知能力等心理层面的详细信息。评估危机程度，及时为涉罪未成年人提供情绪支持；由于危机干预的短暂性质，社会调查员需要和涉罪未成年人共同分析危机的成因，澄清形成危机的核心因素，讨论干预的计划；在执行过程中，社会调查员需鼓励涉罪未成年人去落实应对危机的计划，确保其按计划行动，并适时进行总结。

2. 什么是理性情绪疗法？

理性情绪疗法是由艾尔伯特·艾利斯于 1955 年创立的，又称 ABC 人格理论。其基本观点为，情绪问题是由于人的非理性信念造成的。理性情绪疗法的最大特点，是以观点、思想为突破口，通过改变人的非理性思想，达到改变负面情绪的目的，使人产生更积极与负责任的行为。[①] ABC 人格理论中的“A”，代表实际发生的诱发性事件；“B”，代表一个人的信念；“C”，代表人的情绪反应。一个人的情绪反应（A）并非由诱发性事件（A）所引起，而是由于一个人的信念（C）所导致。

3. 理性情绪疗法的主要工作方式有哪些？

根据不同涉罪未成年人的需要和问题，社会调查员应用不同的技术去改变涉罪未成年人的思想、情绪和行为。

（1）理性治疗方式。在指出涉罪未成年人非理性信念的基础上，与其辩论非理性信念，使他自己发现非理性信念的反逻辑和不合常理之处，再配合理性功课，将负面的想法转变为正面的、积极的想法。

（2）情绪治疗方法。这主要包括理性情绪想象法、社会调查员的自我表露及示范、让涉罪未成年人尝试冒险（鼓励他尝试各

---

① 翟进、张曙编著：《个案社会工作》，社会科学文献出版社 2003 年 2 月版，第 258 ~ 259 页。

种他以为做不到的事情)、鼓励涉罪未成年人向别人询问对自己的看法(可以暴露涉罪未成年人个人化的非理性信念)等这几种方式。

(3)行为治疗方式。鼓励涉罪未成年人在日常生活中,实践所学的新行为,并加以系统地记录和分析,然后和社会调查员分享体验和感受。

4. 理性治疗方式的具体步骤是什么?

(1)帮助涉罪未成年人辨识其非理性自动信念,即按照“发生了什么事件→涉罪未成年人怎么看待这件事→涉罪未成年人的感受是什么”的询问顺序,与 ABC 人格理论联结,明确涉罪未成年人的非理性信念。

(2)挑战涉罪未成年人的非理性信念,通过质疑和辨析的方式,与涉罪未成年人辩论,并明确告诉他不放弃这些想法可能付出的代价。

(3)以非理性信念代替理性信念,即让他意识到自己的非理性信念如何导致其负面情绪反应的,协助他以一种全新的视角看待事物。社会调查员可采取提问和头脑风暴法引出新的看问题的视角,需要指出的是,在这一过程中社会调查员不可利用自己的权威身份过度评价。

(4)社会调查员可给予涉罪未成年人各类不同的理性功课。例如,可以建议涉罪未成年人每天至少用十分钟的时间与自己的一个非理性信念辩论,直至否定,降低其出现次数,甚至完全消失,代之以更多的理性信念。

5. 理性情绪想象法的具体做法是什么?

(1)负面想象。首先,社会调查员让涉罪未成年人想象一些已发生的或将来可能发生的会引起负面情绪的事情,尽量感受那种极端困扰的情绪,如焦虑、害怕和羞耻等。其次,尝试努力改变这些不愉快的情绪,当情绪从负面转为正面后,观察体会自己在思维上作出了什么样的变化,从中认识到人的情绪是可以控制的。

（2）正面想象。社会调查员让涉罪未成年人想象一些使他困扰的情况，感受那种极端困扰的情绪，然后让他留意他脑海中当时正想象些什么使得他如此不愉快，让自己和脑海中的非理性信念辩论，从中建立新的理性信念。[①] 社会调查员可提醒涉罪未成年人，可能暂时形成的非理性信念会让他感受到不悦，但却不是情绪的极端情况。

6. 认知行为疗法的基本概念是什么?

认知行为疗法，是一组通过改变思维或信念和行为的方法来改变不良认知，达到消除不良情绪和行为的短程心理治疗方法。认知行为疗法，包含认知疗法与行为疗法。行为疗法关注“错误的学习”，而认知疗法则强调错误的想法才是根源所在。

7. 认知/行为理论中的社交技巧训练指的是什么?

（1）探讨什么是涉罪未成年人，怎么做是对涉罪未成年人有用的。也就是说，与涉罪未成年人共同探讨什么是他喜欢的，什么是他想保留和改变的，什么对他有用的，他在与关心和帮助他的人互动中产生了哪些有利的行为，他从过去的挣扎和应对中学到了什么解决问题的技巧等。这样承认了涉罪未成年人已有的力量和他自己的喜好，有助于提升他的自尊和学习新行为、新技巧的动力。

（2）帮助涉罪未成年人改变行为。第一，与涉罪未成年人讨论社交技巧的使用，目的是指出学习这个技巧的理由。例如，询问参与团伙暴力事件的涉罪未成年人“为什么学会抵制同伴压力是很重要的呢?”“你原来有抵制过同伴压力的例子吗?”等问题，来引发涉罪未成年人的参与和理解。第二，引发涉罪未成年人进行场景想象。社会调查员可以通过语言给涉罪未成年人设定虚拟

---

① 翟进、张曙编著:《个案社会工作》，社会科学文献出版社2003年2月版，第276页。

场景及角色来引发其融入场景思考。第三，找到涉罪未成年人感兴趣的榜样。书籍、电影、名人、社会调查员自身等都可以帮助涉罪未成年人学习新行为或去实施新行为。社会调查员可以与涉罪未成年人共同探讨并辨识可以提供行为改变的榜样，并把榜样的行为具体操作化为涉罪未成年人行为的改变步骤。

8. 什么是心理与社会治疗?

心理与社会治疗模式最早是由社会工作者玛丽·杰瑞特在1928年提出的。[①] 与其他治疗模式相比，心理与社会治疗模式更具开放性，它吸收了各种不同理论，包括精神分析理论、“人在情境中”理论、社会角色理论、沟通理论等。该治疗模式主张对人的理解必须联系其所处的环境，认为人的不良行为是由内在的心理因素和外在的环境因素相互作用导致的。

心理与社会治疗模式的治疗技巧，主要包括直接治疗和间接治疗两种。前者，是指社会调查员直接对涉罪未成年人进行沟通、诊断、辅导及治疗；后者，实际上是通过改善涉罪未成年人周围的环境来间接影响涉罪未成年人的治疗。在直接治疗中，根据社会调查员与涉罪未成年人的沟通状况，又可划分为非反映性直接治疗和反映性直接治疗。

若涉罪未成年人处于被动接受社会调查员的帮助，社会调查员占据主导地位，这样的治疗称为非反映性直接治疗。反映性直接治疗，是指社会调查员通过各种技巧引导涉罪未成年人对其问题进行自我分析及自我反思。

9. 直接影响的具体方法包括哪些?

（1）强调：社会调查员用点头同意、眼神鼓励、言语赞扬等正向行为或表示重视的姿态，去肯定涉罪未成年人好的方面，鼓励他去实践已有的想法。

（2）建议：社会调查员根据涉罪未成年人的实际情况，提出

---

① 徐莉娅主编：《个案工作》，高等教育出版社 2007 年 11 月版，第 145 页。

相关解决问题的建议。需要注意的是，要尊重涉罪未成年人自决，由他自己决定是否接纳。

（3）忠告：社会调查员像长辈对待晚辈一样，用关心的态度明确提出自己的态度和立场。

（4）坚持：社会调查员直接指出涉罪未成年人出现或可能出现的不良行为产生的严重后果，并指导涉罪未成年人采取有效的措施。

（5）实际干预：社会调查员采取各种强制性措施直接介入涉罪未成年人的生活，以避免其生活状况的恶化。例如，把长期遭遇家庭暴力的涉罪未成年人与其家庭分开。

10. 什么是叙事疗法？

叙事疗法，是一种后现代的方法，澳大利亚家庭治疗家迈克尔·怀特为其代表人物。叙事疗法认为，有问题的主线故事会把记忆中没有问题的故事过滤掉，即排除掉记忆中有希望、有力量的经历而产生负性自我认识，导致心理问题出现。[①] 因此，社会调查员将充满创伤的主线故事串联，再用问题外化与解构技术重整记忆经验后，寻找例外事件重构人生故事，以修正自我认识。叙事治疗的最终目标，是将涉罪未成年人从一个有问题的生活模式中唤起，并将其从外在的限制中解放出来，重新书写具有尊严的、体现能力和智慧的故事。叙事治疗是一个开放的过程，一个赋予希望和意义的过程。

11. “人在情境中”的反应讨论主要涉及哪些内容？

具体涉及以下内容：一是对他人、环境和自己的健康的认识和评价。二是社会调查员运用专业技术使涉罪未成年人认识到其行为及决定是如何影响自己和他人的。三是引导涉罪未成年人自如地对自己的思想、感受和行为进行更深入的了解。四是帮助涉

① Semmler PL, Williams CB. Narrative therapy: A storied context for multicultural counseling. J Multicult Counsel Dev, 2000, 28 (1), P. 51 –62.

罪未成年人认识外部环境刺激与自己错误观念之间的联系。五是结合现实纠正涉罪未成年人错误的自我形象。六是消除涉罪未成年人对社会调查员以及帮教过程的怀疑、误解和担心。

12. 增权视角①下的干预步骤主要有哪些?

(1) 提高意识。一是增进涉罪未成年人对自己行为的了解。如社会调查员可以帮助涉罪未成年人对自己的言行有更多的了解，知道自己是怎么与别人互动的。二是增进涉罪未成年人对自己所处的情景，尤其是对影响其社会功能的环境力量的本质了解。理想的情况是，涉罪未成年人不仅对自身环境有所了解，而且能以一种比较现实的眼光来看待自己所处的情景。

(2) 减少自责。由于社会结构的不合理以及权利和资源分配的不平等（如在大城市的流动儿童、残障人士)，处于无权状态的涉罪未成年人常常被主流社会贴上各种不良“标签”，这些“标签”又反过来被长期处于无权中的调查对象内化，看不到环境对他们问题造成的影响，过多地责备自己，认为自己没有什么优点。社会调查员需要帮助涉罪未成年人认识到他们面临的问题，常常根源于他们环境中的体制和文化等原因，通过传授一些改变环境的具体技巧来协助涉罪未成年人承担改变环境的责任。

(3) 增进自尊和自信。增权过程中，自尊和自信对增权是至关重要的。让涉罪未成年人学会自我肯定，重视自己的感受，是增进自信、防止其过分依赖外部评价的重要措施，也是帮助其形成独立人格并勇于对自己行为负责的重要措施。

13. 如何增进自尊和自信?

柯斯特·阿西曼等提出了一些增进自尊的具体方法：一是借助“20个我”习作帮助涉罪未成年人探讨他对自己的感觉。请他用认为自己能最好的描述他本人的正面的和负面的形容词概括

---

① 增权视角中的权力，是指人们拥有的能力，不仅是一种客观存在，更是一种主观感受。

自己，即让他说出自己的优缺点，然后协助他总结是如何感知他的自尊的。二是对涉罪未成年人刚才的反应作出一个反馈。他是否难以想到自己的力量？社会调查员可以和他分享所感知到的他的力量。力量实际上包括了一个人身上的一切正向的方面。三是帮助涉罪未成年人更现实地看待他正在经历负疚感的方面。对于趋向于把一切错误往自己身上揽、从而怪罪自己的涉罪未成年人，社会调查员需要帮助他分清楚什么是他应该负的责任，什么是他人应该负的责任。四是帮助涉罪未成年人接受这样一个事实，即生活的大多数方面都有正、反两面。重要的是帮助涉罪未成年人学会现实地、辩证地看待自己和周围的世界。五是帮助涉罪未成年人辨识、欣赏和利用自己的力量。帮助他承认有消极的一面的同时，学会欣赏积极的一面，因为这是他最终克服困难并增强能力的基础和资源。六是帮助涉罪未成年人确定一些他想看到改进的目标。社会调查员需要协助涉罪未成年人正确地找出他对自己格外不满的方面，或他希望努力实现的自我感觉良好的一面。①

三、社会调查干预工作中的技巧

1. 什么是社会调查干预工作中的技巧？

社会调查干预工作中的技巧，是社会调查员与调查对象工作效率的保证，也是对社会调查员工作能力的评估标准之一。有效地使用社会工作技巧，不仅需要懂得技巧，而且必须通过猜测调查对象的可能反应，知道什么时候使用技巧最合适。虽然这个专业技能需要相当大的努力才能得到发展，但是它是能够通过学习获得的。② 在这里值得一提的是，社会调查员使用的技巧需要反

---

① 杜景珍：《个案社会工作—理论·实务》，中国水利水电出版社 2007 年 11 月版，第 172 ~ 174 页。

② 【美】琳达·卡明斯、朱迪思·塞维尔、劳拉·佩德瑞克著，韩晓燕、陈赟译：《社会工作技巧演示：直接实务的开始》，格致出版社 2011 年 2 月版，第 105 页。

复地实践、学习才能被真正掌握。

2. 在社会调查干预帮教中最常使用的技巧是什么？

在社会调查干预工作中，要求社会调查员持续地关注调查对象及其支持系统的状况与变化，并进行多次访谈以促进工作进程，这其中的技巧分为关注行为的技巧与访谈技巧。

（1）在本文中，关注行为的技巧，主要是要求社会调查员具有及时以非语言行为回应调查对象的技巧和通过关注调查对象的非语言行为给予适当回应的技巧。使用关注行为技巧强调社会调查员精神高度集中、敏锐观察，以适当的语气、表情、动作令调查对象平静、安全，能否采用非语言行为表达关注与倾听，使调查对象对社会调查这一活动具有兴趣而非排斥。而通过关注行为这一技巧，社会调查员往往也能够更准确地获得调查对象的回馈，如他是否做好了充足的准备能够接受调查员的深入工作。

（2）在访谈中，社会调查员最常使用的技巧有引导式回应、开放式问题、封闭式问题、同理心、自我暴露、澄清、概述、面质、解释等。利用这些技巧并非需要在某种情境下特别使用，而是在访谈过程中为了更好地获取信息、达到工作目的而将一个或多个技巧通过访谈的形式随时使用，有时这些技巧的性质更像原则，社会调查员需要遵守通用的价值伦理与工作技巧的要求。

3. 什么是引导式回应？

在本文中，引导式回应，指调查员在接受调查对象所述信息时，为了获取更加准确的信息、促进调查对象更客观地了解自己而采取的提问方式，如“你刚刚说过……”“你曾经讲过……”等，这能够帮助调查员在调查对象更容易接纳的情绪中开启对话，也能够帮助调查对象继续对自己的表达的思考。

4. 什么是开放式问题？

开放式问题旨在提供选择的自由，让服务使用者能够用自己的语言、自己的节奏表达自己的想法和感受，能够自行选择或忽略相关的内容。[①] 简单来说，开放式问题多采取“是什么、为什么、怎么样”的提问方式。在访谈中，适当地使用开放式问题，能够获得更丰富、更客观的信息，并且避免了调查对象因察觉了社会调查员在问题中表露的倾向性而影响信息提供的可能性。开放式问题并不适用于所有情境，需要调查员通过所获信息选择，有效地提问并判断答案的有效性。

5. 什么是封闭式问题？

封闭式问题通常可以用“是”或“不是”，或者短短的几个字来回答，如问一个人的名字、地址、年龄等。这种形式的提问，在试图获取事实性的或细节性的信息时非常有用，尤其是在时间有限的情况下。[②] 在工作中，对于一些不善表达或不习惯在开放环境中轻易表露自己的调查对象，封闭式问题能够将问题聚焦进而开启谈话。当然，社会调查员需要小心自己不要过于依赖封闭式问题的方式，这将会使社会调查的访谈更像审讯，导致访谈效果受到影响。

6. 什么是澄清技巧？

澄清（clarification），是一种社会调查员识别调查对象的想法、感受和经历的技巧。当调查对象的信息太抽象或太模糊时，社会调查员可以要求调查对象明确词语的意思，或者问题发生的频率和持续的时间。调查对象会假设社会调查员理解他们的意思，因此不必再充分解释，除非社会调查员要求澄清。[③] 在司法社会调查工作中，社会调查员面对的是涉嫌违法犯罪的调查对象，他们有时会下意识地逃避罪责，有时会因受教育水平及个人

---

① 【美】帕梅拉·特里维西克著，肖莉娜译：《社会工作技巧实践手册（第二版）》，格致出版社 2010 年 4 月版，第 148 页。

② 【英】帕梅拉·特里维西克著，肖莉娜译：《社会工作技巧：实践手册（第二版）》，格致出版社 2010 年 4 月版，第 149 页。

③ 【英】帕梅拉·特里维西克著，肖莉娜译：《社会工作技巧：实践手册（第二版）》，格致出版社 2010 年 4 月版，第 117 页。

能力而不能完全表达清楚所述信息，因此需要社会调查员有效地采用澄清技巧。

7. 什么是概述技巧？

在司法社会调查的干预工作中，概述是一个非常必要的工作技巧，却往往容易被社会调查员忽略。本文所涉及的概述，即调查员在访谈开始及结束时将所有信息整合，向调查对象说明应让他了解的信息，这也表现出调查员与调查对象相互尊重、信任的关系。需要强调的是，在干预过程中，尤其是即将结束时，调查员需要向调查对象进行概述，使其了解自己被介入的进程，这也是调查员对调查对象进行鼓励、引导的良好机会。这里需要注意的是，调查员一定要避免在概述时给调查对象“贴标签”或负面暗示，这会极大地打击调查对象的自信心并增强他的压力感。

8. 什么是倾听技巧？

社会调查员要试图让自己配合涉罪未成年人，并从他们的观点、以他们的语言来了解他们需要什么帮助，这样，社会调查员才能认识到不同的故事，发展新的主题和叙事，甚至创造新的历史。[①]

9. 什么是外在化技巧？

外在化技巧，即把问题和人剥离开来，鼓励涉罪未成年人把他们遭遇的问题客体化和拟人化，把困扰人的问题看作一个与自己分开的“身外之物”。问题的外在化能够帮助涉罪未成年人摆脱问题困扰，减轻自身的问题责任感，去除问题标签化的恶劣影响，使涉罪未成年人提升了自信心以及建构重新叙事的动力。这一技巧在叙事干预中多被使用。

10. 什么是“发掘独特的结果”？

通过外在化问题，让涉罪未成年人与困扰问题分离，其有可能开始发现与这种主导故事相矛盾的亲身体验，发生在涉罪未成年人身上的独特结果源自于他本身，这也使得他相信自己能够发生变

① 何雪松：《社会工作理论》，上海人民出版社2007年4月版，第184页。

化，进而利用这些新发掘的亲身体验编写新的人生故事。这可以促使涉罪未成年人形成一个全新的人生认知，从而改变遭遇的困扰。

11. 什么是干预中的支持技巧？

支持，即社会调查员表达出对涉罪未成年人的理解、接纳、尊重和同感等，来减轻涉罪未成年人的不安和焦虑情绪。一是通过专注的倾听、温暖的语调、平缓的语速、友善的微笑等非语言信息，向涉罪未成年人传达接纳和关心的态度。二是肯定涉罪未成年人的某些行为，并根据社会调查员自己对涉罪未成年人能力的恰当估计，作出必要的治疗效果承诺等。

12. 什么是直接影响技术？

直接影响技术，即社会调查员通过直接表达自己的态度和意见，以促进涉罪未成年人不良行为的改变。另外，社会调查员要通过鼓励涉罪未成年人描述其问题，并提供情感发泄的机会，以便疏导涉罪未成年人的情绪冲突，改变其不良行为。需要指出的是，社会调查员不可把自己的价值观强加给涉罪未成年人，以免破坏与涉罪未成年人之间的信任关系。

13. 什么是对质技巧？

对质技巧是调查对象在不太可能触及问题实质，需要我们干预才能向前推进时使用的辅导方法。工作聚焦在调查对象的感受、想法和行动中明显存在的差异、矛盾、冲突和含糊的信息上。使用这个技巧的前提是，调查对象自身不愿意主动提及，又非社会调查员过失而造成调查对象的抗拒/排斥拒绝提及。

四、社会调查干预帮教过程中问题的处理

（一）社会调查中的针对调查对象个体的干预

1. 什么时候开始干预？怎么干预？

在社会调查的过程中，干预帮教的工作几乎在初次见到调查

对象时便开始了，由于调查对象随时可能出现需要及时进行确认、引导的言行，才能保证接下来社会调查工作的准确性，因此在具体工作当中，很难将社会调查工作与干预帮教工作完全分割，这也是为什么需要坚持在整个案件流程中固定一个或多个社会调查员持续跟踪同一个调查对象的原因。但是，根据关系建立的程度，调查员可以在介入初期进行或多或少的引导，避免因急于开展干预帮教工作而影响工作关系的建立。需要明确指出的是，集中干预帮教工作需要建立在良性的工作关系的基础之上。

另外，对于一些调查对象来说，在工作初期进行经过挑选的干预帮教工作有时会促进良好的工作关系的建立，因为调查对象会感到“这种工作对我成长有利”，或“这个人说得挺有道理”，因而更愿意参与其中。因此，这也不失为一种有效的工作技巧。

更多干预的方法在后文中会着重介绍，但是当我们遇到一个社会调查对象时，首先需要确认的是——他在什么方面需要干预工作，他究竟最适合哪种干预方法与干预技巧。也就是说，在开展干预帮教工作过程中也需要评估、制订计划，而随着干预工作的进程，要不断收集新的信息，以便作出调整，调查员应当具有随时调整干预帮教目的、方法、技巧的能力。

2. 干预帮教工作的主要内容是什么？

司法社会调查工作的开展，是以挽救、教育涉罪未成年人为最终目的的，因此在这个过程中找到调查对象的失范原因才是最重要的，才不会出现“治标不治本”的结果。在针对调查对象本人的社会调查工作中，法律教育、认知问题、问题行为、成长性问题等是最普遍存在的问题，也是干预帮教工作最重点关注的问题。一般来讲，调查对象不会只存在一个方面的问题，由认知问题而引发的问题行为有可能提升失范行为出现的几率，而法律教育的缺乏使调查对象缺少恐惧，促使失范行为的最终形成，成长性问题是一把能够解开“为什么 A 与 B 情况一样，而 B 犯罪了”的钥匙，即每个人有不同的性格与气质，导致不同的人面对同样的环境有不同的反应。因此，在干预帮教过程中，对几个重点问题的关注应该是整体的、综合把握的，其中首先应该关注的无疑是成长性问题，而最应该着重开展工作的是认知问题。

3. 社会调查员在执行干预计划过程中易犯的错误有哪些?

在执行计划阶段，社会调查员的重点应是改变涉罪未成年人看问题的视角，肯定他作出的努力改变，鼓励并督促他把干预计划具体操作化。但在这一过程中，社会调查员经常容易犯这样的错误:

（1）过度关注事情本身而非解决办法，即社会调查员易忽略自己的帮教责任，充当“故事倾听者”，停留在事件本身，而不是打开涉罪未成年人的视角，转移其对事件的注意力，直至解决问题，这无疑会强化涉罪未成年人的负面情绪及认知。

（2）给予涉罪未成年人无意义的承诺或安慰，如“你一定会好起来”，“时间会抚平一切伤口”等，这会让涉罪未成年人产生不了信任感。

（3）计划设计不详细、不具体，不具有可行性。

4. 如何为涉罪未成年人提供情绪支持?

社会调查员在敏锐捕捉涉罪未成年人的情绪时，需要运用接纳、同感、倾听等专业技巧去处理涉罪未成年人的情绪。提供情绪支持的主要目标是消除其无助感、焦虑感以及不稳定的情绪状态，力求获取涉罪未成年人的信任。

5. 社会调查员在处理涉罪未成年人情绪时易犯的错误有哪些?

陷入危机的未成年人的情绪很可能是不稳定的、混乱的，这些复杂的情绪往往会导致思维狭隘，无法作出理性判断。社会调查员在帮助涉罪未成年人宣泄和整理情绪，让他体会到这些情绪是可以理解和接受的同时，也容易犯以下错误:

（1）还未处理情绪就急于改变认知，结果涉罪未成年人听不进去。

（2）社会调查员无法接纳涉罪未成年人的某种情绪，肢体语言表现出明显的排斥，甚至用言语批评对方。结果涉罪未成年人感到不被理解，甚至受到伤害。

（3）在涉罪未成年人询问“我该怎么办呢”时，急于提供建议。

6. 帮教过程中，社会调查员澄清问题可分析的来源主要有哪些?

（1）可利用的环境资源。

（2）自己对自身优缺点的看法。

（3）危机造成的刺激事件（特别是在二十四小时内发生的事件），即自身有什么明显的情感、认知及行为的变化。

（4）曾使用过何种处理问题的方式以解决问题及调适压力。[①]

7. 社会调查员如何协助涉罪未成年人进行总结?

总结主要包括他对危机的看法、得到的经验教训、如何防止类似危机的进一步发生、个人还有哪些需要改善的地方、对社会调查员的看法和建议等。[②] 需要注意的是，社会调查员也需要及时总结计划执行每个阶段的效果，及自身在每个阶段的表现，从而在帮助涉罪未成年人安度危机的同时获得自身的成长。

8. 在社会调查干预帮教工作中，法律教育工作的主要内容是什么?

这里用“法律教育”这一概念，主要是指针对调查对象就法律知识、法律意识、对法律的尊重与服从等对法律认知状况进行的干预工作。单纯的法律知识的教育并不能保证调查对象真正遵从法律或者避免再犯，依靠惩罚威慑犯罪行为也并不是百分之百奏效的办法，因此在社会调查干预工作中，怎样真正保证法律教育工作的效果，达到降低犯罪率、使未成年顺利回归社会正常生

---

① 谢秀芳：《社会个案工作理论与技巧》，台北双叶书廊有限公司 2003 年 2 月版，第 220 ~ 221 页。

② 隋玉杰主编：《个案社会工作》，中国人民大学出版社 2007 年 4 月版，第 187 页。

活的目的，便显得异常重要。

9. 如何开展法律教育干预工作？

司法社会调查法律教育干预工作的工作要点，在于促进调查对象真正理解法律的内涵，而非单纯讲解法律知识；使其真正理解法律为何威严，而非一味地进行处罚，引导调查对象理解法律的内涵，即要帮助他树立公平观、正义观，了解社会中每个人的权益为何以及如何依靠法律保障，培养社会责任感，提升换位思考能力，从而使其真正理解为什么要服从法律的约束，违法后为何要接受严厉的惩罚。只有这样，才能真正提升调查对象的法律意识，保证法律教育工作的效果，才能避免其抵触甚至轻视的情绪。

社会调查员的法律教育干预工作必须在适当的时机以适当的方式进行，开展更加生动、个性化的法律教育工作。否则，容易出现模式化、形式化的问题，那将无异于学校、社区、媒体等以往的法律教育方式，对于调查对象来说，以往的法律教育无疑是失效的。

10. 社会调查干预帮教中常遇到的认知问题有哪些？

认知，即“获取、保有和使用知识时所涉及的精神活动”。[①]本文所述认知问题，指调查对象在处理所接受的信息时产生的观念、想法不准确或者存在偏差，导致调查对象产生不准确或偏差的反应，如当调查对象对“义气”这一问题没有准确认知的时候，往往会把“不顾一切帮助朋友”当作自己“义气”的表现，将本身应该约束其行为的法律法规、道德规范置于朋友的利益之后，导致事态的恶化。在社会调查干预帮教工作中，调查对象多在自我认知、义气、自尊心、约束与自由等方面存在认知问题。

11. 如何针对认知问题开展干预帮教工作？

在社会调查干预帮教工作当中，认知问题是最值得关注的问

① 隋玉杰主编：《个案社会工作》，中国人民大学出版社2007年4月版，第255页。

题，因为它往往是调查对象实施犯罪行为的内在原因，是对调查对象能否正确、深刻地理解整个司法流程，能否积极完善自己顺利回归社会的重要影响因素。与此同时，认知问题也成为工作难度最大的一部分内容。由于调查对象认知问题的形成原因十分复杂，若要改善认知问题的现状，必先需要澄清认知问题的具体内容及追溯其成因，经过评估分析，调查员需要在找到最适合自己调查对象的切入点后，进行认知调整的工作。

必须强调的是，调整认知问题的基本原理是推翻其以往的认知体系，在双方参与的情况下建立新的认知体系，这便要求调查员从调查对象的角度出发，寻找利于他接受、吸收的角度、方式，重新解释具体问题。如上文中提到的“义气”问题，调查员并不应当打压调查对象朴素的责任感与善良感，劝说他放弃自己的“傻义气”，而应当向他展示“怎样才是对朋友最好的方式？你真的对他好吗？”“和朋友一起承担司法处罚，为何不干脆避免朋友受到处罚呢？”

12. 社会调查干预帮教中常遇到的问题行为是什么？

问题行为，指不能遵守公认的正常儿童行为规范和道德标准，不能正常与人交往和参与学习的行为。在社会调查干预帮教工作中，问题行为指调查对象具有偷盗、暴力、自我规范能力差、学业能力差等状况，这些问题的产生原因可能是认知存在问题，即处理社会信息时出现偏差而作出的偏差回应，也可能是在成长过程中因压力、学习而习得的一些行为方式。

13. 在社会调查干预帮教中解决调查对象问题行为的重点是什么？

在针对问题行为开展干预帮教工作的过程中，分辨问题行为的产生原因是必要的先期工作，若是由认知障碍产生的问题行为，需先处理认知问题，再进行问题行为的改善工作；若是因压力、外界影响而习得的问题行为，则需要更多的时间进行澄清“你是否喜欢自己的这种行为”，通过不断引导调查对象审视自己的一系列行为，与之讨论此类行为的性质与影响，尽量协助他自己产生改变的意愿。在这个过程中，需要调查员具有耐心和有效的方式，训练调查对象的意志力与自控力。

14. 社会调查员在遭遇有采取危险行为倾向的涉罪未成年人时易犯的错误有哪些？

危机干预需要社会调查员分秒必争，主动参与指导，而并非拘泥于固定时限、地点及方式。对于有采取危险行为倾向的涉罪未成年人：

（1）社会调查员不敢问其是否有准备去伤害自己或他人，结果低估了危险。如遇到有自杀倾向的涉罪未成年人，不妨试着直接问："你想自杀，能告诉我你准备怎么做？""你在哪里？"坦诚地与对方讨论自杀方式，以了解对方目前的状态。①

（2）社会调查员不主动去挖掘其周围的社会资源，如不向亲友求助，结果错过了阻止危险性行为发生的有效时间。

（3）社会调查员过分高估自己的能力，存在"救世主"情结。如遭遇精神出现障碍的涉罪未成年人，应及时转介。

15. 社会调查干预帮教中的成长性问题是什么？其重要性是什么？

每个青少年都会经历成长的烦恼，本书中成长性问题，是指调查对象在成长过程中因多种因素导致的成长困境，这些问题具有阶段性，是成长过程中特有的认知——行为特点，也是调查对象在成长过程中未能获得应有的教导、支持的体现。如上文所述，成长性问题是调查员首先应关注的问题，这既能够体现每个调查对象具有不同的个性化成因，又能够避免调查员被假问题所迷惑，进行不准确的干预帮教，即很多问题是调查对象因处于成长过程中而出现的问题。在社会调查工作中，成长性问题多表现

① 隋玉杰主编：《个案社会工作》，中国人民大学出版社 2007 年 4 月版，第 188 页。

为青春期性格特点、脱离家庭的欲望、社会适应不顺利、不能尊重、理解他人等方面。

16. 成长性问题的干预工作重点是什么?

进行成长性问题干预介入工作时，首先应澄清的是该问题是因何而起，是因调查对象尚处于成长过程中面临的问题，还是因在成长过程中这些问题没有得到正确、有效地引导而产生的。如果是因成长过程中自然出现的问题，如调查对象处于青春期，他具有冲动、挑战权威等特点，调查员则需要从陪伴其成长的角度进行工作，需要更多的耐心等待一个年轻人成长、成熟。如果是因成长过程中缺乏引导而出现的问题，如调查对象不懂得尊重他人或是经常有攻击他人的行为，便需要调查员对他进行认知——行为的帮教工作。

17. 当调查对象理解自身的不足，并避免谈论一些人或事，显示出无所谓的态度时，社会调查员如何处理?

在遇到这样的情况，社会调查员可以使用对质技巧。首先，社会调查员要与调查对象建立较为成熟的关系，能够包容和接纳对方，进行较为深入的询问。其次，社会调查员应试探性寻找调查对象内心的敏感点，适时切入，为调查对象树立可接纳的行为目标，但要采取质疑现实行为的方式与之交流。最后，将问题留给调查对象自我反思，形成调查对象内心的自我对抗，即将行为对错的是非问题留给调查对象思考。

使用该技巧时需要注意：一是对质要以社会调查员与调查对象的互动为基础，彼此有了一定接纳度，至少调查对象不排斥、不反感与社会调查员进一步的交流，这就要求社会调查员能够敏锐地把握住时机，适时切入。二是实施对质的强度不能超出调查对象对社会调查员的接纳度，不可太强势、太坚持，避免使用威胁、羞辱、高声驳斥等带有敌意侵犯性的动作，防止出现负面效果。三是将责任留给调查对象，不可“越俎代庖”地代替反思责任，因为这有强加他人意愿的嫌疑，而是要通过刺激手段引导调查对象自我思考。

（二）社会调查干预帮教中的针对调查对象生活环境的干预

1. 针对调查对象生活环境干预的主要内容是什么？

结合生态环境理论，调查对象的成长过程受到家庭、学校、朋辈群体、社区、社会的影响，他可能在生活环境中习得问题行为或问题认知，也可能在和生活环境互动时产生偏差，导致成长不利。从整体而言，社会调查员对生活环境的干预工作具有难度，每一个系统都具有互动方式的惯性，社会调查员要打破并重建该平衡几乎不能完成。然而，当调查对象出现诸如被司法处罚这类事件时，也许可以成为改善系统以往互动方式的绝佳机会，家庭的重视会提升其修复平衡的能力，但社会调查员也必须要协助一个失衡的家庭，支持慢慢重建互动系统。

2. 干预帮教中常遇到的家庭支持系统存在问题的情况有哪些？

家庭是调查对象第一个课堂，他在与父母、家庭成员的互动中不断学习如何说、如何想、如何做，因此家庭支持系统存在问题非常容易导致调查对象出现成长不利的情况。在社会调查干预帮教工作中，家庭支持系统的问题经常表现在家庭教育能力低、家庭强制力过强、家庭经济能力差、家庭气氛不愉快、家庭结构不完整、亲子关系疏离等问题。

需要说明的是，那些父母有文化、有能力，家庭经济条件好，家庭气氛和谐的家庭，虽然能够给调查对象必要的支持，但也存在教育理念与教育水平的问题，这些都影响该家庭的教育能力。

3. 针对家庭支持系统问题进行干预帮教工作的重点是什么？

针对家庭支持系统进行干预帮教工作，需要调动所有家庭成员的积极性，分别引导每个人有想改善的想法并鼓励他们付诸实践，社会调查员可以进行家庭治疗，并采取亲子沟通小组的方式，利用家庭成员间深厚的感情基础进行工作。

在很多情况下，家庭的支持条件很难通过自我修复改善，在此情况下，社会调查员需要尽量联络其他机构、部门进行资源协调，如经济状况很差或家庭工作能力有限，家庭支持系统就更需要接纳外界的帮助来进行修复。

此外，引导调查对象改变以往对家庭的看法、提升调查对象对家庭的责任感往往是有效的办法。有些家庭支持系统在短期内无法进行改善，比如，家庭结构不完整或父母教养能力差，这些家庭在面对应激事件时，不能对做出有效的反应提供支持，社会调查员只能通过引导调查对象更加积极、理智地看待自己的家庭环境，并来修复家庭支持系统。也就是说，当调查对象可以积极地看待自己的家庭支持条件时，他将成为对家庭富有责任感的一员而非想逃离家庭躲避压力的一员，这对这个家庭的改善无疑是最有力的支持力量。

4. 社会调查干预帮教中，怎样针对调查对象的朋辈群体关系开展工作?

青少年在青春期初期，逐渐出现社会交往的需求，并寻求在社会交往中得到认可与尊重，这种成就感与尊严感至关重要，若此时家庭不能为青少年提供足够的安全感与归属感，便容易将他们“推”向朋辈群体。由此可见，朋辈群体对青少年的影响至关重要，这是调查对象自己选择的“家人”，他们之间的互相影响更容易产生深刻的效果。然而，调查对象所处的朋辈群体大多与他类似，一般都具有类似的家庭感受及认知——行为模式，他们能给彼此轻松、愉悦、安全的感受，调查员显然并不能成功将一个介入对象扩展为一群介入对象。

因此，在开展朋辈群体关系的干预工作中，有两个维度的工作需要把握。第一，深入了解对青少年非常重要的朋辈群体的内部人员情况、群体规则及群体认知——行为模式，与调查对象展开讨论，引导他自己选择积极正向的群体或群体因素，摒除群体对他自己的负面影响。第二，针对调查对象所处朋辈群体的工作，社会调查员需要找到对该群体及调查对象影响力最大的人或因素，对他进行着重的干预工作，尽量降低朋辈群体对调查对象的负面影响。

5. 社会调查干预帮教中，怎样促进学校支持条件的改善？

在目前社会调查员进行的工作中，对学校的工作能力十分有限，一方面学校以学习成绩为考量标准，以升学率为追求目标的情况比比皆是；另一方面学校也受到诸多政策制度的限制，并要考虑大多数在校学生的学习环境状况。因此，在很多情况中，调查员也无法改变学校对调查对象的态度与处理结果。在此情况下，调查员多以向学校提供预防违法行为的教育建议、鼓励学校以培养未成年成人为目标等方式施以影响。此外，在具体案件中，社会调查员可以在一定程度上向学校说明调查对象的犯罪原因与真实想法，来宽解学校对调查对象的负面印象与失望情绪。

6. 社会调查干预帮教中，怎样针对社区/工作环境开展工作？

与针对学校进行干预帮教工作一样，社会调查员对社区/社会展开的干预工作也同样存在较大困难，而社区的居住环境、社会的工作环境及整个社会的价值取向，都会对调查对象产生或多或少的影响。在目前的工作环境下，社会调查员所能做的就是协调各种资源为调查对象提供间接支持。

五、转介工作

1. 转介主要指的是什么？

社会调查员在与涉罪未成年人最初接触时，需要根据自己的能力和所在机构的宗旨、资源来作出准确的判断。对于社会调查员判定不符合条件的涉罪未成年人，需根据其问题的性质和需要的范围，将其介绍给其他合适的社会调查员或机构。通常有下列两种情况可以提供转介服务：

（1）社会调查员怀疑涉罪未成年人存在心理及精神疾病，需要心理医生或其他医疗机构介入，超出了自己的能力范围。

（2）社会调查员在与涉罪未成年人初步接触以后，发现自己在与他的调查工作中陷入“瓶颈”，在其他社会调查员及督导的适当建议下，工作仍无法深入展开。

2. 转介需要注意哪些？

对于每个涉罪未成年人来说，社会调查员的介入可能是他们寻求转变的一个希望，也是他们成长的一个契机，这不是一件容易的事情。毕竟，与社会调查员谈论自己所处的困境，也是最需要社会调查员帮助的时候。因此，转介时，社会调查员应耐心而诚恳地向涉罪未成年人解释其转介的原因，绝不能以“你不符合我的工作范围”，或其他理由，随意处置涉罪未成年人提出的请求。

如果有需要，社会调查员不仅应该提供转介机构或者其他社会调查员，还应提供该涉罪未成年人的有关信息，而且还必须写好转介记录，说明转介理由，以及对该涉罪未成年人的了解，以免让涉罪未成年人将其问题不断地向不同的机构或社会调查员说明，造成二次伤害，使涉罪未成年人的自信心和寻求帮助的意愿受到打击。

3. 社会调查员应如何对调查对象进行转介？

社会调查员在确定转介工作以及征得调查对象的同意后，应将之前的工作记录以及相关材料进行收集和整理，送达所要转介的机构或者个人，并与之共同商讨调查对象的相关情况，将自己的困惑以及效果和案件接收方进行探讨，从而帮助他们寻找到解决相关专业问题的方式和方法。除此之外，社会调查员应接受相应的专业督导和自我反思，从而提高相关的专业能力。

第十一章　涉罪未成年人社会调查的结案工作

一、社会调查结案的基本含义

1. 什么是结案？

结案，是指社会调查员为终止与调查对象的专业关系所做的一切准备工作。[①] 具体到社会调查工作来说，结案，是指在司法机关委托的案件在社会调查时间范围内，经过一段时期的社会调查与帮教，社会调查员在充分考察调查对象的实际情况的基础上，判断调查对象已经满足相应的结案条件，从而采取相应的工作方法，结束与调查对象的专业关系的过程。

2. 社会调查中的结案，与社会工作中的结案之间的联系与区别？

联系：社会调查的结案工作遵循一般社会工作的基本程序与步骤，在理念和方法上也借鉴了大量社会工作的经验。作为社会调查的重要主体之一，社会工作者在开展社会调查的结案工作时所用的专业理论与方法，在实际工作中非常有帮助。

具体来说，二者联系可分为：

（1）价值理念相近。在结案阶段，社会调查员或者社工都要遵循平等、尊重、价值中立、相对保密等价值理念。

（2）工作流程相似。社会调查的结案流程在很大程度上与社会工作结案的流程一致，尤其是与社会工作中的个案工作模式结

① 许莉娅主编：《个案工作》，高等教育出版社2004年版，第139页。

案流程有很多相同之处。

（3）工作方法相通。社会调查与社会工作中所用到的具体方法有许多相通之处。例如，访谈法、观察法等方法，在结案阶段都会被使用，且操作上有很多可互相借鉴。

区别：（1）主体不同。社会工作中进行结案的主体是社会工作者与求助者；在社会调查中，进行结案工作的是社会调查员与涉罪未成年人。根据相关司法解释的规定，当前社会调查主体主要有以下几类：公诉人、人民法院委托的社会团体组织的人员或者其他社会工作者，以及少年法庭的法官。在实际工作中，专职于社会调查的工作人员应具备社会调查的专业资格。目前，在探索中由司法社会工作者承担的社会调查主体得到了广泛的认可。

（2）时限不同。社会工作进行结案的时间，一般可以由调查对象和社会工作者共同确定（由服务协定规定的）；社会调查中的结案时间，必须严格在司法部门委托的时间段内展开，不能因社会调查影响司法进度。

（3）结案具体工作内容不同。一般社会工作中的结案，只需社工向所在社会工作事务所或者购买服务方出具对调查对象基本情况总结和分析的结案报告即可；社会调查时的结案，除了出具结案报告外，还应向委托案件的司法机关出具社会调查报告。此外，社会调查结案时还要与司法机关进行一系列程序上的衔接，这也是一般社会工作过程中所没有的。

3. 结案的主要任务是什么？

总体来说，结案阶段的主要任务，即社会调查员要采取相应方法与调查对象结束专业关系，并对之前的社会调查与帮教过程进行全面的回顾、总结与评估，从而更好地巩固工作效果，为之后的工作积累经验、提供指导。

具体来说，结案阶段的一般性任务包括：

（1）调适调查对象因关系中断及丧失他人支持而产生的忧惧感。社会调查员在对涉罪青少年调查对象进行社会调查和帮教过程中，从多个方面给予了调查对象支持，结案后这些支持也便随之消失，这时，调查对象尤其是青少年调查对象往往会对未来感到担忧甚至恐惧。在结案阶段调适这一忧惧感十分重要。

（2）审视工作中的经验及进步。对于每一位社会调查员来说，每一位调查对象都是不同的，在工作中及时积累经验才能更好地为不同的调查对象提供有针对性的帮教，结案阶段是调查员工作的总结阶段，也是工作技能提升的大好机会。

（3）思考如何巩固已取得的成果。进入结案阶段，在很大程度上意味着前期帮教已经取得了一定效果，调查对象可以在脱离调查员帮助的情况下独立面对生活的机遇与挑战。因此，结案阶段巩固前期工作成果也变得尤为重要。

（4）思考如何将这些经验运用到今后可能遇到的困难中。社会调查员进行的调查与帮教工作，经常会遇到调查对象不同的困难与问题需要帮助解决，在结案阶段不但要审视工作中的经验和进步，还应思考这些经验在今后的运用，这不但有助于调查员提高工作水平，还有助于调查对象得到更有效的帮助。①

上述几项任务，均是社会调查员结案时在专业关系和专业能力方面需要达到的目标。除此之外，社会调查工作是受司法机关的委托而进行的，因此社会调查员在结案时还要根据先前的工作，进行收集资料和总结归纳的工作，并撰写相关的社会调查报告，交予司法机关。如果调查对象在结案工作中，出现情绪的波动或者行为上的偏差，社会调查员还应主动与负责该案件的司法人员沟通，商讨采取进一步的措施。

4. 结案可分为哪几种类型？

一般而言，结案可以分为以下几种类型：

（1）调查员与调查对象双方一致决定结案。这一类结案是最

① 翟进、张曙编著：《个案社会工作》，社会科学文献出版社 2001 年版，第 116 页。

常见的一种结案类型，即调查员在完成社会调查和一段时间的帮教后，参照最初与调查对象共同制订的帮教计划，与调查对象共同认为在帮教计划中需要解决的问题已经基本解决，帮教目标实现而进行结案。

（2）调查对象（或其监护人）单方面要求结案。在社会调查及帮教过程中，社会调查员有时会遇到调查对象（或其监护人）自己认为目标达到的情况，或者调查对象（或其监护人）对社工或机构不满，因此决定单方面要求结案的情况。在这种情况下，社会调查员可以进行结案，但应当向委托调查的司法机关出具书面材料说明结案缘由。

（3）因调查员单方面的因素而结案。这种结案比较常见的有两种情况：一是经过努力始终无法与调查对象建立专业关系，如调查对象有不认罪、强烈排斥或智力迟滞等因素导致无法建立关系，这使得后续社会调查无法进行，只能选择结案。二是调查员如果在调查或帮教过程中发现调查对象有新的问题，超越了自己的应对能力，如严重心理疾病或其他无法独立应对的情况，调查员也可以选择结案。

（4）因机构的因素而结案。如果开展社会调查的主体是司法社会工作者，调查员往往会服务于某一司法社工机构，调查员如果发现某些调查对象的情况不符合机构的规定，或者机构无法达成调查对象的目标，这时调查员也可以进行结案工作。但在实际工作中，司法机关委托的调查对象往往都会符合合作机构的特点，因此这类结案数量相对较少。

二、社会调查结案的基本程序

1. 结案时，要做哪些准备工作？

（1）分析工作目标与计划完成情况。在社会调查前期，一般都会由调查对象和社会调查员共同制订有针对性的帮教计划，并制订相应的具体帮教目标，这份帮教计划，既是调查帮教阶段的工作指南，也是判断调查对象是否可以进入结案阶段的参考依据。调查员在帮教后期，应当有针对性地和调查对象交流帮教计划的完成情况，调查对象本人及社会调查员共同判断分析帮教目标的完成情况，如果发现计划中绝大部分目标已经实现，就可以考虑进入结案阶段。

（2）确定最终结案时间。在结束检查目标完成情况后，如果调查员认为调查对象可以结案，就可以根据双方时间选定结案时间。在社会调查过程中，结案时间的确定，一方面要考虑调查员与调查对象的时间，另一方面还要严格依照司法机关委托的结案时间，不能超期。因为，司法机关的委托时间往往都会根据调查对象的司法流程时间确定，因此结案时间必须在委托日期之内。

（3）前期个案记录回顾总结。在正式进入结案阶段之前，调查员应当准备好调查对象相关的所有记录资料，包括结案登记表、谈话记录、调查对象细作、收集到的其他文字资料等。结案前，调查员应当对这些资料充分地回顾与总结，这不但有助于结案工作的顺利开展，同时也有助于工作经验的总结以及对调查对象情况的全面掌握。

（4）对可能遇到的案主反应做好准备。由于进入结案阶段便意味着调查对象需要一步步脱离调查员的帮助和支持，独立面对遇到的问题，因此这一阶段调查对象在情绪上往往会出现许多特殊情况，每位案主对待结案的具体反应也会不同，这些情况需要调查员事先有所准备，并有相应的应对措施。

2. 结案时，社会调查员要做哪些工作?

（1）提前通知结案时间。提前通知调查对象结案时间，一方面是保证调查对象的知情权，另一方面也可以使调查对象对结案有一定的心理准备，尽可能提前做好结案准备工作。

（2）总结回顾调查与帮教过程。这一过程，首先应当由调查员对自己帮助调查对象的全过程进行回顾，得出初步结论。然后，在与调查对象进行后期访谈时，也可以与调查对象共同讨论其对调查帮教过程的意见，双方共同回顾总结，可以得出更全面的结论。

（3）梳理调查对象的积极变化并加以巩固。这是进入结案阶段的主要任务之一，调查员可以通过鼓励性的语言或者其他专业方法使调查对象意识到自己一段时间以来的改变，同时有充分的信心及恰当的方法维持其积极的变化。

（4）与调查对象进行互动与沟通，互相获取反馈。这一过程，可以通过调查员与调查对象之间的访谈进行，也可以双方通过书信、电子邮件等进行，调查员可以请调查对象对帮教过程客观地进行回顾与评价，同时把自己对调查对象的看法给予反馈，这一过程可以使双方更好地了解帮教效果，从中获得提升。

（5）处理分离情绪等案主心理问题。分离情绪是调查对象进入结案阶段后比较常见的心理反应。恰当地处理分离情绪，可以帮助调查对象更好地度过结案时的心里不适，同时，结案时有时有一些问题还需要继续处理，调查员也应在这时有计划地予以解决。

（6）及时与相关司法人员沟通，并在规定时间内出具社会调查报告。司法人员需要通过社会调查员了解调查对象的情况，从而作出一个更为公正、更为人性化的裁决。因此，调查对象心理或者行为上的变化，需要社会调查员及时与司法人员进行交流。另外，司法机关的工作具有一定的时效性，社会调查员需要在规定时间内出具社会调查报告，以免耽误司法流程正常的进行。

（7）做好结案记录。对调查对象进行社会调查工作的全过程都应当有书面记录，结案作为其中的一个阶段也应当有结案记录，关于结案记录的写作内容及方法，本节在后面部分会进行详细介绍。

（8）采用恰当仪式正式宣布结案。在正式结案时，通过一些小的仪式或有标志性的话语正式宣布帮教过程结束，这样既可以使调查对象明确专业关系的解除，也可以通过这种仪式和语言体现结案工作的正规性和重要性。鉴于社会调查工作的严肃性，此时的仪式不应过分烦琐或流于形式。例如，在结案仪式中，可以邀请调查对象监护人、相关司法人员、被害人、合适成年人以及律师等人参加，让这些人共同见证结案工作的结束以及调查对象的积极变化，这样可以增加调查对象的责任感，并以积极的状态迎接未来的生活。

3. 进入结案阶段，是否意味着调查对象问题已经完全解决？社会调查工作遇到哪几种情况需要进行结案？

进入结案阶段，并不意味着调查对象所有的问题都已完全解决，可以说，调查对象问题完全解决是调查帮教工作的一种理想状态，很多情况下进入结案阶段是有其他因素的影响。一是核心问题的解决，但其他问题尚未解决。二是前期简单的问题短期得到了解决，重点或核心问题需要长时间解决，迫于法定时间限制，暂时终止，在各司法环节进行跟进。三是出现意外，介入中止，需要转介。一般认为，出现以下几种情况，调查员便可以考虑进入结案阶段：

（1）调查员与调查对象都认为帮教目标已实现。

（2）调查对象认为离开调查员帮助可以独立解决问题。

（3）调查员与调查对象专业关系建立不当，无法进一步进行工作。

（4）调查员发现调查对象存在需转介的情况。

（5）调查员或调查对象中任何一方，因特殊原因不得不离开，需中止介入并进行转介工作。[①]

（6）司法机关委托案件调查时间已到期。

以上几种情况，大多在前文结案分类中进行过介绍，这里不再赘述。对于其中提到的特殊情况，调查员在进行结案时应当及

① 许莉娅：《个案工作》，高等教育出版社2004年版，第140页。

时与负责该调查对象案件的司法人员或行政人员沟通情况，避免因信息沟通不畅造成不良影响。

4. **结案有没有时间规定？**

在一般的社会工作过程中，结案时间的确定往往由社工和调查对象沟通商定，同时参考所在机构的服务时间最后确定。

在社会调查过程中，由于调查员进行调查帮教的调查对象绝大多数由司法机关委托，因此结案时间很大程度上要参考司法机关的委托时间决定。具体时间要视调查对象案件的司法流程时间而定。调查员在实际工作中需要准确把握不同调查对象的结案时间，从而分配好各个阶段的任务，给结案预留足够时间进行。除了司法机关的委托时间，不同机构、调查对象情况不同，还应从实际情况出发准确把握。

以下为法律规定的每个流程的最低时限：

1. 公安机关侦查阶段：三十日。
2. 检察机关批准逮捕阶段：七日。
3. 公安机关继续侦查阶段：六十日。
4. 检察机关审查起诉阶段：三十日。
5. 审判机关判决阶段：三十日。

每个司法流程都有特殊情况的期限，详细内容需要参考相关法律条文和实际工作中委托机构要求的时限。

5. **结案阶段调查对象的心理特点较之前期阶段有何不同？为什么？**

进入结案阶段的调查对象往往都经过了一段时间的帮教，与调查员建立了相应的专业关系，结案时调查对象与调查员需要结束专业关系，因此心理上常常会出现一些变化，具体常见的有：

（1）积极的表现

调查对象经历了社会调查和帮教工作后，更多的可能会在结案阶段出现积极的表现。比如，明确的是非观、积极的认罪悔罪态度、良好的行为习惯的养成、自我控制能力的提升，以及充满希望的人生态度等。调查对象在结案阶段的这些积极表现，也是社会调查员所期望的。

（2）消极的表现

矛盾心理：调查对象的矛盾心理表现为，一方面为帮教取得了效果，自身获得进步和提升而欣喜，同时也为需要结束一段自己依赖的关系而难过，对失去帮助后自己未来的生活感到忧虑，因此会产生矛盾心理。

行为退化：对于众多青少年调查对象而言，失去一段支持自己的专业关系会使他们非常失落，由于许多孩子还不能理解专业关系与友情之间的区别，他们往往会误以为自己失去了一个朋友，这时调查对象往往会选择消极对待已有改变，用行为上的退化抒发内心的情绪。

拒绝结案：在结案的不同类型中，有一种是调查对象本人并未感到自身问题得到了解决，但帮教时间已到，或者调查员认为可以结案，此时调查对象常常表现出排斥心理，拒绝结案，常有失望、悲伤、愤怒等情绪反应。当出现这种因工作效果评判差异而导致的意见不统一和调查对象的消极反应时，社会调查员应运用专业方法，先对调查对象的看法表示赞同和肯定，然后继续与调查对象深入交换看法，探讨相关问题，来获得调查对象的同意，并且协助调查对象抛弃不合理的认知，积极地面对社会生活。

6. 针对调查对象在结案阶段出现的情绪问题和心理波动，社会调查员应采取什么策略？

（1）提前告知结案时间及内容。前面提到，结案的具体流程中包括确定结案时间与告知调查对象结案时间两部分内容。之所以要提前告知调查对象结案大体时间与结案的具体内容，是因为这样可以使调查对象做好充分的思想准备，避免在毫无准备的情况下仓促结案，导致帮教效果不佳。

（2）稳定和增强调查对象已有的帮教效果。这一策略，可以通过帮助调查对象回顾整个调查帮教过程，从经验中肯定调查对象日后处理问题的能力及适应能力来进行，这可以从心理上使调查对象增强自信，提高调查对象自身的成就感。

（3）恰当处理离别情绪。离别情绪是结案过程中常见的调查对象的心理反应。调查员不应回避或消极看待这些情绪，而是应当鼓励调查对象充分表达，帮助调查对象着眼更长远的未来及个人发展，制订一些后期跟进帮教的计划等，从而避免调查对象产生被抛弃的感觉。同时，调查员也应提高专业素养，保证自身不被过重的离别情绪影响。①

7. 结案阶段，应当如何处理与调查对象的关系？

因为，社会调查员工作的目标之一是实现调查对象的自主成长，顺利回归社会。因此，处理好社会调查过程中的专业关系就显得尤为重要，这不但是调查员工作专业性的体现，也是为调查对象未来发展负责的表现。调查员与调查对象建立的是专业关系，而非普通友伴关系，调查对象在接受一段时间帮教后，更长远的人生道路还要自己去走。调查员本人首先应认识到这一点，防止与调查对象长期交往产生的个人感情影响专业关系的终止。

8. 如何处理好与调查对象专业关系的终止？

具体来说，处理好与调查对象关系的终止，可以从以下几个方面入手：

（1）在结案时，安排充分时间使双方充分表达自身感受。

（2）调查员可以向调查对象告知，专业关系结束后，当调查对象遇到问题时，可以随时与机构联系，调查员与所在机构不会对其置之不理。

（3）及时肯定调查对象已有成果。

（4）最后一次进行工作可进行一些仪式性的工作，如安排亲子活动、发放证书等。

---

① 许莉娅：《个案工作》，高等教育出版社2004年版，第141页。

（5）调查对象的帮教目标没有完全完成，可以帮助调查对象学习独立处理这些问题的方法。

（6）确定对调查对象进行跟踪回访的相关信息。①

9. 结案阶段，应进行哪些调查对象材料的整理？

结案阶段的资料整理是对调查对象全部资料进行总结处理的过程。这些资料包括：调查对象结案登记、谈话记录、习作、录音材料、书信、证明材料，等等。将这些材料按类别和时间进行分类，整理后归档。由于这时的调查对象材料中还没有结案登记表和最终的社会调查报告，因此在结案结束后，还应补齐这些材料。

10. 结案时，应如何进行结案登记？结案登记表应包含哪些内容？

一般而言，一份完整的结案登记表应包含以下几个部分：

（1）从接案到结案的起止时间。

（2）调查对象基本信息。

（3）案情信息。

（4）前期评估问题。

（5）原因分析及帮教计划。

（6）介入过程。

（7）结案效果评估。

结案登记表是表明调查对象与调查员专业关系结束的依据，一般由调查员所在机构保存。结案后，调查员还应当向委托调查的司法机关提交社会调查报告和帮教报告。这两份报告的具体内容及写作方法将在后面的章节介绍，在此不再赘述。

11. 结案时，如何与司法机关进行程序上的衔接？

社会调查员在法律规定时间内完成结案工作后，应口头向相

① 翟进、张曙编著：《个案社会工作》，社会科学文献出版社2001年版，第116～117页。

关司法人员讲述调查对象的基本情况以及帮教效果，以便司法人员对调查对象有一个更为形象的了解，并根据先前的工作出具一份社会调查报告。之后，调查员应与司法人员共同探讨结案仪式的相关事宜，从而制订计划，联系各方面人员，举行结案仪式。

在实际工作中，因为案主状态的不稳定性以及司法人员在司法程序上结案时间的变动性，社会调查员在结案工作中可能会延长或者缩短程序上规定的时间，面对这种情况，社会调查员应及时与相关司法人员沟通，商讨确定结案时间。

在结案工作完成后，应向司法机关提交社会调查报告，告知司法人员该调查对象已结案，征得同意后，为调查对象举办一个小型的结案仪式。之后，由司法人员继续负责调查对象下一阶段法律程序的履行过程。

三、社会调查结案的总结评估

1. 为何要在结案时进行总结评估？总结评估的目的是什么？

总结评估，通常是在社会工作服务过程即将结束或者已经结束后进行，其目的是检查整个服务的成效。总结评估关注预期目标或者结果是否达成。在结案时进行总结评估，主要目的在于，首先，了解和判断整体调查与帮教效果，总结经验教训，服务下一阶段工作。其次，规范社会调查员的工作，保障社会调查工作的成效。

2. 前期评估与总结评估有何不同？为什么？

前期评估与总结评估开展的时间不同，两者关注的侧重点也不同，具体来说：

（1）前期评估主要关注两个方面的内容，即调查对象存在的问题及原因，以及下一阶段应进行帮教的内容。前期评估需要明确的问题：首先，调查对象存在的问题与需求是什么。其次，进行调查与帮教的目标是什么。第三，在帮助的过程中，调查对象在解决问题时怎样发挥自己的作用。

（2）总结评估侧重点主要在于经过干预帮教，前期的目标或结果是否完成。这一评估需要明确的问题：首先，帮教过程对调查对象是否有效。其次，调查员所采用的方法是否专业、得当，是否遵守相关伦理，运用的理论及技巧效果如何。第三，调查员有什么经验和收获。

3. 总结评估应包括哪几个层面？总结评估的内容具体包括什么？

（1）投入评估：其主要内容包括开展本次社会调查与帮教的全过程总共投入了多少人力、物力与财力，包括花费的资金，调查员参与的人数与工作时间，以及使用的其他资源等。

（2）行动评估：为了使调查对象获得满意的帮教效果，调查员及其所在机构以及合作的司法机关进行的活动，包括访谈、家访。环境调查或组织小组活动、社区活动等。

（3）短期帮教效果评估：这一评估，是指服务提供结束后，调查对象所发生的明显变化和取得的显著成效，如错误思想转变、重新获得学习或工作机会等。

（4）长期效果评估：这一评估，是指长时间才能养成或改变的，不易察觉的调查对象的变化，如调查对象价值观的转变等，这一评估通常在结案之后的帮教效果回访中进行。①

4. 总结评估应采用什么方法？

社会调查员常采用的评估方法包括以下几种：

（1）调查员与调查对象本人对帮教效果进行评估：这一评估方法可以通过与调查对象的访谈展开，也可以通过让调查对象填写调查表进行。主要评估内容，包括帮教效果、所用方法、帮教过程的优点与不足等。

（2）调查员与其他专业人员对工作过程与方法进行评估：社

---

① 翟进、张曙编著：《个案社会工作》，社会科学文献出版社2001年版，第117页。

会调查员可以邀请自己的同事对自己的工作进行他评。主要内容包括，工作方法、过程及效果等，但应注意对调查对象个人信息的保密。

（3）参照帮教计划书，结合调查对象帮教效果进行比照评估：按照前期帮教计划，结案时评估每一项帮教目标的执行情况及效果。这一方法相对易操作，但应注意调查对象的参与。

（4）由督导、专家、委托开展调查的司法机关进行评估：这一评估方法主要通过向督导、专家或司法人员提供社会调查报告、帮教报告等相关材料，或以汇报的方式进行，权威性较高。

5. 总结评估时，应特别注意哪几个方面的问题？为什么？

（1）保证评估过程透明、真实。总结评估对于调查对象、调查员和司法机关都具有很重要的意义，评估结果直接影响到调查对象社会调查的结果，因此这一过程必须全程客观公正，保证评估的真实和透明。

（2）注重调查对象参与。在评估过程中，有调查对象参与进行，意义十分重要，因为这样可以使调查对象更加清晰地回顾自己的变化成长过程，深化帮教效果；同时，对于调查员的帮教，调查对象最有发言权，只有经过调查对象本人认可的帮教效果，才能经得起考验，调查对象本身便是评价调查员工作的重要指标。

（3）坚持保密原则。评估过程的透明主要针对调查员所采用的方法和对工作的成效展开，对调查对象的个人信息与调查所得到的调查对象隐私，在评估时是应当予以保密的，防止对调查对象造成二次伤害。

四、社会调查结案中可能遇到的问题处理

1. 进入结案阶段后，如果调查对象本人或其亲属不愿意结束专业关系应如何处理？

在实际工作中，社会调查员与调查对象面谈数次，对其提供

了积极的情感和情绪支持，两者之间建立了信任和平等的关系，整个帮教过程都是由双方互动而完成的，社会调查员在告知调查对象即将进行结案工作之后，调查对象本人或其亲属因感受到了帮教工作对自身的积极作用，有可能出现不愿意结束专业关系的情况。具体表现为，情绪无缘由地暴躁或者低落、内心不愿接受专业关系即将结束的现实，或者恢复早期偏差行为方式等。此时，社会调查员应澄清自己工作流程以及结束专业关系的必要性，引导对方认识到离开社工是每名调查对象所必须经历的一个阶段，调查对象将来需要以独立的姿态面对生活，从而真正实现“调查对象自决”。如果调查对象及其家属不愿意结束专业关系的心理反应较为强烈，社会调查员可以适当延长工作时间，从而让调查对象及其家属逐渐适应专业关系即将结束的状态，以便达到最好的工作效果。

2. 如果调查对象在结案阶段出现比较严重的离别情绪，应该如何处理？

在结案工作之前的对调查对象的社会调查以及帮教工作中，社会调查员属于陪伴者、支持者、教育者，以及引导者等角色，这个过程是通过两者之间的互动而进行的，所建立的专业关系也是平等和友善的。因此，当调查对象在面对专业关系即将结束的情况时，有可能出现依依不舍、惆怅以及丧失感等离别情绪，当调查对象的这种情绪表现得较为强烈时，社会调查员如果不及时处理，容易影响到之前帮教工作的效果以及调查对象的生活状态。面对这种情况时，社会调查员应感同身受地体会调查对象产生离别情绪的原因，倾听调查对象对专业关系结束的看法，询问其有何顾虑，引导调查对象正确面对结束专业关系这一现实，并且逐渐努力适应这一情况，鼓励其以更加独立积极的状态来面对未来的生活。

3. 在结案过程中，如果调查对象希望通过请客、赠与礼物等方式向社会调查员表示感谢应如何处理？

在整个帮教过程中，社会调查员给予了调查对象积极的情绪、情感以及社会支持，加之中国属于人情社会，所以在结案时调查对象有可能希望通过请客、赠与礼物等方式对社会调查员表示感谢。

首先，社工应该明确自己工作的原则和立场，坚守住自己专业上的伦理守则和专业价值观，明确自己社会调查员的身份不能和调查对象发生任何形式的利害关系，从而坚守自身的职业操守。

其次，社工在拒绝调查对象时，应采用恰当的方式和方法，既要坚守自己的原则，也不要伤害调查对象的感情。

另外，社会调查员在以往的家访工作中，遇到过调查对象及其家长礼貌性地让喝茶水以及吃零食等，面对这种情况时，社会调查员可以礼貌性地予以适当地接受。

4. 在结案过程中，如果调查对象通过向社会调查员给予金钱、财物等方式，试图获得有利于自己的评估结果时应如何处理？

社会调查员受司法机关的委托，对调查对象进行社会调查和帮教的工作，最终所呈现的结论应该是客观的、全面的、公正的以及中立的。因此，这项工作的伦理责任明确要求社会调查员在工作时，不能受到外界任何一方的影响。因此，在面对调查对象通过给予金钱、财物的方式试图获得有利于自己的评估结果时，社会调查员应坚守自己的伦理守则，明确表示自己的中立立场，拒绝调查对象这种不合理的请求。在实际工作中，因调查对象对社会调查员工作职责和权限的不了解，有可能会出现这种情况，社会调查员需要对自己的工作有一个澄清的过程，在拒绝对方时，要采用合理恰当的方法，以免破坏到专业关系的建立。

5. 在结案过程结束后，如果调查对象希望与社会调查员以朋友身份继续联系和交往应如何处理？

从原则上来讲，社会调查员应尽量避免与调查对象以朋友的身份进行交往，因为朋友关系的建立，容易引发社会调查员谋取私利和获取不当利益的可能，这样的情况出现就违反了基本的社会调查的伦理原则和纪律准则，从而破坏了社会调查工作的秩序。

在结案工作后，面对调查对象强烈希望以朋友身份继续联系和交往时，社会调查员在排除了调查对象是为了不正当利益的目的情况后，可以答应调查对象的请求，在私人生活中以朋友的身份和对方保持交往。需要注意的是，朋友关系的建立，必须要以专业关系的结束为前提，如果两种关系同时存在，会导致社会调查员角色混淆，影响专业工作的效果。朋友关系建立后，调查对象如果产生了帮教工作的需要，社会调查员不得恢复专业关系，而是应将调查对象转介给其他的社会调查员，以期得到更好的帮教效果。在与调查对象以朋友关系进行交往时，社会调查员应对以前的工作保密，这样既有助于维护先前工作的独立性、中立性和保密性，也有助于维护两者之间的朋友关系。

6. 如果结案过程出现特殊情况，在何种情况下应考虑对调查对象进行转介?

在结案过程中，调查对象可能会出现对社会调查员的工作不满意、帮教效果不明显、行为习惯有所倒退以及自我伤害等危险行为的情况，社会调查员通过专业督导后，还是无法解决调查对象所出现的特殊情况的，应该本着以调查对象为中心的原则，征得调查对象的同意后，将调查对象转介给经验较为丰富的社会调查员或者专业解决调查对象特殊心理及行为问题的专业机构，并且做好相应的衔接工作。

7. 调查对象在结案后，如果出现再次犯罪应当如何处理?

调查对象在结案后出现再次犯罪的情况时，社会调查员应采取两个基本措施。

第一，社会调查员的自我总结，查找调查对象再次犯罪的原因。社会调查员本人要搜索到先前对这名调查对象工作的工作记录和报告，并加以分析，总结自己的社会调查和帮教工作是否存在漏洞或者不足，然后在机构专业督导会上与其他社会调查员共同探讨，寻找到调查对象再次犯罪的真正原因，以及解决策略和继续进行工作的要点。

第二，社会调查员应及时向委托机关作出书面解释。社会调查员应根据上述的案情进行分析，出具一份调查对象再犯情况说明，交予相应的司法机关。应与相关的司法人员进行交流，与之探讨调查对象再次犯罪的原因，通过分析后，研究出是否有对调查对象继续进行工作的必要。

8. 调查对象在结案后，对调查员寻求物质或心理上的帮助时该如何处理？

在社会调查和帮教的过程中，社会调查员和调查对象之间建立了信任的关系，因此结案之后，当调查对象面对生活中的困境，周围又没有可支持的群体时，调查对象有可能回来主动寻求社会调查员的帮助。当调查对象寻求心理层面的帮助时，社会调查员可给予一定的情绪和心理支持，如果情绪比较严重，调查员可以向机构负责人汇报，决定是否需要重新建立专业关系进行介入，或者协调相关社会福利资源帮助调查对象解决问题。

当调查对象寻求物质层面的帮助时，调查员帮助调查对象协调其亲属、朋友、学校或其他民政福利组织的资源，为其提供相应的物质支持。在情况比较紧急的情况下，调查员可以向机构负责人报告，以机构的名义为调查对象提供一定数额的临时性救助资金。

五、社会调查结案后的跟进

1. 跟进工作的主要内容是什么？

跟进工作，是社会调查员在完成所有的社会调查和帮教工作并且结案之后，通过电话访谈或者面谈的方式，对结案后调查对象的身心状态、思想观念、行为习惯以及工作学习情况等相关情况进行一个大致的了解，对帮教效果进行评估，并且进行记录。发现调查对象出现了偏差的认知和行为时，给予及时的提醒，并且提出相应的对策和解决办法，从而巩固之前帮教工作的效果。如果调查对象出现较为严重的行为问题时，应及时向机构督导和司法机关人员说明相关情况，并进行相关的干预和支持。

需要声明的是，结案后的跟进是在现有立法程序之外的附加性工作，是社会调查员在法律框架内进行社会调查和帮教工作之外的拓展性社会服务。因此，在跟进工作的过程当中，社会调查员要注意不要过多地干涉和影响调查对象正常的社会生活。

2. 为何在社会调查结案后还需要开展跟进工作?

之所以在结案后还需要开展跟进工作，是因为社会调查员需要了解帮教工作后调查对象各方面的情况，从而在评估帮教效果的基础之上，提供相应的支持，以便确保帮教的效果。

跟进工作还可以及时发现调查对象在社会生活中出现的新问题，如失业、失学以及人际关系冲突等问题，社会调查员在了解了这些情况之后，可以采取一定的措施，为调查对象提供情感以及社会支持，同样可以起到巩固帮教效果的作用。

3. 跟进阶段与调查对象的接触沟通，较之前期工作有何不同?

前期的工作主要内容是社会调查和帮教的工作，跟进阶段的工作主要是对调查对象的各方面情况进行一个大致的了解，进行相应的文字记录，并根据前期的工作，对身处社会生活的调查对象以必要的提醒和肯定。因为，跟进工作是在结案工作阶段之后，因此不适宜进行深入的帮教工作，如果发现调查对象存在较为严重的心理或行为问题，经过和机构督导讨论之后，可以考虑重新恢复帮教工作的关系或者对调查对象进行转介。

4. 跟进过程中，以何频率与调查对象进行工作比较适宜？为什么?

根据社工界的普遍标准，以及社会调查员通过实践总结出来的经验，认为跟进工作的频率在 2 ~3 周一次比较适宜。在实际工作中，如果社会调查员在较短的时间进行跟进工作，会对调查对象造成一定的压迫感，让调查对象感觉到心理上的不适。如果时间过长，调查对象不容易感受到社会调查员对其的督促作用，从而产生懈怠、行为倒退等消极状态，降低了跟进工作的效果。因此，跟进工作的频率要适度，才能对调查对象起到最大效果的积极作用。

5. 跟进过程持续多长时间较为适宜？结束跟进的标准是什么？

调查对象脱离社会调查员的帮教后独立地面对社会生活，需要一定的适应和自我调整的时间，而每一名调查对象个体的情况不尽相同，因此跟进工作一般持续六个月到十二个月的时间。跟进到一定时间，社会调查员如果未发现调查对象存在心理上波动和行为上的异常，生活状态持续稳定，达到了一定的帮教效果，认定调查对象可以积极地面对独立生活后，可以暂且将周期性的跟进工作告一段落，并出具一份跟进报告。到此为止，社会调查员与调查对象之间的专业关系也自然解除。

第十二章　涉罪未成年人社会调查报告的写作规范

一、社会调查报告的概述

1. 什么是社会调查报告?

社会调查报告，是指具有专业资质的社会调查员围绕调查对象的生活背景、成长经历、主观恶性程度、犯罪前后的表现、回归社会的社会支持条件以及对其人身危险性和再犯风险性进行评估而形成的比较系统的书面材料，供相关司法部门在量刑时予以参考。社会调查报告作为社会调查工作总结性的文本材料，是对法律规定的社会调查内容的具体体现，是社会调查制度的重要组成部分。

2. 社会调查报告分为哪几类?

虽然我国很多地方已经开展了有关未成年人刑事案件社会调查工作，但由于我国社会调查制度还处在探索阶段，社会调查工作的具体程序尚未形成统一的规定，各地社会调查员在对涉罪未成年人进行社会调查时关注的问题侧重点不同，具体的工作方法和技巧不同，以致在实践中对社会调查报告的具体设计也有所不同。从社会调查报告的样式上看，有的采用日常公文报告样式，有的采用调查表格或调查笔录样式。以北京模式为例，专门受理涉嫌犯罪未成年人社会调查和帮教工作的首都师范大学少年司法社会工作研究与服务中心，将社会调查报告分为两种类型：初次社会调查报告（表格版）和社会调查报告（报告版）。

3. 初次社会调查报告的设置依据和形式是什么？

在侦查阶段，社会调查员开展社会调查的目的是对涉罪未成年人羁押必要性进行评估。在这一阶段，社会调查员只有一到两周的时间对涉罪未成年人进行社会调查。鉴于时间的限制，社会调查员只能对涉罪未成年人的个体情况、家庭情况、社会交往情况、法律认知情况等方面做初步的社会调查，对涉罪未成年人的犯罪原因及回归社会的不利和有利条件，也只能进行初步的分析，几乎无法涉及对涉罪未成年人的帮教工作。所以，社会调查员向公安机关提供的只是包括涉罪未成年人基本资料的《初次社会调查报告》（表格版）。（请见附件5）

4. 社会调查报告的设置依据和形式是什么？

在审查起诉阶段，社会调查员对涉罪未成年人开展社会调查的目的是为检察官决定案件是否起诉提供重要参考意见。在这一阶段，社会调查员接到人民检察院的委托通知后，有一个月的工作时间对涉罪未成年人进行更为全面的社会调查，并可以对涉罪未成年人实施一定的帮教工作。因此，社会调查工作结束后，社会调查员要向人民检察院提交一份涉嫌犯罪未成年人信息资料较为全面的《社会调查报告》（报告版）。（请见附件6）

在庭审阶段，社会调查员对涉罪未成年人开展社会调查的目的是帮助主审法官更加客观、科学地对涉罪未成年人进行量刑审判。在此阶段，社会调查员在接到人民法院通知后的一个月内，会在前期帮教的基础上，对涉罪未成年被告人进行审判前的教育和心理疏导工作，并在社会调查工作完成后，向人民法院提交社会调查补充材料，将所完善的部分表达清晰。对于从审判阶段委托的案件，社会调查员则需要向人民法院出具《社会调查报告》（报告版），文本内容与审查起诉阶段提供的《社会调查报告》（报告版）内容一致。

5. 社会调查报告的性质是什么？

目前，我国对于社会调查报告的性质还没有统一的定论，学术界和司法实务界关于这个问题还存在很多的争议。有的学者认为，社会调查报告不能作为证据使用，只能作为司法机关处理案件时的一种重要参考资料；有的学者认为，社会调查报告从理论上应当被视为证据；也有的学者认为，从社会调查报告实际发挥的功能来看，主要是在量刑阶段证明涉罪未成年人具有从重、从轻、减轻或免除等酌定量刑情节，或者证明涉罪未成年人具有适用缓刑的条件等，与普通证据的功能基本一致，只不过在证据的形式上和其所证明的对象上有所不同而已。① 在将来我国普通刑事诉讼程序中，如果能够实现定罪和量刑程序的分离（或者有限分离），社会调查报告或许会作为新的证据类型——量刑证据，在量刑阶段出现。目前，在北京模式的探索中，社会调查报告已经被作为准证据使用，在法庭上进行宣读和接受质询。

6. 社会调查报告的制作主体是谁?

英美法系国家的社会调查报告，一般是由固定、独立、隶属于司法机关的人员实施，我国由于各地社会调查工作的具体实践和操作不同，社会调查报告的制作主体也是多元化的。

在有的地方，社会调查工作是由法官亲自来进行的，社会调查报告也由法官来制订，如泸州江阳区人民法院。有的地方，社会调查工作是由青少年法庭所设立的社会调查员来进行的，社会调查报告也是由青少年法庭内所设立的相对固定的社会调查员来制订，如河南省兰考县人民法院。而在上海市长宁区人民法院、重庆市沙坪坝区人民法院、合肥市包河区人民法院、昆明市盘龙区人民法院，社会调查工作是由少年法庭的法官向承担未成年人社会调查责任的中立第三方（包括地方司法所、社工站、共青团权益部等机构）来进行的，提交给人民法院的社会调查报告也是由这些机构的社会调查员来制订。另外，还有些地方的少年法

① 汪贻飞：《论社会调查报告对我国量刑程序改革的借鉴》，载《当代法学》2010 年第 1 期。

庭，是委托律师或者检察官进行社会调查，社会调查报告也是由委托的律师或者检察官来制订。

在北京，有些司法机关采取的是由专业的社会工作者担任社会调查员进行社会调查并出具社会调查报告，这是西方发达国家的普遍做法。社会工作者担任社会调查具有明显的专业优势，社工的参与也是完善社会调查制度的必要途径，然而，目前我国对社会工作专业优势的认知度普遍较低，这是限制专业社工介入社会调查的重要因素。

7. 社会调查报告的真实性是指什么?

由于社会调查报告的具体内容关系到涉罪未成年人的社会危险性、再犯可能性、量刑等问题的认定，报告一旦被采用，就会作为司法机关如何处理涉罪未成年人案件的重要参考依据。因而，社会调查报告所叙述的具体内容都是建立在实证基础之上的，是社会调查员所收集的有关涉罪未成年人的全部真实情况。

8. 社会调查报告的客观性是指什么?

社会调查报告的客观性，是指社会调查报告的内容应是基于社会调查工作中多方收集的材料而得出的，具有明确性，而不是通过主观推断得出的，要如实叙述社会调查所收集的有关涉案未成年人的全部真实情况，并给出公平、公正、客观、合理的评估意见，为司法机关处理案件提供重要参考意见。

9. 社会调查报告的中立性是指什么?

社会调查报告的中立性，是指社会调查员在撰写社会调查报告时应保持中立的态度，不带主观的感情色彩，避免使用具有歧视性、侮辱性的词语。

10. 社会调查报告的时效性是指什么?

由于司法机关对案件审理的时间限制非常严格，所以需要社会调查员在案件审理时限内提交社会调查报告。而且，调查对象本人及其周围的环境、社会支持系统是处在不断变化发展的过程中的，因此社会调查报告所呈现的内容也是对调查对象在案件审理时限内的表现的呈现。

11. 社会调查报告的保密性是指什么?

未成年人的隐私受到法律保护，因此社会调查员向司法机关提供社会调查报告时，要对涉罪未成年人的隐私等合法权益坚持保密原则，不得对他人披露与案件本身无关的个人信息，并且除委托机关外，社会调查机构和调查员不得向任何外界机构或人员提供任何有关社会调查报告的内容。

12. 社会调查报告在我国少年司法中的作用是什么?

由于各国司法理念及实践的不同，社会调查报告在少年司法中的地位和价值不一。有些国家将社会调查报告作为对未成人定罪量刑的参考。例如，美国，审判前的社会调查制度是为审判机关处理被告人提供判决的依据，审判后的社会调查作为对犯罪人收监进行分类的根据，以及服刑过程中折减刑期、提前释放等重返社会方案的依据。[①] 概括而言，我国社会调查报告的基本作用主要有以下几个方面：

（1）是公安机关对涉罪未成年人案件作出是否提请批捕和移送审查起诉的重要参考依据。

（2）是检察机关衡量涉罪未成年人是否具有社会危险性的重要参考依据。

（3）是法庭进行审判与法庭教育的重要参考依据。

（4）为未成年人裁判文书充实了具体的内容。

（5）为宣判后的涉罪未成年人进行回访、跟踪帮教提供有效的参考资料，以及为社区矫正组织对涉罪未成年人进行庭后帮教提供基本方向。

---

① 刘立霞、路海霞、尹璐：《品格证据在刑事案件中的运用》，中国检察出版社2008年版，第26页。

二、社会调查报告的内容

1. 我国法律关于社会调查报告的内容上有哪些规定?

2006年，最高人民检察院颁布的《人民检察院办理未成年人刑事案件的规定》就审查起诉未成年犯罪嫌疑人提出，“可以结合社会调查，通过学校、社区、家庭等有关组织和人员，了解未成年犯罪嫌疑人的成长经历、家庭环境、个性特点、社会活动等情况，为办案提供参考”。2010年，中央六部委颁布的《若干意见》对社会调查报告的内容作出了详细规定：“社会调查机关应当对未成年犯罪嫌疑人的性格特点、家庭情况、社会交往、成长经历、是否具备有效监护条件或者社会帮教措施，以及涉嫌犯罪前后表现等情况进行调查，并作出书面报告。”2012年，新修订的《刑事诉讼法》在新增订的“未成年人刑事案件诉讼程序”中明确规定：“公安机关、人民检察院、人民法院办理未成年人刑事案件，根据情况可以对未成年犯罪嫌疑人、被告人的成长经历、犯罪原因、监护教育等情况进行调查。”以上法律从制度方面对未成年犯罪嫌疑人的社会调查报告的内容都进行了相应规定。

2. 社会调查报告的基本内容包括哪些方面?

由于我国各地社会调查工作的具体实践和操作不同，所以在社会调查报告内容的具体设置上也略有不同，但总体来说，一般都包含事实和建议两大部分。具体而言，一份完整的社会调查报告，一般包括：案件概述、涉罪未成年人的生理心理状况、成长经历、求学和就业情况、家庭情况、在社区的表现和社会交往情况、法律法规认知情况、犯罪后的认罪悔罪情况、犯罪原因分析、量刑建议、后期的帮教矫治措施建议等几方面内容。

3. 以上海模式为例，社会调查报告的基本内容有哪些?

以上海市长宁区人民法院的社会调查报告为例，其基本内容包括如下几个方面：

（1）个人概况，指涉罪未成年人的姓名、性别、籍贯等信息。

（2）犯罪事实，指涉罪未成年人具体的犯罪概况。

（3）不良经历，指涉罪未成年人之前是否具有哪些不良行为。

（4）家庭情形，指涉罪未成年人的家庭成员信息、经济情况、感情状况。

（5）社区环境，指涉罪未成年人生活的社区中的文化氛围状况、治安情况、基础设施情况等。

（6）教育状况，指涉罪未成年人的受教育程度，在校具体表现情况。

（7）职业状况，指涉罪未成年人从事工作情况。

（8）身心状况，指涉罪未成年人的生理和心理状况。

4. 以北京模式为例，初次社会调查报告的基本内容有哪些？

初次社会调查报告的基本内容一般包括以下几个方面：

（1）基本情况，即涉罪未成年人基本身份信息和涉嫌罪名等方面。

（2）案件概述，即对涉罪未成年人犯罪过程的简单陈述。

（3）个体状况，即对涉罪未成年人生理状况、心理状况、个体成长经历等方面的概述。

（4）犯罪及对法律、法规认知状况，即涉罪未成年人对作案动机、法律认知以及认罪悔罪情况的概述。

（5）家庭状况，即涉罪未成年人的家庭基本情况。

（6）社会交往状况，即涉罪未成年人案发前后的所有的社会交往情况。

（7）综合评估意见，即涉罪未成年人违法犯罪的原因分析、回归社会的不利因素和有利因素的分析。

（8）再犯风险初次评估，社会调查员对其回归社会后的再犯风险可能性给出的一个公平、公正、客观性的评估意见。

5. 以北京模式为例，社会调查报告的基本内容有哪些?

社会调查报告的基本内容一般包括九个方面：

（1）基本情况，指涉罪未成年人的姓名、性别、出生日期、身份证号、民族、籍贯、文化程度、户籍所在地、案发时学习或工作地点以及居住地等情况。

（2）案情概述，包括涉罪未成年人的基本作案情况和社会调查员出具社会调查报告时，司法机关对涉罪未成年人已采取的司法处理情况。

（3）成长经历，指涉罪未成年人自幼起至案发时的个体生活经历。

（4）个体状况，包括涉罪未成年人的生理状况、心理状况、个体生活习惯、法律法规认知状况等四个方面。

（5）家庭及社会关系状况，主要包括涉罪未成年人父母的情况（包括性格状况、感情状况、工作情况等方面）、家庭经济情况、涉罪未成年人和父母之间的感情状况及交流沟通状况、父母对涉罪未成年人的教育情况、家庭的社会关系情况等。社会关系状况，主要包括涉罪未成年人的交友状况、有无不良社会交往、和亲戚之间的交往状况。

（6）回归社会状况，包括涉罪未成年人本人对今后发展的期望、家庭及社会关系对涉罪未成年人的接纳情况以及能够为其回归社会提供一定的帮助和支持、其他能够为涉罪未成年人提供帮助和支持的社会资源。

（7）综合评估意见及帮教矫正建议，包括涉罪未成年人此次违法行为因素分析、涉罪未成年人回归社会的不利因素分析、涉罪未成年人回归社会的有利因素分析。

（8）帮教过程及效果，包括问题评估、介入帮教过程、帮教效果、跟进帮教建议。

（9）社会调查员对涉罪未成年人回归社会后的再犯风险性评

估意见。

三、国外及港、澳、台地区的社会调查报告的现状

1. 国外社会调查报告的内容

由于各国司法理念和社会调查制度的具体实践不同，各国在社会调查报告具体内容的规定上也存在差异。例如，美国调查报告的基本内容包括：犯罪行为、被告人的犯罪前科状况、量刑选择、犯罪人的个人特征、罚款与赔偿、可能导致偏离量刑指南的事实要素、辩诉交易的影响、量刑建议、综合被告人的个人情况等几个方面。

英国在其《英国青少年法》的第三条第二款提出，社会调查员在开展社会调查时，“调查内容除少年犯的背景，如家庭情况、父母情况、学校情况、家庭住址等，还需要对未成年人的社会危害性进行评估”。

日本在《少年法》第九条规定，家庭裁判所考虑对该少年应当审判时，应对案件进行调查，在调查时，务必调查少年、监护人或者有关人员的人格、经历、素质、环境，充分利用医学、心理学、教育学、社会学及其专业知识，特别是少年鉴定所的鉴定结果。① 同样，日本社会调查员所出具的社会调查报告也包含这几个方面的内容。

2. 国外社会调查报告的作用

在国外，社会调查报告一般被作为司法机关对涉案未成年人定罪量刑、假释、缓刑、服刑管理、跟踪帮助等的重要参考依据。例如，在美国，社会调查报告的作用主要体现在以下五个方面：一是帮助法官确定合适于被告人的量刑。二是在缓刑和假释

---

① 尹琳：《日本少年法研究》，中国人民公安大学出版社 2005 年版，第 256 页。

期间，帮助缓刑监督官履行监督职责。三是帮助联邦监狱局或者州监狱机关对罪犯进行分类、决定监禁期间适用于罪犯的改造方案以及制作释放计划。四是向联邦假释委员会或者其他假释机关提供决定犯罪人是否适宜假释的信息。五是提供研究资料和信息。[①] 在英国，庭前社会调查报告的作用主要体现在保释制度中，法官根据社会调查员提供的社会调查报告所提供的风险评估意见和相关材料决定是否准予保释。

3. 港、澳、台地区社会调查报告的内容

相比大陆而言，我国港、澳、台地区的少年司法制度发展比较成熟，未成年人社会调查制度比较完善，社会调查员出具的社会调查报告的内容也相对比较全面。在我国香港地区，社会调查员出具的社会调查报告内容，一般包括涉罪未成年人的犯罪成因、身心发育状况、情感类型、兴趣爱好、成长环境、学业情况等方面。在我国澳门地区，根据刑事诉讼法的有关规定，未成年疑犯在接受未成年人法庭询问之前，社会重返厅的技术人员会对该未成年人的心理、家庭、学校、人际关系等方面作出评估，然后向法庭提交报告，提交的社会调查报告的基本内容也一般包括涉罪未成年人的心理状况、家庭状况、学校状况、人际关系状况等方面，以及社会调查员作出的评估意见。

在我国台湾地区，少年法院专设的少年调查官，根据“少年事件处理法”的规定，会调查涉罪未成年人与事件有关之行为、人之品格、经历、身心状况、家庭情形、社会环境、教育程度以及其他必要之事项，最后提出报告并附具建议。在其所提出的报告中，一般也是包括涉罪未成年人与事件有关之行为、人之品格、经历、身心状况、家庭情形、社会环境、教育程度以及其他必要之事项、社会调查员的评估和帮教建议等方面内容。

---

① 汪贻飞：《论社会调查报告对我国量刑程序改革的借鉴》，载《当代法学》2010 年第 1 期。

4. **港、澳、台地区社会调查报告的作用**

我国港、澳、台地区关于未成年人权益保护的各项制度均走在大陆前列，未成年人社会调查报告制度亦如此。在港、澳、台地区，社会调查报告的作用主要体现在以下几个方面：一是衡量涉罪未成年人是否具有社会危险性的重要参考依据。二是为法官作出法庭判决提供重要参考依据。三是法官定罪量刑时必需的重要参考资料。四是法庭进行审判与法庭教育的重要参考依据。五是为矫正组织对宣判后的涉罪未成年人进行回访、跟踪帮教提供有效的参考资料。

四、社会调查报告的写作要求

1. **社会调查报告用语的基本要求是什么？**

社会调查员撰写社会调查报告的目的是全面、客观、公正地反映涉案未成年人的成长经历、生活环境，分析影响涉案未成年人实施违法犯罪行为的主观因素和客观因素，并提出量刑建议，为司法办案人员正确处理案件提供重要参考依据。所以，社会调查员在撰写社会调查报告的过程中，要严格遵从其用语规范，做到用语要准确、客观和中立，避免使用具有歧视性、侮辱性的词语，多用不带感情色彩的中性词，即坚持用语的客观性、中立性和科学性。

（1）什么是用语的客观性？

客观性，是指社会调查报告的内容应是基于在社会调查中多方收集到的材料而得出的，具有明确性，而不是通过主观推断得出的，要如实叙述社会调查所收集到的有关涉案未成年人的全部真实情况，并给出公平、公正、客观、合理的评估意见。

（2）什么是用语的中立性？

中立性，是指社会调查员在进行社会调查和撰写社会调查报告时应保持中立的态度，不带主观的感情色彩，避免使用具有歧视性、侮辱性的词语。

(3）什么是用语的科学性？

科学性，是指社会调查报告是建立在实证的基础之上，是社会调查员对社会调查中多方收集到的资料进行验证，并且运用专业的方法进行分析，深入把握问题的核心。

2. 社会调查报告在问题诊断方面的写作要求是什么？

对问题的诊断是社会调查报告内容的核心部分，主要体现在对涉罪未成年人违法行为因素分析，以及回归社会的有利因素和不利因素的分析等方面。在这部分内容中，既需要实务的支持，又需要理论的支撑，要求社会调查员能够运用专业知识，对社会调查中收集到的各个维度的内容进行有机、整合性的分析，对涉罪未成年人此次犯罪行为的直接原因与深层原因进行合理的、科学的解释，而不能仅仅是对涉罪未成年人此次犯罪因素的简单罗列。

也就是说，对各因素在涉罪未成年人犯罪行为原因中扮演何种角色，各因素之间如何相互作用，如何对彼此产生影响，这些因素又如何导致涉罪未成年人产生当前的犯罪行为等进行准确的分析和评估，并对这些问题在实证材料的基础上作出科学的解释。

3. 社会调查报告在问题干预措施制订方面的写作要求是什么？

社会调查报告是对涉罪未成年人核心问题的分析与研判。在问题干预措施的设定上，一般包含以下几个方面：

(1）以涉罪未成年人的当前问题为核心。

(2）以个别化为原则，针对涉罪未成年人本身而设置。

(3）处置计划要明确、目标具有可达成性，并依序解决。

(4）对涉罪未成年人干预过程中可能出现的问题保持开放性，可以不断评估案主可能潜在伤害或自我伤害。

(5）解决问题的资源要以涉罪未成年人个体与所在环境的社

会资源为限。

五、社会调查报告中问题的处理

1. 社会调查报告的审核机制是什么?

社会调查报告的审核，一般应经过严格的审核才能提交委托机关。首都师范大学少年司法社会工作研究与服务中心采用两级督导审核，复核人复核的三级审核制度，保证社会调查报告结论的科学性。

社会调查报告是由社会调查员经过对调查对象全面调查撰写而成的比较系统的书面材料，其结论作为司法机关量刑的重要参考依据，必须科学、准确，经得起质询。因此，社会调查审核首先需要经过一级督导对社会调查员所进行的调查工作进行初步督导；再经过二级督导对社会调查员工作记录和报告进行审核，对社会调查报告的科学性进行评估；最后，经由复核人对最终形成的社会调查报告进行复核，评估社会调查报告内容的准确性之后，三方共同签署确认，才能提交给委托机关。

2. 社会调查报告在法庭中是如何被使用的?

社会调查报告应当在案件提起公诉时随案一并移送人民法院。人民法院决定开庭审判后，应当将社会调查报告（不包含再犯风险程度）至迟在开庭十日以前送达被告人及其辩护人、法定代理人。在人民法院审理案件过程中，人民检察院、被告人及其辩护人、法定代理人、诉讼代理人对社会调查报告有异议的，可向人民法院要求社会调查员出庭，人民法院也可以根据案件审理需要自行通知社会调查员出庭。

社会调查员出庭宣读社会调查报告，在审判长主持下接受公诉人、辩护人及其他诉讼参与人对社会调查报告的内容及形成过程的询问。社会调查员对与社会调查报告有关事项的询问，应当如实作答，与社会调查报告无关的内容，经审判长同意，有权拒绝回答。

3. 社会调查报告在使用时，应注意哪些方面问题？

（1）社会调查报告的使用仅限于法律程序与司法过程中，其他地方不可以使用。

（2）社会调查员向司法机关提供社会调查报告时，要对涉案未成年人的隐私等合法权益坚持保密原则，不得对他人披露与案件本身无关的个人信息。

（3）社会调查机构和调查员除委托机关外，不得向任何外界机构或人员提供任何有关社会调查报告的内容。

（4）在未成年人附条件前科封存制度下，经本人、法定代理人或者其他监护人申请，由有关部门作出决定，将其违法犯罪卷宗材料由相关司法机关和有关部门予以封存保管，限制对外公开。由于社会调查报告涉及调查对象隐私权等法律权益的保护，所以在对涉罪未成年人进行前科封存时，应当对其社会调查报告一并进行封存，但法律、法规、规章明确应当报告的除外。

附件 1

涉嫌犯罪未成年人社会调查工作专业标准大纲

为贯彻落实中央六部委《关于进一步建立和完善办理未成年人刑事案件配套工作体系的若干意见》，以及新修订的《中华人民共和国刑事诉讼法》中关于涉罪未成年人社会调查的规定，推进社会调查工作的科学化、专业化和标准化，制订本专业大纲。

一、涉嫌犯罪未成年人社会调查工作的目标

1. 推动涉罪未成年人的权益得到特殊、优先的保护。

2. 推进涉罪未成年人在刑事诉讼中得到有效帮教，使其顺利回归社会。

3. 推动涉罪未成年人司法工作的科学化、规范化与专业化。

二、涉嫌犯罪未成年人社会调查工作的基本原则

1. 法律性原则

社会调查各环节的工作程序及方法，必须遵循相应法律程序，符合法律规定。

2. 科学性原则

社会调查员应具备法学、社会学、心理学、教育学、犯罪学、社会工作等学科的相关知识和技能，并在工作中使用的方法与技能具有科学性。

3. 专业性原则

社会调查的专业化主要包括社会调查机构的专业化、社会调查员的专业化、社会调查方法的专业化以及社会调查监测和评估的专业化。

4. 全面性原则

社会调查应对涉罪未成年人的性格特点、成长经历、社会交

往、犯罪原因、监护教育条件等进行全面的调研。必要时，应对涉罪未成年人进行医疗检查和心理、精神鉴定。

5. 社会性原则

社会调查应关注导致未成年人犯罪的个体因素、社会因素以及历史性因素，并倡导社会调查工作必须到涉罪未成年人成长的社会环境中开展。

6. 中立性原则

在社会调查过程中，社会调查员应保持客观、中立，其调查结论不应受调查对象、委托机构或任何其他组织和个人的干涉。

7. 个别化原则

社会调查员应以个别化的态度对待调查对象，承认每个人的独特性，尊重每个人的想法和观点，采取个别化的方式与调查对象开展工作。

8. 保密性原则

未经许可，社会调查员不能泄露与案件有关的秘密，保护未成年人的隐私权。

三、涉罪未成年人社会调查主体的专业资质

为保障司法社会调查结论的公正性、客观性，承担司法社会调查任务的机构应具备司法社会调查的专业服务背景，承担具体工作的人员应经过专业知识、专业方法和专业伦理的训练。

（一）社会调查工作机构的专业资质

1. 承担社会调查的机构应具有一定数量的专业社会工作者。专业社会工作者应接受过专业学习与培训，具有开展社会调查工作的实务经验。

2. 社会调查机构应具有专业督导部门、专职督导人员和业务督导制度。

3. 社会调查机构应具有社会调查员的培训制度。

4. 社会调查机构应具有自身的评估部门、专职评估人员和专业评估制度。

（二）社会调查员的专业资质

1. 社会调查员应经过法学、社会学、心理学、犯罪学、教育学、社会工作等学科知识的学习，并能够自觉地运用相关研究成果指导社会调查过程。

2. 社会调查员应接受关系建立、资料收集、问题诊断、干预帮教等专业技能训练。专业训练的过程应包括集中学习阶段和实务训练阶段。

3. 社会调查员应按照社会调查工作的基本原则开展工作，并严格遵守社会调查工作纪律。

4. 社会调查员应遵循平等、尊重、接纳、真诚、公正无私与热心助人的基本职业伦理规范。

四、社会调查的工作环节

1. 侦查阶段

在批捕前，社会调查员接到公安机关的委托之后，应在三日内与调查对象进行会谈，较为完整地了解调查对象的基本情况。在结束初步调查之后，社会调查员应及时与预审员进行沟通，并出具《初次社会调查报告》，并根据批捕措施，决定后续的工作进度与内容。

2. 检察阶段

公安机关提请人民检察院审查批捕未成年人刑事案件，应当将《初次社会调查报告》及相关材料随案移送人民检察院。在审查起诉阶段，检察官对案件的审查办理时限在一个月至三个月。在此期间，社会调查员应与涉罪未成年人多次约见，具体时间自行安排。

在此阶段，社会调查员应能够更准确地把握涉罪未成年人自身存在的问题，寻找社会支持性资源，为涉罪未成年人回归社会构建条件。

3. 审判阶段

人民检察院向人民法院提起公诉的未成年人刑事案件，应当将《社会调查报告》及相关材料随案移送人民法院。

庭审前，社会调查员要对前期的社会调查工作进行再次完善，跟进帮教工作。

社会调查员应及时与主审法官沟通调查情况，并在开庭前为涉罪未成年人进行庭前心理疏导与法律教育。在庭审期间，社会调查员应参与法庭调查与法庭教育工作。

五、社会调查的基本方法

社会调查工作的步骤包括：建立关系、收集资料、问题诊断、介入帮教、效果评估以及再犯风险评估等阶段。根据各阶段工作要点，社会调查工作的基本方法包括：

（一）访谈观察结合，建立专业关系；

（二）多种方法并用，全面收集资料；

（三）整理分析资料，制订帮教计划；

（四）紧扣帮教计划，全面介入帮教；

（五）自评他评并重，评估帮教效果；

（六）综合全面考量，再犯风险评定。

六、社会调查的主要内容

（一）涉罪未成年人犯罪的风险因素

涉罪未成年人犯罪风险因素应包括：个体因素、环境因素和历史性因素。

1. 个体因素包括：生理因素和心理因素。在考察生理因素时，应关注涉罪未成年人外显的性别、体质、生理缺陷等因素。在心理因素方面，应从个体态度特征、行为特征、认知思维模式三个方面进行考察。

2. 考察环境因素应关注家庭环境、学校或工作环境、社区环境、朋辈群体、社会文化环境等。对处于羁押状态的涉罪未成年人，还应关注监禁环境的影响。

3. 历史性因素可以从幼年至事发前的生命事件和事发后涉罪未成年人前后的态度和行为变化两个方面考察。

（二）涉罪未成年人犯罪的保护性因素

保护性因素包括：内在保护性因素与外在保护性因素。

1. 内在保护性因素，是涉罪未成年人在成长过程中通过家庭、学校教育等方式获得的一种内在控制因素。此类因素，可以从个体的性格、自尊心、诚实度、自我行为控制力、换位思考能力与抗拒外界压力能力等方面考察。

2. 外在保护性因素，是家庭、学校或社会环境在涉罪未成年人成长过程中提供的外在控制因素。此类因素，主要从家庭、学校提供的教育、监管方式，正面的人际交往、社会支持性资源以及参与社会活动，实现自我价值的机会等方面考察。

七、社会调查报告的基本内容

社会调查报告可分为表格式与报告式，内容主要包括三个部分：

第一部分应涵盖调查的基本情况：包括涉罪未成年人的个人信息、案情概述、成长经历、个体状况（生理、心理、行为习惯、法律认知、前科情况）、家庭情况、社会交往状况等。

第二部分应为综合的评估分析及帮教矫正建议：包括此次违法犯罪问题产生的原因、回归社会的不利与有利因素以及帮教计划等。

第三部分应为帮教过程与再犯风险的评估：包括社会调查员介入帮教的详细过程、采取的措施以及效果、跟进的建议和帮教之后的再犯风险程度。

八、社会调查工作的评估

为保障社会调查工作的质量，社会调查督导部门、社会调查委托方应对社会调查工作过程的规范性、工作效果的科学性、调查结论的准确性进行监督评估。

社会调查评估可分为内部评估与外部评估。内部评估由社会调查机构督导部门专职负责；外部评估可由公安机关、人民检察院、人民法院、司法局等社会调查委托方的工作人员承担，以上机构也可委托共青团、社会专业组织进行评估工作。

社会调查机构应当接受全国各级人大代表、政协委员以及相关国家管理部门的检查与质询。

附件 2

北京市某区公安分局司法社工委托书

（正本）

某区公安分局社委〔2012〕　　号

首都师范大学少年司法社会工作研究与服务中心：

犯罪嫌疑人______________一案已进入我分局审查阶段，为全面、客观地反映青少年犯罪嫌疑人所处的家庭、学校和社会环境对其的影响，有针对性地对其进行帮助教育，利于我分局正确处置犯罪嫌疑人，特请贵单位对其进行社会调查和帮教，全面了解其成长经历、家庭环境、社会活动、个性特点、兴趣爱好等情况，全面评估其问题和需求，利用社会工作专业方法介入帮教，并形成报告反馈我分局。

北京市某区公安分局

年　　月　　日

附：预审____________电话____________

报告提交日______年____月____日前

（正本送达首都师范大学少年司法社会工作研究与服务中心）

附件3

北京市某区公安分局司法社工委托书

（副本）

某区公安分局社委〔2012〕　　号

首都师范大学少年司法社会工作研究与服务中心：

犯罪嫌疑人__________一案已进入我分局审查阶段，为全面、客观地反映青少年犯罪嫌疑人所处的家庭、学校和社会环境对其的影响，有针对性地对其进行帮助教育，利于我分局正确处置犯罪嫌疑人，特请贵单位对其进行社会调查和帮教，全面了解其成长经历、家庭环境、社会活动、个性特点、兴趣爱好等情况，全面评估其问题和需求，利用社会工作专业方法介入帮教，并形成报告反馈我分局。

北京市某区公安分局

年　　月　　日

附：司法社工__________电话__________

报告提交日______年____月____日前

（副本入侦查卷）

附件4

北京市某区人民检察院司法社工委托书

首都师范大学少年司法社会工作研究与服务中心：

犯罪嫌疑人__________涉嫌__________一案已进入我院审查阶段，为全面客观地反映青少年犯罪嫌疑人所处的家庭、学校和社会环境对其的影响，有针对性地对其进行帮助教育，利于我院正确处置犯罪嫌疑人，特请贵单位对其进行社会调查和帮教，全面了解其成长经历、家庭环境、社会交往、个性特点、兴趣爱好等情况，全面评估其问题和需求，利用社会工作专业方法介入帮教，并形成报告。

贵单位决定受理后，请指定具有相应资质的社工人员承办本案，并在指定日期前将社工人员的资质证书复印件及社会调查报告送交我院。贵单位有对案件负有法定的保密义务，须对案件情况、证据情况、卷宗情况严格保密。

年　月　日

（正本送达首都师范大学少年司法社会工作研究与服务中心，副本留档）

附：承办检察官：　　　　电话：

社工资质提交日　　　　年　月　日前

报告提交日　　　　年　月　日前

附件5

北京市某区人民法院司法社工
委 托 函

（2012）门法初字第 号

首都师范大学少年司法社会工作研究与服务中心：

我院于 年 月 日受理了某区人民检察院提起公诉的被告人 涉嫌 罪一案，为全面客观反映被告人所处环境对其个人的影响，深入分析其走上犯罪道路的主客观原因，为法官正确量刑提供参考性依据，有针对性地对其进行判后帮教，现特委托贵中心利用专业化的社会工作方法，对被告人 的性格特点、家庭情况、成长经历、社会交往、在校表现、兴趣爱好、犯罪原因及犯罪前后的表现等进行调查，全面评估其需求及再犯可能性，于 年 月 日之前向我院提交书面调查报告，并在案件审理过程中，根据案情需求，继续进行跟踪式调查、评估以及开展判后帮教，积极搭建有益于帮助未成年犯罪人回归社会的网络支持平台，最终形成书面报告反馈至我院，留档备查。

附：本院联系人： 电话：

（正本送达首都师范大学少年司法社会工作研究与服务中心，副本留档）

北京市某区人民法院

年 月 日

附件 6

初次社会调查报告模板

<table>
<tr><td colspan="2" rowspan="2">基本情况</td><td>姓名</td><td></td><td>性别</td><td></td><td>身份证号</td><td></td></tr>
<tr><td>籍贯</td><td></td><td>文化程度</td><td></td><td>涉嫌罪名</td><td></td></tr>
<tr><td colspan="2">案件概述</td><td colspan="6"></td></tr>
<tr><td colspan="2">个体状况</td><td colspan="6"></td></tr>
<tr><td colspan="2">犯罪及法律法规认知状况</td><td colspan="6"></td></tr>
<tr><td colspan="2">家庭状况</td><td colspan="6"></td></tr>
<tr><td colspan="2">社会交往状况</td><td colspan="6"></td></tr>
<tr><td rowspan="3">综合评估意见</td><td>违法犯罪原因分析</td><td colspan="6"></td></tr>
<tr><td>回归社会不利因素</td><td colspan="6"></td></tr>
<tr><td>回归社会有利因素</td><td colspan="6"></td></tr>
<tr><td colspan="2">再犯风险初步评估</td><td colspan="6"></td></tr>
</table>

附件 7

社会调查报告模板

一、基本情况

二、案情概述

三、成长经历

四、个体状况

1. 生理、心理状况

2. 个体生活习惯

3. 法律、法规认知状况

五、家庭及社会关系状况

1. 家庭状况

2. 社会关系状况

六、回归社会状况

1. 本人对未来发展的期望与设计

2. 家庭及社会关系对其将来回归社会的支持态度

3. 其他社会支持资源

七、综合评估意见

（一）此次违法行为因素分析

（二）回归社会的不利因素

（三）回归社会的有利因素

综合以上因素，本报告认为　　　　的再犯风险属于　　　度危险。

八、帮教过程及效果

（一）问题评估

（二）帮教过程

（三）帮教效果

（四）帮教建议

附件 8

小山的初次社会调查报告

<table>
<tr><td rowspan="2">基本情况</td><td>姓名</td><td>小山</td><td>性别</td><td>男</td><td>身份证号</td><td></td></tr>
<tr><td>籍贯</td><td>甘肃</td><td>文化程度</td><td>高中</td><td>涉嫌罪名</td><td>寻衅滋事</td></tr>
<tr><td>案件概述</td><td colspan="6">2011 年　月　日 0 时许，犯罪嫌疑人小山（案发时未满十八岁）在某大学宿舍楼道内酒后滋事，无故殴打事主张某，致张某左眼眶壁骨折，经临时鉴定为轻伤，后被民警抓获。</td></tr>
<tr><td>个体状况</td><td colspan="6">1. 小山中等身材，偏瘦，生理状况良好，未见异常。在心理方面，小山性格比较外向，社交能力较强，与同学关系良好。但他脾气比较急躁，情绪控制能力较弱，且承受能力较弱，曾因找实习单位时被中介公司欺骗而离家出走。
2. 小山自幼上学成绩比较优秀，于高考时考入北京某大学。平时会与同学一起外出吃饭喝酒，据其称，“以前喝完酒都没事，就是睡觉。在被中介骗了以后心情一直不好，喝酒之后容易烦躁、愤怒”。
3. 大一刚入学，小山看到中介介绍可以当临时演员，由于对此行业比较感兴趣，便找到中介希望获得演出机会。据其称，“跟中介的人喝酒，感觉被下药了，晕晕乎乎被他骗走了 2000 多块钱”。此后，小山由于气愤，将对方的摩托车推走以求报复（之后心情平复把摩托车归还），后被对方威胁“赔 1 万块钱，要不就报警”。小山无法承受此压力远走武汉打工，两个月后，因生活不能维持而回到北京。</td></tr>
<tr><td>犯罪及法律、法规认知状况</td><td colspan="6">小山知道打架不对，但不知道这样的行为已经触犯法律。在此次事件后，小山非常后悔，对被害人赔偿比较积极，据小山的大哥称，小山已经获得对方的谅解。但小山对于自身原因缺乏反思，需要进一步帮教。</td></tr>
</table>

（续表）

<table>
<tr><td colspan="2">家庭状况</td><td>1. 小山的母亲在他九岁时因病去世，父亲依靠务农抚养他和两个哥哥长大。现在哥哥们已经工作，一家人共同支付小山上学，但由于学费比较昂贵，家庭经济压力较大，仍然需要贷款。在此次事件后，由于向被害人赔偿 7 万多元，家里经济状况更是雪上加霜。
2. 由于自幼没有母亲，小山自理能力较强，并且可以帮忙分担家务。此外，小山与家人关系融洽，感情比较深厚，经常与家人谈心。据小山的大哥称，小山非常孝顺，对父亲和哥哥也很尊敬，他知道家里不容易，很知道感恩。</td></tr>
<tr><td colspan="2">社会交往状况</td><td>小山自幼上学，朋友均是各个读书阶段的同学。进入大学后，由于性格比较外向，小山与同学相处融洽，但仅与班里几个同学比较亲近，“其他都是面儿上的事”。对于此次事件的被害人，小山表示“之前看他不太顺眼，他这人挺自我的，不顾及别人感受”。目前，未见不良社会交往。</td></tr>
<tr><td>综合评估意见</td><td>违法犯罪原因分析</td><td>1. 小山脾气急躁，情绪控制能力较差。案发当天，由于酒后看国足比赛非常生气，小山难以控制自己的情绪，先是在楼道里叫嚷，发泄愤怒，随后在厕所看到被害人时，因为之前看对方就不顺眼，更是无法抑制烦躁情绪，挑事将对方打伤。
2. 小山知道打架不对，但未意识到是违法行为，法律意识比较薄弱。此外，小山由于自己心情不好便将对方打伤，没有考虑可能给对方带来的伤害，做事比较自我，缺乏换位思考能力。因此，法律意识淡薄、缺乏换位思考能力是他实施此次行为的重要原因。
3. 小山在家表现比较懂事、孝顺，家人对他非常放心，认为“孩子不可能惹事”。尽管学校曾告诫过小山的家人要对他情绪处理方面引起重视，但家人并未在意。家人对于小山情绪处理、性格急躁等问题的忽视，使得小山没有获得家庭方面及时的监管及引导，导致了此次事件的发生。</td></tr>
</table>

（续表）

<table>
<tr><td rowspan="2">综合评估意见</td><td>回归社会不利因素</td><td>1. 小山缺乏自我反思，对于发生此次事件的自身原因缺乏深入思考，需要进一步帮教。
2. 小山的大哥表示学校有意向对小山进行劝退，如果学校不再接受他继续上学，将会对小山及其家庭造成较大影响。首先，小山及其家人在情绪上难以接受，认为“学这么多年功亏一篑了”。其次，对于小山能够做什么工作，他本人及家人均缺乏具体计划。</td></tr>
<tr><td>回归社会有利因素</td><td>1. 小山思维及表达能力较好，对社工比较接纳，具备良好的反思及改善潜力。
2. 小山与家人感情深厚，在此次事件后觉得非常对不起家人，比较自责。与家人之间紧密的情感连接可以帮助他在今后的生活中约束自身行为。
3. 小山的家庭对他的接纳和支持态度较好。一方面帮助他积极对被害人进行赔偿；一方面表示会对小山进行有效的监管，并重视对于他心理层面的了解及引导，愿意在这件事之后鼓励小山改善自己，在今后获得良好发展。</td></tr>
<tr><td colspan="2">再犯风险评估</td><td>低度</td></tr>
</table>

附件9

小山的社会调查报告

一、基本情况

小山，男，生于　　年　月　日，身份证号为　　　　　　，汉族，籍贯甘肃，文化程度高中，户籍所在地为　　　　　　，在京住址为　　　　　　　　　。犯罪时未满十八岁，属未成年人。

二、案情概述

1. 犯罪情节：　　年　月　日0时许，犯罪嫌疑人小山在某大学宿舍楼道内酒后滋事，无故殴打事主张某，致张某左眼眶壁骨折，经临时鉴定为轻伤，后被民警抓获。

2. 已采取措施：现被羁押于某区看守所。

三、成长经历

小山出生在甘肃，家里有兄弟三人，小山排行老三。小山的母亲在他九岁时因病去世，自此兄弟三人与父亲相依为命。小山自幼上学，成绩比较优秀，于高考时考入北京某大学信息工程专业，家人对他期望较高。然而，来到北京的小山对新的生活很不适应，尤其是大学里强手如林，小山的成绩在班里属于中等偏下，曾经学业上的优越感很快被失落感代替。另外，初入大学的小山从高中时"高度监管"的学习氛围中一下进入"自主学习"的氛围，对自己的要求有所松懈，尽管想要努力赶上班里的进度，但并不能坚持，直到"破罐破摔"，很多课程出现"挂科"的现象。这样的情况使得小山的情绪变得烦躁、易怒，心情一直非常不好。

刚入学时，小山看到中介介绍可以当临时演员，正好当时对学习失去期望，因此想去试试，"要是工作合适，也不错"。但对方要求交手续费，据小山称，"跟中介的人喝酒，感觉被下药了，晕晕乎乎被他骗走了2000多块钱”。酒醒后，小山非常气愤，便回到对方住处将对方的摩托车推走以求报复（之后，心情平复，把摩托车归还），后被对方发现并威胁“赔1万块钱，要不就报警”。小山无法承受此压力，又不敢告诉老师、家人，因此一个人远走武汉打工，后因生活不能维持而回到北京。按照学校规定，小山本应被开除，但辅导员考虑到他家境困难，刚入学，在北京上学不容易，没有将此事告知校领导。

这件事之后，小山情绪更加低落，脾气也更加暴躁，“遇着点儿小事就心情不好”。在国足与伊拉克的比赛当晚，小山与同学喝酒看球，国足输球后他感到非常气愤，正好在去厕所时遇到此次事件的被害人，小山平时看他就不太顺眼（“觉得他挺得瑟、挺自以为是的，不合群”），便借此机会将对方打伤。

四、个体状况

1. 生理、心理状况

小山中等身材，偏瘦，生理状况良好，未见异常。在心理方面，小山性格比较外向，思维及表达能力较好。但他脾气比较急躁，情绪控制能力及承受能力较弱。当遇到较强的竞争环境时，小山容易产生自卑情绪，且缺乏负面情绪处理能力。

2. 个体生活习惯

小山自幼在老家上学，生活比较规律，于高考时考入北京某大学信息工程专业。平时会与同学一起外出吃饭喝酒，据其称，“以前喝完酒都没事，就是睡觉。在被中介骗了以后心情一直不好，喝酒之后容易烦躁、愤怒”。

3. 法律、法规认知状况

小山知道打架不对，但不知道这样的行为已经触犯法律，法律意识比较淡薄。在此次事件后，小山非常后悔，目前已向被害人表达了歉意并进行了赔偿。对自身行为给自己、对方、家人等多方面造成的伤害都能够进行一定程度的反思，悔罪态度较好。

五、家庭及社会关系状况

1. 家庭状况

小山的母亲在他九岁时因病去世，父亲依靠务农抚养他和两个哥哥长大。现在哥哥们已经工作，一家人共同支付小山上学。但由于大学学费比较昂贵，需要贷款，家里经济压力较大。在此次事件后，由于向被害人赔偿七万多元，家里经济状况更是雪上加霜。

由于自幼没有母亲，小山自理能力较强，并且可以帮忙分担家务。此外，小山与家人关系融洽，父亲、两个哥哥都像大家长一样照顾小山，一家人感情比较深厚。据小山的大哥称，小山非常孝顺，对父亲和哥哥也很尊敬，他知道家里不容易，很知道感恩。也因此，当小山遇到挫折或困境时，并不愿告诉家人，害怕他们担心，大多藏在自己心里。

2. 社会关系状况

小山自幼上学，朋友均是各个读书阶段的同学。据其称，与他关系最好的当属中学的几个哥们儿，尽管现在几个人在不同地方发展，但回老家时都会聚在一起。案发时，小山就读于北京某大学，在校期间与同学相处比较融洽，但据其称“都是面儿上的事”。此次事件的被害人就是小山的大学同学之一，小山表示“之前看他不太顺眼，他这人挺自我的，不顾及别人感受”。

除了同学之外，小山大学期间的辅导员对他比较关照，经常与之谈心，小山对他较为感恩。另外，小山的表哥现在在京工作，小山取保候审在京期间一直住在表哥家中。目前，未见不良社会交往。

六、回归社会状况

1. 本人对今后发展的期望

小山在此次事件之后被学校劝退，取保候审期间回老家休整，一直没有寻找新的工作。案件进入起诉阶段后，他再次来京，住在表哥家。由于案件办理有一段时间，其表示会在北京找一份工作，等待案件最终结果。但他并不想留在北京发展，称今后会回到老家找一份合适的工作，并表示已经做好重新开始的准备，希望可以通过努力让自己今后有所成就。

2. 家庭及社会关系对其将来回归社会的支持态度

在家庭方面，小山的家人对他的接纳和支持态度较好。事发后，小山的大哥、二哥分别来京帮其处理此次事件，对被害人进行了赔偿，并已取得了对方的谅解。小山取保候审回到老家后，家里人对他也非常接纳，一方面与之分析了此次事件，希望他能够引以为戒；一方面帮助小山缓解由此次事件带来的负面情绪。家人的关爱和帮助让小山很受感动。对于小山的未来，大哥表示家人倾向于让他参加明年的高考，重新再来，但具体情况还是会尊重小山自己的选择。

在社会关系方面，小山的几个高中同学是他比较重要的社会交往，小山称，几个哥们儿知道他这件事之后都对他进行了劝导，并相信他今后会变得更好，这让小山非常受感动，也受到了很大鼓舞。因此，朋辈群体能够为小山日后回归社会提供一定的情感支持。

在此次事件之后，社工到小山就读的大学进行了社会调查，一方面希望通过学校方面更多地了解小山的情况；一方面希望可以协调学校资源使小山在此次事件之后能够继续上学。小山的辅导员表示，尽管从个人角度出发，他很希望小山能够保住学业，但之前因“被骗事件”小山擅自离校已经触犯校规，当时学校念在他家境不好，给过一次机会，此次违法事件属于再次触犯校规，且触犯法律，不可能再给机会。另外，小山多门课程不及格，即便继续留校，学分也不够拿到学位证书。在多重考虑之下，学校对小山作出了劝退的决定。

3. 其他社会支持资源

社会工作者是小山可利用的社会支持资源，通过社会工作者对他的支持与帮助，可以鼓励他逐渐平复由此次事件带来的负面情绪，树立起自信，按照自己的打算去努力，获得理想中的生活，为家里尽一份力。

七、综合评估意见及帮教矫正建议

（一）此次违法行为因素分析

根据与小山及其大哥、辅导员的访谈，本报告认为，导致其实施此次违法犯罪行为的原因主要有以下几点：

1. 脾气急躁，情绪控制能力较弱是小山发生此次违法事件的直接原因。案发当天，由于酒后看国足比赛非常生气，加之最近心情一直不好，小山难以控制自己的情绪，先是在楼道里叫嚷，发泄愤怒。随后在厕所看到被害人，因为之前看对方就不顺眼，更是无法抑制烦躁情绪，挑事将对方打伤。

2. 法律意识比较薄弱。小山知道打架不对，但不知道是违法行为，对自身行为可能产生的严重后果缺乏认识。此外，小山由于自己心情不好便将对方打伤，没有考虑可能给对方带来的伤害，做事比较自我，缺乏换位思考能力。因此，法律意识淡薄、缺乏换位思考能力是他实施此次行为的重要原因。

3. 无法有效处理生活中的负面情绪是小山发生此次事件的潜在诱因。

小山考入大学后，发现校内强手如林，在老家时的学业优势被失落感代替，成绩滑落中下等。对此，小山感到非常不适应，情绪出现波动。尽管也想依靠努力使成绩回升，但大学的自主学习环境使小山感到轻松，没有了高中时的强制管理，小山难以有效约束自己，“学一会儿就不想学了”。因此，学习成绩一直没有提升，甚至导致多门课程不及格。这样的状况使小山的情绪日渐低落，但他不能正视这一问题，进行情绪调整，而致使不良情绪愈演愈烈，先后发生了被骗事件以及此次违法行为。

4. 家人对于小山情绪处理、性格急躁等问题的忽视，使得小山没有获得家庭方面及时的监管及引导，导致了此次事件的发生。

小山在家表现比较懂事、孝顺，家人对他非常放心，认为“孩子不可能惹事”。尽管学校曾告诫过小山的家人要对他情绪处理方面引起重视，但家人并未在意。当小山向家人诉说在校生活不顺时，家人也没有发觉异常而深入了解，只是劝他坚持、踏实学习，使得小山之后不再向家人表达。这使得家人丧失了对小山的支持性作用。

（二）回归社会的不利因素

小山遇到较强的竞争压力时，不能及时调整自己的心态，疏导情绪，容易产生失落、自卑的心态。尽管他对此有所认识，但问题的改善需要一定时间。在今后的生活中，如果其再次面对强有力的竞争环境，能否学着积极面对，调整不良情绪，需要社工持续跟进对其进行鼓励和支持。

（三）回归社会的有利因素

1. 小山在此次事件之后对相关法律有了更多的了解，并且认识到法律的威严性及违法后果的严重性，法律意识有所提升，有助于他在今后的生活中有效约束自身行为，避免再次实施违法行为。

2. 小山能够认识到自己在面对强势竞争、负面情绪处理等方面存在的问题，并表示愿意加以改善，以积极的姿态面对今后的生活。对自身问题的认识及积极的改善态度是他今后能够完善自己、顺利回归社会的基础。

3. 小山对未来充满希望，愿意通过努力使自己和家人获得更好的生活，表示会回到老家找一份合适的工作，重新开始。对未来的目标和希望将成为他顺利回归社会的动力。

4. 小山与家人感情非常深厚，家人在此次事件后也表现出良好的接纳和支持态度。因此，家庭能够成为其日后顺利回归社会的有效内在拉力。

5. 小山的哥们儿（高中同学）在此次事件之后给予的理解和信任让小山非常感动，并均对他进行了劝导，这些感情深厚的

“哥们儿”能够为小山顺利回归社会提供一定的情感支持。

八、帮教过程及效果

（一）帮教问题

小山性格比较急躁、情绪控制能力较差，容易因为一些小事产生暴躁情绪。但在与社工的交流中，小山表示大学之前他的性格比较柔和，很少与他人发生矛盾，并向社工诉说了在大学之后的心理变化。

社工发现，当面对较强竞争时，小山无法积极面对，容易产生失落、自卑的情绪，并且对此缺乏调试能力，这也是他之后变得暴躁、易怒的原因。而在今后的生活中，小山肯定会面对其他有力竞争，因此学习积极面对竞争压力，并合理调试负面情绪对他今后的发展非常重要。

（二）介入过程

社工于2011年12月2日、12月14日，2012年2月14日、2月21日及2月24日，与小山进行了先后五次的约谈，并于2011年12月16日，2012年3月17日与小山的大哥进行了约谈，于2011年12月14日到小山的大学进行了社会调查，针对小山的问题作了如下帮教：

1. 针对小山情绪控制能力较弱、脾气暴躁的情况，社工以被骗事件及此次违法行为为例，鼓励他反思暴躁情绪下所产生的行为能够造成的后果。并鼓励他换位思考，站在被害人的角度，加深对后果严重性的认知，使其明白人在暴躁情绪下所产生的行为会给自己及他人均造成伤害，且无法解决问题。

2. 针对小山无法面对竞争环境，容易产生失落、自卑的心态，首先，社工与之讨论其在高中时的学习和生活，对他的能力予以肯定，并鼓励小山及时肯定自己，相信自己有能力赶超对手。其次，社工与小山一同分析他上大学后学习成绩有所下降的原因，除了对手强劲以外，使其认识到自身的懈怠态度对成绩的下滑造成的影响。鼓励他在看到自己与他人的差距时，应通过积极的态度和努力去缩小差距，而非因为懈怠使差距越拉越大。

3. 社工与小山的家人取得了联系，与他们就小山的心态问题进行了沟通，希望家人在今后的生活中多给予小山鼓励，及时肯定他的成长和能力，使小山逐渐树立起自信心，更好地面对生活中的竞争。

（三）帮教效果

对于自己的暴躁脾气，小山表示今后会有所注意，尽量减少与他人的摩擦，当发生冲突时，“多忍一忍”，用合理的方式予以解决。对于今后的生活，小山表示有信心重新开始，并相信自己有能力让自己和家人过得更好。面对今后的竞争环境，小山表示愿意通过积极的努力缩小与他人的差距，让自己变得更加积极向上。

（四）跟进帮教建议

小山自我反思较好，并且愿意积极加以改善，对未来充满希望。但当今后面对新的环境和竞争情境或遇到困难时，他能否真正做到积极面对，及时调整可能产生的负面情绪，尚需社工与家人对他进行持续的支持和鼓励。

综合以上因素分析，本报告认为小山的再犯风险属于低度。

附件 10　精品案例分享

压垮天之骄子的第一根稻草

事件回顾：

小山（化名），男，甘肃人，案发时不满 18 岁，就读于北京某大学。2011 年某月，小山在宿舍观看中国队与伊拉克队的足球比赛，中国队输球后小山异常愤怒，先是在宿舍楼道内叫嚷，随后在厕所碰到被害人张某，因之前看张某就不顺眼，借此机会挥拳将对方打伤，造成张某左眼眶壁骨折。

本案由批捕阶段介入，当时小山被羁押在看守所。检察机关决定对其不予批捕，随即小山从公安机关取保候审。从批捕到起诉阶段结束，社工先后与小山进行了五次约谈、电话联系数次，与小山的家人进行了两次访谈，并到小山案发时的学校对其辅导员进行了走访，随后出具了社会调查报告，小山再犯风险程度为低度。至本文截稿时，本案仍在人民法院审理阶段。小山在北京的一家酒店实习，等待最终的判决。

刚看到小山一案的卷宗时，我心里有些讶异，卷宗上赫然写着：因为国足输给了伊拉克，所以心里不舒服，就把人打了。这样的原因让我不禁疑惑：足球对一个人，尤其是一个名牌大学的大学生来说真的有这么大影响力吗？这起案件背后究竟隐含着怎样的原因？带着这样的疑问，我开始了与小山的第一次会面。

那时案子正处于批捕阶段，小山被羁押在看守所。穿着囚服的小山一脸紧张、害怕地出现在我面前。我不禁打量着眼前的这个天之骄子：白净、瘦弱，带着一脸的书生气。这样的相貌很难与将同学眼眶打骨折的严重行为联系在一起，这也更加深了我的疑惑：究竟是什么原因，使得一个看起来文弱秀气的大学生下重手将同学打伤？难道真的只是因为一场足球比赛吗？

自我介绍之后，我们与小山进行了深入交谈，知晓了有关小山的故事。

小山出生在甘肃省的一个五口之家，家里有父母和两个哥哥，他排行老三。在小山九岁的时候，母亲因病去世，自此兄弟三人与父亲过起了相依为命的生活。由于是单亲家庭，照顾几个孩子的重任完全落在了小山父亲的身上，父亲每日早出晚归为了这个家而奔波，同时也对三个孩子抱有很高的期望，希望他们可以有出息，改变家庭的困境。

父亲的操劳，小山三兄弟看在眼里，更是记在心上，他们都暗自努力，希望可以有所作为。三个兄弟当中，小山的学习成绩最好，也最受家人重视。小山从小便在学业上名列前茅，父亲和两个哥哥都对他期望很高，而小山也不负众望，在高考时以优异的成绩考入北京某大学，开始了在北京的求学生涯。这对小山一家来说，无疑是天大的喜讯，家人都为小山能够在北京学习而感到骄傲。

然而，事情的发展往往不遂人愿。到了北京的小山才知道什么叫强手如林。大学里，小山曾经在学业上的优势全然不见，成绩从高中时的名列前茅，变为大学时的班级中下等。这样的变化使小山措手不及，他的优越感逐渐被失落感取代，对于学习也产生了从未有过的排斥感。

小山的变化也引起了辅导员的注意，他多次找小山谈话，希望小山可以积极面对这样的现状，通过自己的努力使学习成绩逐渐回升，再次成为学业上的佼佼者。辅导员的鼓励使小山有了一些动力，他告诉自己要严格要求自己，奋发学习。

然而，大学的学习氛围远不像高中时期那样处于一个高压、强约束的环境之中。相反，大学里更需要学生的自主学习能力。而脱离了高压环境、感受到轻松自由的小山，很难再像从前那样约束自己，每每努力两三天，便开始感到枯燥乏味，随即放弃了在学习上的奋发努力。

这样的状态使得小山的成绩越来越差，最终造成了几门专业课不及格的后果，学业岌岌可危。面对这样的情况，小山的心理压力越来越大，情绪变得越来越糟糕，经常喝酒买醉，并开始出现烦躁、易怒的情况。尽管小山的辅导员多次与他谈话，希望可以帮助他缓解情绪、改善现状，但效果只能维持一两天，小山的不良情绪还是无法得到调解。小山也不敢将这样的情况告诉给家人，害怕家人对他失望。尽管辅导员曾联系小山的家人，希望家人注意小山的情绪，但家人长期以来对小山非常放心，认为“孩子自己能处理好自己的事情，不会出事儿”，因此并未引起重视。

在小山学业低落的时候，一则招聘临时演员的信息为他带来了一丝曙光。招聘信息上的优厚待遇使小山十分心动，他认为，如果学习不行了，找份兼职挣点钱也不错，如果待遇好，能留下干这个也挺好的。于是，按照信息上所说的地址，小山找到了中介公司。然而，让小山没有想到的是，这次经历给他造成了更为严重的打击。

中介公司的人一开始与他称兄道弟，使他倍感亲切，但却在一次喝酒把他灌醉了之后，骗小山到银行取走了他的 2000 元钱，并将他扔在了银行门口。酒醒后的小山非常愤怒，独自来到中介公司想与对方理论。走到公司楼下时，小山看到对方的摩托车停在外边，他便直接将车推走想进行报复。尽管情绪平静下来后，小山意识到这样做的严重性，将摩托车送回，但他的行为已经被对方发现，于是对方把小山叫到公司进行威胁称，如果小山不能赔付 1 万元钱，就要报警。这样的情况对小山来说有如晴天霹雳，但无助的他却不敢告诉老师或家人，害怕他们的担心和责骂。于是，小山最终选择了独自离京到武汉打工，希望可以赚到 1 万元钱赔给对方。

两个月后，小山因在外无法维持生活回到了北京。当时，学校和家人已经为了找他而筋疲力尽。得知小山出走原因后，学校选择了原谅小山的行为，并没有按校规将他开除，希望再给他一次机会完成学业。家人也对小山进行了劝导和安慰，使小山很受感动。然而，学校和家人的做法并没有从根本上解决小山心底的难过与压抑，反而使他对自己更加不满意，情绪更加糟糕。终于，在和同学一起观看国足比赛之后，小山的不良情绪完全爆发，并在这样的情绪之下将同学打伤。

听了小山的故事，我心底的疑惑完全解开。学业上的突然落差使小山犹如从天堂坠入地狱，而没能及时处理好自身情绪，又不能选择积极的方式改变这种逆境，使小山的情况越来越糟，最终造成了如此严重的后果。即便小山自身存在很多其他方面的问题（如不懂得为他人考虑、缺乏法律知识、与家人沟通不善等），但没有及时处理好因学业导致的心理落差，是其随后所有事情发生的起因。因此，这也使我找到了帮助小山今后能够顺利回归社会的重点—— 学会正确、平和地看待自己与他人之间的差距，并选择以积极的方式调整不良情绪，通过努力改善自己，缩短差距，使自己获得成长与发展。

在针对法律意识、为他人着想、与家人之间的沟通等问题，我与小山进行了沟通并有所收获之后，我重点与小山讨论起他来京后在学业上的落差以及自己此后的处理方式问题。针对小山无法面对竞争环境，容易产生失落、自卑的心态这一点，首先，我和他讨论了他在高中时的学习和生活，对他的能力予以肯定，并鼓励他及时肯定自己，相信自己有能力赶超对手。其次，我与小山一同分析了他上大学后学习成绩有所下降的原因，他认识到，除了对手强劲以外，自身的懈怠态度对成绩下滑造成的影响也不容忽视。同时，我还鼓励他在看到自己与他人的差距时，通过积极的态度和勤奋的努力去缩小差距，而不是因为懈怠让差距越拉越大……

通过几次沟通，小山对自己在无法正视与他人之间的差距、不能严格要求自己、对自身有所懈怠等方面存在的问题进行了反思。他表示，今后遇到比自己更强的人时，他会通过积极的努力缩小与对方的差距，不会妄自菲薄、“破罐破摔”，也不会半途而废、懈怠自己，并对未来抱有信心。小山说：“我相信自己有能力让自己和家人过得更好！我会好好地重新开始！”

看着小山从最初的担心、害怕、自卑、怯懦，变成现在对自己有信心、期待重新开始的样子，我心里很是欣慰。其实，很多大学生在刚上大学的时候都会经历与小山类似的心理落差：高中时在学业上的优越感被强手如林的大学掩盖；自主的学习环境使自己难以严格要求自己，选择了懈怠……在这个时候，应该怎样处理心理上的不良情绪，怎样应对与他人之间的差距，对于每个学生来说非常重要，同时也需要老师和家长的重视。因为，大学初期的选择对孩子能否过好整个大学生活，获得真正的成长和发展至关重要。

目前，小山已被学校劝退，正在北京的一所酒店实习，等待最终判决结果。我曾到小山的学校与老师进行沟通，校方表示，之前小山离校出走的经历，学校已经对他有所宽容，这次属于第二次严重违反校规，学校必须将他劝退。面对学校的处理决定，小山内心有些难过，但他很快调整了心情并面对了现实，他告诉我：“没关系的，姐姐，就算没能完成学业，我今后也能发展好！”我知道，通过这次事件，小山真正长大了……

小山的故事讲完了，而小山的人生还在继续。莘莘学子，当你们发现自己与他人之间的差距时，别难过、别压抑，因为人外总会有人、天外总会有天，而毋庸置疑，你也总有你自己的特点和优势。积极面对这样的差距，调整心情、用严格的要求和积极的努力缩小这样的差距，相信不论在怎样的环境，你最终都会有所成长、有所作为！

（司法社工：王璐倩）

点评：

犯罪青少年“失能”一直是司法社会工作者关注的一个问题。在本案例中，我们发现，对于来自贫困农村的案主来说，他在大学的初期阶段便遇到了第一个困难——对新竞争环境的不适应，即自我调适能力的欠缺，他无法正确处理新环境带来的压力。随后的种种问题都源于此。作为一名优秀的社工，小倩很好地关注了案主冲动行为背后的原因所在，并通过鼓励等方式促进了案主的改善。

“失能”是未成年犯普遍存在的问题。从社工的调查中我们发现，案主的“失能”原因主要来自以下几个方面：一是学习环境的巨大差异。在高中阶段，案主的学习动力主要来自家人对其高考的期望和学校对学生的严格要求。进入大学之后，这两种压力突然撤离，家人的理想达成加之学校管理宽松，案主无法很快适应缺乏外界压力的学习环境。二是情感支持的缺乏。为了改变不好的家境，家人一直将学习成绩作为衡量孩子成功与否的标准，他们一直忽略对孩子内心情感的支持。进入大学之后，当案主遇到挫折，情绪和行为出现问题需要家人支持时，家人却依旧忽视。而这加速了案主各种问题的恶化，使其深陷问题的漩涡。三是专职辅导员解决问题方式的有限性。虽然辅导员作出了种种努力，但他未能体察到案主问题的根源，即案主问题源自学习差距产生后的心理落差，从而造成案主内在的行动力无法得到激发，“失能”问题持久存在。四是案主自我的妄自菲薄、“破罐破摔”心理。虽然曾经优秀的案主在学业上遇到了问题，但是他并未意识到自身在社会经验的贫乏，他一直试图用自己的方式解决问题，而不是适时向他人求助。同时，在意识到他人担心和宽容他的不当行为时，他没有用积极的态度回应，而是“破罐破摔”。其不当的心理造成了“失能”问题的恶化。“失能”问题成为压垮案主的第一根稻草。

“失能”是案主的问题所在，也是社工实施帮教工作的基础。

生态系统认为，人与环境系统之间存在相互作用，环境系统可以影响人，人为适应外部环境也可加以适当的调适。在分析案主问题根源时，社工用前置事件对案主当前犯罪行为、情绪问题进行了准确的解释，即找到了案主“失能”的原因。

为改变案主的“失能”状态，社工以“增能”的视角开展后续的帮教工作。在与案主一同分析“失能”问题产生的原因基础上，社工通过对高中学习和生活事件的借用，激发案主的内在行动力，推动了案主认知和行为问题的改变，使其恢复了对外部环境的适应能力。我们可以看到，这一策略取得了较好效果。这也是本案例最值得我们学习和借鉴的。

（督导：马宇飞）

附件 11　社会调查习作（1）

“原生家庭”习作纸

	A　欣赏	B　不欣赏	C　对我的影响
爸爸			
妈妈			
爷爷			
奶奶			
姥爷			
姥姥			
其他			
我的发现			
心得分享			

附件 12　社会调查习作（2）

SWOT 分析

S = strength（优势）

W = weakness（弱势）

O = opportunity（机会）

T = threat（挑战）

即引导社会调查对象对自身优势、劣势、面临的机会和挑战进行反思，使调查对象提高自我认识，并为未来发展做出计划和打算，以便其今后顺利融入社会和新的生活。

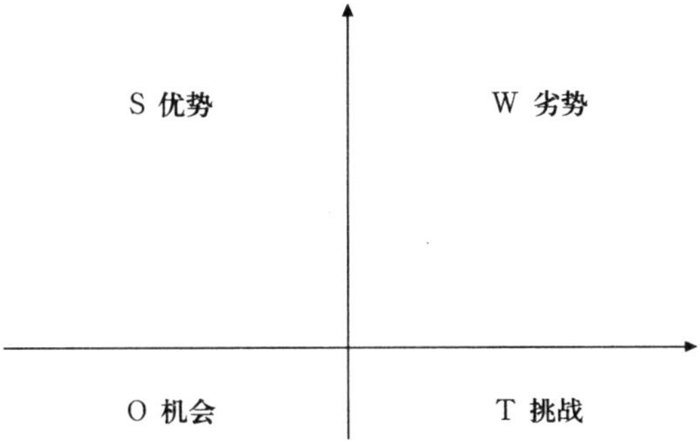

附件 13　社会调查习作（3）

生 命 线

以时间为横轴，对自身的影响程度（情绪的波动）为纵轴，引导社会调查对象将成长过程中对自己有较大影响或触动的事件一一写出，并以坐标点的高低表示情绪的起伏，以此反思生命中这些事件对自己造成的影响，也是鼓励社会调查对象进行自我反思和剖析的习作之一。

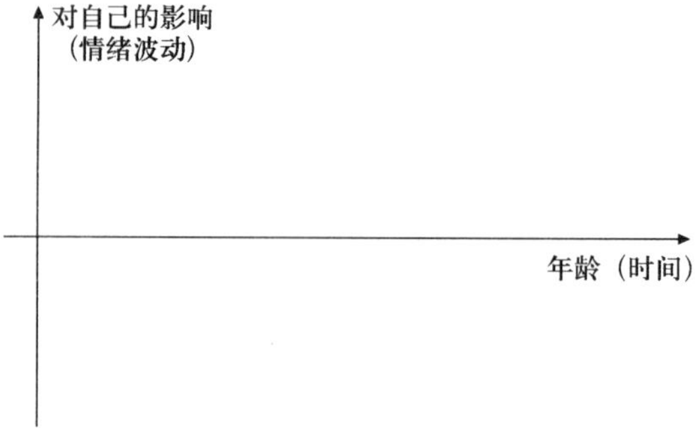

附件 14　社会调查习作（4）

“20 个我”习作

“20 个我”要求案主以“我是一个……的人”为模板，写出 20 个自我评价的词语或句子，这对调查员了解案主性格等特征很有帮助。同时，也可借助本习作了解案主的价值观以及案主的优缺点，为后期的帮教提供方向。需要注意的是，调查员需要在后期帮教中注意从优势视角出发，既看到案主的问题，也注重和肯定案主的优势，为其回归社会提供正向的引导。

以下为某案主所写的“20 个我”习作：

我是一个有时很仗义的人。

我是一个怕事的人。

我是一个容易冲动的人。

我是一个仗义的人。

我是一个喜欢被关注的人。

我是一个聪明但不用功的人。

我是一个直来直去的人。

我是一个爱花钱的人。

我是一个害怕实践的人。

我是一个有时很有主见、有时不能明确立场的人。

我是一个害怕空虚的人。

我是一个不记仇的人。

我是一个乐观的人。

我是一个勇敢的人。

我是一个只要这件事是对的就一定执著的人。

我是一个情感丰富的人。

我是一个对爱坚信不疑的人。

我是一个渴望美好的人。
我是一个敢面对的人。
我是一个有同情心的人。

附件 15　社会调查习作（5）

“我的五样”习作

“我的五样”习作是由五个选项所构成的。它们包括了：亲情、友情、爱情、健康与金钱。通过调查员的引导，使案主确定逐一失去它们的顺序，并辅以提问和分析，则能够了解案主在日常生活中的价值判断，从而调查到案主的真实信息。

以下为调查员运用“我的五样”习作获取案主小李资料的过程：

小李：我看到只有五项，所以决定先抛弃害我最深的。

调查员：它怎么害你了？

小李：自己之前的腐败是金钱闹的，其实这东西生不带来死不带走，但自己偏偏用了不正当的方式去处理和对待它。

调查员：那接下来为什么要按照这个顺序依次划去呢？

小李：健康和爱情我犹豫了，我觉得爱情是种子，从发芽到开花，所以我觉得抛弃爱情而换成保留自己的健康我会接受不了。但是友情、爱情却又让我难舍难分。不过，我生活中的现实是爱情没有了，朋友还在。

调查员：这其中有给你危险的朋友吗？

小李：没有，我认为在现在的基础上，往下带我的就是危险的朋友，虽然我不算好人，但违法的事情以后不会再做了。

调查员：我建议你不要觉得自己不是好人，不要给自己贴标签。之前你找了自己十条缺点，但是只找缺点没有优点，就会缺少动力的。

小李：说实话现在我比较迷茫，我没有标准，也定不了目标，现在我学业没成果，没有要去的方向、要做的事。

调查员：看来你确实深入思考了，迷茫有时是没有想法，有时却也是因为想法太多而不能坚定地去选择。所以，你要处理好这几个物品的关系。比如说，钱什么时候能觉得够花，做到知足就很重要，同时你自己也应当对钱的使用有些计划，如果没规划性，就会出现你之前的情况，所以这就值得想一想。再有，健康包括生理和心理，你是否想过你是怎么处理它们的？与此同时，许多人都说只有爱人是陪自己走过一生的，你怎么看待？最后，再看看友情，何谓是你真正的朋友？这件事我也建议你去好好想一想，因为这个因素对你的影响好像特别大。反思你的外在和内在，希望你也能去思考，一个人表面上的风光究竟会不会是持久的？“风光”对我们的意义究竟是什么？

小李：恩，我明白了，以前我对这些都没有概念，这之后我一定会去仔细想想的。